Die Rolle des Islam in der Endzeit

Gottes Plan für die muslimische Welt

Faisal Malick

ADULLAM

Originally published in English by
Destiny Image Publishers, INC.
P.O. Box 310, Shippensburg, PA 17257-0310
U.S.A.
under the title
***The Destiny of Islam in the Endtimes* by Faisal Malick**

Adullam Verlag
St.-Ulrich-Platz 8
85630 Grasbrunn
089 468801
Fax 089 46201790
www.adullam.de

ISBN 978-3-931484-96-5

1. Auflage, September 2010

Bestellungen bitte an oben stehende Adresse richten.

Alle Bibelzitate wurden, wenn nicht anderweitig gekennzeichnet, der Revidierten Elberfelder Bibel, R.Brockhaus Verlag, Wuppertal, © 1985/1991/2006, entnommen. Hervorhebungen durch den Autor.

Übersetzung: Markus Häßlein
Umschlag: Anne Dittrich, Druckerei Mißbach
Satz und Umbruch: Adullam Verlag
Druck: Schönbach Druck, Erzhausen
Lektorat: Joshua Werling, www.wortschoepfung.info
Korrektorat: Barbara Doering, Das gute Wort

Widmung

Ich widme dieses Buch Ismael und den 1,6 Milliarden Menschen, für die er steht. Ihr seid nicht in Vergessenheit geraten, sondern auserwählt, in der heutigen Zeit eine besondere Rolle zu spielen. Für euch ist der Zeitpunkt gekommen, sowohl die Wahrheit über eure Wurzeln als auch eure Berufung in der Endzeit anzunehmen. Diese Berufung stand bereits vor der Erschaffung der Welt fest. Euer Rufen wird gehört werden und ihr werdet in unseren Tagen den Unsichtbaren sehen.

Ich ließ mich suchen von denen, die nicht nach mir fragten,
ich ließ mich finden von denen, die mich nicht suchten.
Zu einem Volk, das meinen Namen nicht anrief, sagte ich:
Hier bin ich, hier bin ich!

Jesaja 65, 1 *(Luther)*

Danksagungen

Ich möchte meiner wunderbaren Frau Sabina danken. Deine Liebe ist so kostbar, du bedeutest mir unendlich viel. Du warst die Erste, die sich leidenschaftlich für dieses Buch eingesetzt hat, und du hast von Anfang an das Ziel sehr klar vor dir gesehen. Du bist entschlossen in den Riss getreten für die Menschen dieses missverstandenen Volkes und bringst immer wieder zum Ausdruck, was Jesus für sie empfindet. Du hast mich während der Arbeiten an diesem Buch immer wieder inspiriert und ermutigt. Ich liebe dich und werde dich immer lieben. Ohne dich wäre ich unvollständig und könnte meine Bestimmung nicht erfüllen.

Auch euch, die ihr namentlich nicht erwähnt werdet, möchte ich danken für eure Gebete und eure Unterstützung bei der Entstehung dieses Buches. Ihr wisst, wer ihr seid, und ihr habt einen besonderen Platz in meinem Herzen.

Stimmen zum Buch

Faisal Malick hat von Gott gehört, was der Ewige für die Muslime plant. Die Haltung der Christenheit gegenüber dem Islam wird sich verändern!

Sid Roth
Moderator der Fernsehsendung *It's Supernatural!*

In den letzten Jahren wurde weltweit verstärkt für die muslimische Welt gebetet. Um unsere Gebete effektiv auf diesen neuen Schwerpunkt ausrichten zu können, musste ich den Herrn bitten, uns mit Menschen in Verbindung zu bringen, die uns neue Einsichten würden vermitteln können. Durch die Gnade Gottes stieß ich auf Faisal Malick und sein Buch *Die Rolle des Islam in der Endzeit.* Wer dieses Buch liest, versteht tiefer und besser, was sich hinter den Begriffen Islam, Ismael, Esau und Terrorismus eigentlich verbirgt. Wer diesen geheimnisvollen und so häufig missverstandenen Bereich unserer Welt verstehen möchte, der muss dieses Buch einfach lesen! *Die Rolle des Islam in der Endzeit* gibt Einblick in den Schrei, der aus den Herzen der Muslime dringt, einen Schrei, der auf Hagar, die Magd, zurückgeführt werden kann. Ein Schrei, der zum Ausdruck bringt: „Ich sehne mich danach, erkannt, angenommen und geliebt zu werden." Dies ist ein Buch, das dazu führen könnte, dass die heranwachsende Generation einen neuen Kurs einschlägt, es könnte wirklich den weiteren Verlauf der Welt beeinflussen.

Chuck D. Pierce
Präsident des Dienstes *Glory of Zion International Ministries, Inc.*
Harvest Watchman, Global Harvest Ministries

In seinem Buch *Die Rolle des Islam in der Endzeit,* das wirklich zum richtigen Zeitpunkt erscheint, vermittelt uns Faisal Malick erstaunliche Einsichten, durch die wir eine ganz neue Perspektive erhalten und Gottes Pläne besser verstehen können. Offenbarung fließt ... Bibelstellen werden lebendig ... und es wird deutlich, was Gott auf dem Herzen hat. Der Kairos ist da, der göttliche Zeitpunkt, dass der über der islamischen Welt liegende Schleier zerrissen, eine große Ernte eingebracht wird und zahlreiche Menschen ins Reich Gottes kommen. Dieses Buch wird dazu beitragen, hierfür den Weg zu bahnen!

Jim W. Goll
Encounters Network

Faisal Malicks Buch vermittelt nicht nur beeindruckend klare Einsichten in die dem Islam innewohnende Dynamik, sondern weckt im Herzen der Leser auch eine Liebe zu den Muslimen und eine Last, für sie zu beten. Dein Denken und deine Haltung gegenüber diesen kostbaren Menschen werden sich entscheidend verändern, womöglich durchlebst du sogar Buße und Umkehr, wenn du sie mit Gottes Augen siehst und dir dabei bewusst wird, welche Bestimmung Gott für sie hat.

Steve Shultz
Gründer der *Elijah-Liste*, der Zeitschrift *Elijah Rain Magazine* und der Internet-Fernsehseite *Prophetic TV*

Für den westlichen Denkansatz sind die muslimische Welt, die Geschichte des Islam und muslimisches Gedankengut häufig unverständlich und unzugänglich. Faisal Malick eröffnet uns mit viel Sachverstand diese Religion, ihre Gedankenwelt und die ihr eigene Logik, und geht dabei voller Liebe und Mitgefühl zu Werke. Dank seiner Schilderung der Entwicklung des Islam von seinen Anfängen bis hin zur muslimischen Welt unserer Tage wird jedem Leser deutlich, dass Gott alle Menschen liebt und auch diese kostbaren Menschen in eine Beziehung zu unserem Herrn Jesus Christus führen möchte.

Dieses Buch hat mir geholfen, Vorurteile abzulegen und zu begreifen, dass Muslime Menschen sind, die sich nach Wahrheit, Liebe und Verständnis sehnen.

Rev. Norm Maclaren
Vizepräsident des Dienstes *Crossroads Christian Communications*

Als ich *Die Rolle des Islam in der Endzeit* las, wurde mein Weltbild erschüttert. Das Buch enthält zahlreiche Einsichten und Offenbarungen über das, was Gott in seinem Herzen für die größte aller unerreichten Menschengruppen empfindet. Faisal Malick hilft uns, die gegenwärtige Situation besser zu verstehen, in der Liebe zuzunehmen und auf die Aufforderung zu aktivem Handeln angemessen zu reagieren.

Patricia King
Extreme Prophetic
www.extremeprophetic.com

Terroristen! Muslime! Araber! Viele Christen auf der Welt sind der Meinung, dass diese drei Gruppen in einen Topf gehören – Feinde, um die man einen großen Bogen machen sollte. Aber für Gott, unseren himmlischen Vater, der die Welt liebt und seinen Sohn sandte, um für alle Menschen zu sterben, sind diese Menschen liebenswert. Sei bereit dafür, dich vom Herrn beim Lesen dieses Buches dazu berufen zu lassen, etwas zu tun. Der Herr hat auf unterschiedlichste Weise über die Muslime zu mir gesprochen, unter anderem durch Träume und Visionen. Als ich dieses Buch las, hüpfte mein Herz vor Freude, weil mir Gottes Plan, die ganze Welt zu erreichen, auf einmal noch viel deutlicher vor Augen stand. Ich weiß jetzt, dass auch ich in diesem endzeitlichen Geschehen eine Rolle zu übernehmen habe – und ich bin fest entschlossen, meine Aufgabe zu erfüllen. Faisal Malicks Buch *Die Rolle des Islam in der Endzeit* hat tiefe Spuren in meinem Leben hinterlassen.

Rich Marshall
Autor von *God@Work* und *God@Work Volume 2*

Die Rolle des Islam in der Endzeit hat mir dabei geholfen, klar zu unterscheiden zwischen „radikalem Islam" und den Nachkommen Ismaels. Faisal Malick schenkt jedem Christen, der der Meinung ist, es wäre zu schwierig, Muslime mit dem Evangelium zu erreichen, Hoffnung. Sein Zeugnis begeistert, sein Glaube inspiriert und seine Vision ist revolutionär. *Die Rolle des Islam in der Endzeit* hat mir die Gesamtheit der Kinder Abrahams ganz neu aufs Herz gelegt und meine Liebe zu ihnen neu belebt.

Dr. Ron Burgio
Präsident des *Elim Fellowship*
Hauptpastor der *Love Joy Gospel Church*

Dieses Buch aus der Feder eines ehemaligen Muslims, der sich zum Christentum bekehrt hat, beinhaltet mehr, als es zunächst den Anschein hat. Es bringt Saiten zum Klingen, die sowohl im Wesen des Christentums als auch im Wesen des Islam verankert sind. Wir erhalten einen ernüchternden Einblick in etwas, das uns in der vor uns liegenden Zeit immer stärker beschäftigen und beunruhigen wird. Die Gemeinde, die Jesus baut, muss in jeder Hinsicht so werden, wie Gott es möchte, damit sie all das tun kann, was Gott möchte. Unsere einzige Hoffnung besteht darin, dass wir unser Herz auf Jesus ausrichten und der Heilige Geist uns Einsicht und Urteilsvermögen schenkt. Wer ernsthaft als Christ leben möchte, sollte dieses Buch unbedingt lesen.

Don Nori, sen.
Verleger
Destiny Image Publishers

Inhaltsverzeichnis

Vorwort

Die Hauptintention dieses Buches liegt darin, eine Standortbestimmung und Klärung vorzunehmen, was die Frage anbelangt, in welcher Zeit wir gerade leben, und ein Bewusstsein dafür zu schaffen, welch wichtige Rolle Ismael heute zukommt. Ich bete, dass uns der Blick über unsere Begrenzungen hinweg geöffnet wird und dass wir Gottes Gedanken und seinen Ratschluss erkennen.

Dieses Buch handelt nicht nur von der Gnade Gottes, die sich bis in die muslimische Welt ausstreckt, sondern es bringt auch zum Ausdruck, was Gott Israel, der Gemeinde und den Ländern dieser Welt dadurch sagt, dass er den Muslimen seine Gnade erweist, sie liebt und ihnen voller Mitgefühl begegnet. Ich bete, dass dir beim Lesen dieses Buches deutlich wird, was Gott zu dir sagt, und dass du seinen vollkommenen Plan erkennst, in dem alles und jeder einen Platz hat.

Ich schreibe nicht einfach über die Endzeit, sondern konkreter darüber, was Gott vor Anbeginn der Zeit geplant hat. Dieses Buch richtet sich an Muslime, aber wenn wir nicht aufpassen, können wir verpassen, was Gott *uns* zu sagen hat. Ich glaube, du wirst erkennen, dass Gott das, was er in dieser zeitlich begrenzten Welt begonnen hat, in der Ewigkeit bereits vollendet hat.

Für mich ist dies nicht nur eine Botschaft, die ich an dich weitergebe – nein, sie lebt in mir und ich lebe diese Botschaft.

Kairos bezeichnet einen bestimmten Zeitpunkt, zu dem sich ein Fenster zwischen Zeit und Ewigkeit öffnet, sodass ein von Gott festgesetztes Ereignis mit aller Konsequenz eintreten kann, das die Zukunft der gesamten Menschheit auf ewig verändert.

1

Wer ist Ismael?

Heute stehen 1,6 Milliarden[1] Muslime im Rampenlicht, die ganze Welt schaut zu und steht vor einem Rätsel. Israel warnt vor Terrorismus, die Gemeinde schaut auf die Zeichen der sich nähernden Endzeit und die islamischen Völker streben nach einer Revolution.

Gleichzeitig öffnet sich über der muslimischen Welt ein Fenster zwischen Zeit und Ewigkeit, es bahnt sich ein Kairos-Zeitpunkt an. Die Menschheit wird sich damit auseinandersetzen müssen, dass wir uns heute nicht in einer x-beliebigen Phase befinden, sondern dass eine besondere Zeit gekommen ist, ein Kairos-Zeitpunkt für die Muslime.

Die griechische Sprache kennt zwei Begriffe für Zeit und unterscheidet zwischen *Chronos* und *Kairos*. *Chronos* bezeichnet die chronologische Abfolge der Zeit, messbar in Sekunden, Minuten, Tagen und Jahren. *Kairos* bezeichnet einen bestimmten Zeitpunkt, zu dem sich ein Fenster zwischen Zeit und Ewigkeit öffnet, sodass ein von Gott festgesetztes Ereignis mit aller Konsequenz eintreten kann, das die Zukunft der gesamten Menschheit auf ewig verändert.

Wir kennen Zeit als Chronos und messen sie. Gott kennt Zeit als Kairos und greift zu bestimmten Zeitpunkten in den Ablauf der Geschichte ein. Zu einem Kairos-Zeitpunkt öffnet sich die Tür zu dem, was von Gott bestimmt ist, und was über lange Zeit verborgen war, wird offenbart. Als Gemeinde Jesu müssen wir erkennen, wann ein Kairos-Zeitpunkt vorliegt, damit wir uns dem anschließen können, was Gott tut. In diesem Kapitel geht es um die biblischen Ursprünge der Muslime, den Schrei ihres Herzens und um das, was Gott gegenwärtig für sie empfindet und plant.

Die biblischen Ursprünge der Muslime

Mohammed, der Prophet des Islam, war ein direkter Nachkomme des zweiten Sohnes Ismaels: Kedar. Mohammed empfing Offenbarungen von einem Engel, den er für Gabriel hielt. Diese Offenbarungen wurden später zum Buch der Muslime, dem Koran. Muslime glauben, dass Abraham nicht Isaak, sondern seinen erstgeborenen Sohn Ismael zum Opferaltar auf den Berg brachte und so Ismael als der bestätigt wurde, durch den die ganze Welt gesegnet werden würde. Die Muslime glauben auch, dass Mohammed die Erfüllung der Verheißungen war, die Gott Abraham gegeben hatte, und dass Mohammed ein Prophet war, der auf einer Stufe mit Mose steht. Sie gehen davon aus, dass die Bibel Abweichungen von der Wahrheit enthält und nicht in allen Teilen authentisch ist. Das islamische Volk ging aus Mohammed hervor, dem Nachkommen Ismaels. Die Wurzeln des Islam können also bis zu Ismael, dem ältesten Sohn Abrahams zurückverfolgt werden.

Muslime glauben, dass Abraham Ismael auf dem Altar opfern wollte – nicht Isaak.

Später heiratete Ismael eine Ägypterin. Es wurden ihm zwölf Söhne geboren, seine Familie wuchs und wurde zu einem riesigen Volk. Das muslimische Volk existierte, lange bevor es den Islam als Religion annahm. Mir ist deutlich geworden, dass es Gott immer um die Ursprünge und Hintergründe einer Sache geht und dass er nicht nur die Oberfläche betrachtet.

Als Hagar, die Magd von Abrahams Frau, schwanger war, fand der Engel des Herrn sie in der Wüste und begann, ihr den Plan Gottes zu enthüllen:

> *Und der Engel des Herrn fand sie an einer Wasserquelle in der Wüste, an der Quelle auf dem Weg nach Schur. Und er sprach: Hagar, Magd Sarais, woher kommst du, und wohin gehst du? Und sie sagte: Vor Sarai, meiner Herrin, bin ich auf der Flucht. Da sprach der Engel des Herrn zu ihr: Kehre zu deiner Herrin zurück, und demütige dich*

unter ihre Hände! Und der Engel des Herrn sprach zu ihr: Ich will deine Nachkommen so sehr mehren, dass man sie nicht zählen kann vor Menge.

1. Mose 16, 7–10

Gott verkündet Ismaels Namen vor dessen Geburt

Ismael war der erste Mensch, der bereits vor seiner Geburt einen Namen von Gott erhielt. Wenn in der Bibel etwas zum ersten Mal geschieht, ist dies sehr bedeutsam, es wird ein Präzedenzfall geschaffen. In der Bibel gibt es nur vier Personen, die bereits vor ihrer Geburt einen Namen von Gott oder einem von ihm gesandten Engel erhielten. Andere empfingen Prophetien von Gott, aber nur vier Personen erhielten ihren Namen auf diese übernatürliche Weise.

Wenn in der Bibel etwas zum ersten Mal geschieht, wird ein Präzedenzfall geschaffen.

Ismael war der Erste, Isaak der Zweite, Johannes der Täufer der Dritte und Jesus der Letzte (siehe 1. Mo. 16, 11; 1. Mo. 17, 19; Lk. 1, 13 und Lk. 1, 31). Die Gemeinde weiß, dass es bei den drei Letztgenannten so geschah, aber es ist ihr nicht bewusst, dass es auch beim Ersten so war.

Und der Engel des Herrn sprach weiter zu ihr: Siehe, du bist schwanger und wirst einen Sohn gebären; dem sollst du den Namen Ismael geben, denn der Herr hat auf dein Elend gehört.

1. Mose 16, 11

Hagar gehorchte dem Engel des Herrn und kehrte zu Sarai zurück, und Ismael wurde geboren. Als Ismael etwa 13 Jahre alt war, erschien Gott Abram und änderte seinen Namen zu Abraham und Sarais Namen zu Sara (siehe 1. Mo. 17, 5 und 1. Mo. 17, 15). Gott sprach mit Abraham über seinen Bund mit ihm und gab ihm die Verheißung, ihm und Sara einen Sohn zu schenken. Abraham bat Gott für Ismael und Gott antwortete:

> *Und Abraham sagte zu Gott: Möchte doch Ismael vor dir leben! Und Gott sprach: Nein, sondern Sara, deine Frau, wird dir einen Sohn gebären. Und du sollst ihm den Namen Isaak geben! Und ich werde meinen Bund mit ihm aufrichten zu einem ewigen Bund für seine Nachkommen nach ihm. Aber auch für Ismael habe ich dich erhört: Siehe, ich werde ihn segnen und werde ihn fruchtbar machen und ihn sehr, sehr mehren. Zwölf Fürsten wird er zeugen, und ich werde ihn zu einer großen Nation machen. Aber meinen Bund werde ich mit Isaak aufrichten, den Sara dir im nächsten Jahr um diese Zeit gebären wird.*
>
> 1. Mose 17, 18–21

Gott segnete Ismael und verhieß, dass seine Nachkommen sich so stark vermehren würden, dass man sie nicht mehr würde zählen können, dass er zwölf Prinzen zeugen würde und dass Gott ihn zu einer großen Nation machen würde. In 1. Mose 16, 11 verkündete Gott vor Ismaels Geburt dessen Namen, und in 1. Mose 17, 21 segnete Gott Ismael, richtete seinen Bund jedoch mit Isaak auf, dem verheißenen Nachkommen. (Im nächsten Kapitel gehe ich ausführlicher darauf ein, warum Gott Ismael segnete.) Als Isaak entwöhnt wurde, beobachtete Sara, dass Ismael mit Isaak Mutwillen trieb und verlangte, dass der Sohn der Magd vertrieben würde und nicht gemeinsam mit ihrem Sohn Isaak erben sollte (siehe 1. Mo. 21, 9–10).

Wie jeder Vater, der an seiner Stelle gewesen wäre, war Abraham betrübt. Als er vor Gott trat, machte Gott ihm deutlich, dass sich der Bund Gottes in Isaak erfüllen würde und Abrahams Nachkommen nach Isaak benannt werden sollten. Ismael sollte vertrieben werden, aber Gott bestätigte Abraham ein weiteres Mal, dass er Ismael zu einer großen Nation machen würde. Ismael wurde gemeinsam mit Hagar aus dem Haus seines Vaters weggeschickt und man gab ihnen nichts weiter mit als ein wenig Brot und Wasser.

> *Da sagte sie zu Abraham: Vertreibe diese Magd und ihren Sohn, denn der Sohn dieser Magd soll nicht mit meinem*

Sohn Erbe werden, mit Isaak! Und dieses Wort war sehr übel in Abrahams Augen um seines Sohnes willen. Aber Gott sprach zu Abraham: Lass es nicht übel sein in deinen Augen, wegen des Jungen und wegen deiner Magd; in allem, was Sara zu dir sagt, höre auf ihre Stimme! Denn nach Isaak soll dir die Nachkommenschaft genannt werden. Doch auch den Sohn der Magd werde ich zu einer Nation machen, weil er dein Nachkomme ist. Und Abraham machte sich früh am Morgen auf, und er nahm Brot und einen Schlauch Wasser und gab es der Hagar, legte es auf ihre Schulter und gab ihr das Kind und schickte sie fort. Da ging sie hin und irrte in der Wüste von Beerscheba umher.

1. Mose 21, 10–14

Der übernatürliche Brunnen

Ismael war etwa 15 Jahre alt, als er mit Hagar in die Wüste geschickt wurde. Dort geschah Folgendes:

Als aber das Wasser im Schlauch zu Ende war, warf sie das Kind unter einen der Sträucher; und sie ging und setzte sich gegenüber hin, einen Bogenschuss weit entfernt, denn sie sagte sich: Ich kann das Sterben des Kindes nicht ansehen. So setzte sie sich gegenüber hin, erhob ihre Stimme und weinte. Gott aber hörte die Stimme des Jungen. Da rief der Engel Gottes der Hagar vom Himmel zu und sprach zu ihr: Was ist dir, Hagar? Fürchte dich nicht! Denn Gott hat auf die Stimme des Jungen gehört, dort wo er ist. Steh auf, nimm den Jungen, und fasse ihn mit deiner Hand! Denn ich will ihn zu einer großen Nation machen. Und Gott öffnete ihre Augen, und sie sah einen Wasserbrunnen; da ging sie hin und füllte den Schlauch mit Wasser und gab dem Jungen zu trinken. Gott aber war mit dem Jungen, und er wurde groß und wohnte in der Wüste; und er wurde ein Bogenschütze. Und er wohnte in der Wüste Paran, und seine Mutter nahm ihm eine Frau aus dem Land Ägypten.

1. Mose 21, 15–21

Ismael zog mit Hagar in der Wüste umher, bis ihnen das Wasser ausging. Nachdem er gerade aus dem Haus seines Vaters vertrieben worden war, fand er sich nun in der Wüste unter einem Strauch wieder und lag im Sterben. Hagar konnte die Qualen ihres sterbenden Sohnes nicht mit ansehen. In ihrer Hoffnungslosigkeit ließ sie ihren Sohn unter dem Strauch zurück, entfernte sich von ihm und schrie zu Gott. Sie konnte es nicht ertragen, ihren Sohn sterben zu sehen. Sie war zu nichts anderem mehr fähig, als zu weinen und ihren Schmerz hinauszuschreien. Der Junge lag währenddessen sterbend unter dem Strauch.

Ismael hatte seinen Status als Sohn verloren und war nun ein Sklave. Er befand sich in einer Identitätskrise, sein Vaterbild war dauerhaft zerstört worden.

Der Junge lag nicht nur körperlich im Sterben. Die Ablehnung, die er erlebt hatte, hatte ihm das Herz gebrochen, und sein Inneres war erfüllt von Kummer und Gram. In einem Augenblick war aus ihm, dem Sohn, ein einfacher Sklave geworden. „Wer bin ich … der Sohn eines Fürsten und eines Vaters vieler Nationen, oder nur der Sohn einer Magd?“ Er befand sich in einer Identitätskrise, sein Vaterbild war dauerhaft zerstört worden. Sein Zustand wurde noch dadurch verschlimmert, dass ihn seine Mutter in der Wüste zurückgelassen hatte, als er im Sterben lag, und er dem Tod allein ins Auge blicken musste. Sein Zustand war so erbärmlich, dass seine Mutter seinen Anblick nicht mehr ertragen konnte.

In seiner Kindheit hatte Ismael von seinem Vater Abraham viel über Gott gelernt. Als er in seinem Elend in der Wüste lag, dürfte er sich gefragt haben, wo sein Gott war. Hatte Gott ihn verlassen und vergessen? In der Bibel heißt es, dass Gott die Stimme des Jungen hörte und wusste, wo er war (siehe 1. Mo. 21, 17). Gott hatte nicht die Mutter, sondern den Jungen gehört, und zwar genau dort, wo er sich gerade befand – er lag im Sterben, war abgelehnt und litt Schmerzen und Durst.

Gott hörte den Jungen, weil der Name *Ismael* „Gott hört" bedeutet. Gott wusste von Anfang an, wie alles ausgehen würde. Er hatte Ismael aufgrund seines Planes und der Bestimmung, die er für ihn hatte, bereits vor dessen Geburt den Namen Ismael gegeben. Gott hörte seinen Schrei in der Wüste und öffnete Hagar die Augen, sodass sie einen Brunnen sehen und Ismael Wasser zu trinken geben konnte, damit er überleben würde. Erstaunlicherweise war der Brunnen bereits vorhanden gewesen, sie hatten ihn aber nicht gesehen.

Der Schrei Ismaels

Viertausend Jahre später befinden sich die Muslime in einer geistlichen Wüste, und ihr Schreien ist noch lauter geworden. Sie sterben vor Durst, sind aber nicht in der Lage, den Brunnen ihrer Erlösung zu sehen. Doch Gott wird den Schrei Ismaels erhören, ihm die Augen öffnen und ihm den Brunnen lebendigen Wassers zeigen – Jesus –, damit sie daraus trinken und leben. Das Wasser aus dem Brunnen bewahrte Ismaels Körper vor dem Tod, und nun ist lebendiges Wasser aus einem anderen Brunnen erforderlich, nämlich Jesus, um Ismaels geistliches Leben zu retten.

Wasser bewahrte Ismaels Körper vor dem Tod. Lebendiges Wasser wird sein geistliches Leben retten.

Die Stunde ist gekommen, dass die Muslime Jesus sehen und den Vater erkennen. Wir als Gemeinde müssen begreifen, in welcher Zeit wir leben, und hören, was Gott sagt. Wir müssen für die Muslime im Gebet eintreten wie eine Mutter es für ihr sterbendes Kind tun würde. Einige von uns haben sich wie Ismaels Mutter von ihm abgewandt, weil Ismaels Zustand in vielerlei Hinsicht völlig hoffnungslos zu sein scheint; und doch müssen wir dem Geist Gottes folgen und darum beten, dass Gott den Schrei zum Leben erweckt, der im Herzen der Muslime liegt, und ihn so laut werden lässt, dass er das Herz des Höchsten erreicht.

Gott wird den Schrei der Muslime in unseren Tagen erhören. Gott gab in seiner Weisheit Ismael vor dessen Geburt einen Namen, weil er wusste, dass sich eines Tages 1,6 Milliarden Muslime in einer geistlichen Wüste befinden würden. Gemeinde, mache dich bereit – eine ganze Generation von Muslimen wird ins Reich Gottes kommen. Ich glaube, dass ganz unvermittelt 800 Millionen bis eine Milliarde Muslime ins Reich Gottes hineinkommen werden.

Am 26. Dezember 2004 ereignete sich ein starkes Erdbeben, dessen Epizentrum in der Nähe von Indonesien lag, dem Land, in dem mehr Muslime leben als in irgendeinem anderen Land der Welt. Es erzeugte einen Tsunami, der in vielen Ländern erheblichen Schaden anrichtete und Hunderttausende in den Tod riss.

Es steht ein weiteres Erdbeben bevor und sein Epizentrum wird in der muslimischen Welt liegen – es wird einen geistlichen Tsunami erzeugen, der in vielen Nationen zu spüren sein wird und Leben bringen wird. Dieses geistliche Erdbeben wird die größte Ernte auslösen, die es jemals auf der Erde gegeben hat.

Fürbitte und Gebet bilden den ersten Schritt. Fürbitte ist Gebet, das sich die Herzensanliegen Gottes zu eigen macht. Die Pläne des Geistes werden durch Gebet in diese Welt hineingeboren. Es reicht nicht aus, lediglich zu beten, wir müssen in dieser Stunde bereit sein, gemeinsam mit Gott zu handeln. Gott gebrauchte eine Frau, um Ismael Wasser zu geben, das er in der Wüste trinken konnte, und er wird eine andere Frau – die Gemeinde – gebrauchen, um ihm heute lebendiges Wasser zu geben, das aus dem Brunnen des ewigen Lebens stammt. Ismael dürstet nach lebendigem Wasser und hungert nach frischem, im Ofen des Geistes Gottes gebackenem Brot.

Jesus ist stets ein Menschenfischer gewesen. Er möchte auch uns zu Menschenfischern machen, damit wir bereit sind für die vor uns liegende Zeit. Um wirklich Menschenfischer sein zu können, müssen wir verstehen, was in den Muslimen vorgeht und welcher Schrei aus ihrem Herzen dringt.

Um verstehen zu können, was in diesem Schrei zum Ausdruck kommt, müssen wir zum Ursprung dieses Schreis vordringen. Er nahm seinen Anfang, als Ismael aus dem Haus seines Vaters vertrieben wurde und auf einen Schlag sein gesamtes Erbe verlor. 15 Jahre lang war er mit der Liebe seines Vaters Abraham aufgewachsen, wurde dann aber vertrieben, weil der Sohn einer Magd nicht gemeinsam mit dem Sohn der Freien erben konnte (siehe 1. Mo. 21, 10). Ismael wurde mit einem Stück Brot und einer Flasche Wasser in die Wüste geschickt, und das waren die letzten Dinge, die sein Vater ihm gab (siehe 1. Mo. 21, 14).

Ismael dürfte gehofft haben, dass seine Mutter ihm das alles erklären würde, aber sie erinnerte ihn lediglich daran, dass er der Sohn einer Magd war und keinen Vater hatte. Ismael wartete in der Wüste und hoffte darauf, dass sein Vater sich um ihn kümmern und ihm weiteres Brot und Wasser bringen würde, aber sein Vater tauchte nicht mehr auf. Ismael sah seinen Vater erst wieder, als er ihn begraben musste (siehe 1. Mo. 25, 9). Ismael begrub dabei nicht nur seinen Vater Abraham, sondern im übertragenen Sinne auch seine Chance, jemals wieder Sohn zu sein. Die Beerdigung war zugleich ein Sinnbild dafür, dass seine Hoffnung gestorben war, jemals wieder von einem Vater angenommen und geliebt zu werden.

Hinter Ismaels Schrei steht die tiefe Sehnsucht, von einem Vater geliebt zu werden und so eine Identität zu besitzen. Ohne Vater hat ein Sohn keine Identität. Identität hängt nicht nur von der Antwort auf die Frage ab, wer man denn ist, es geht auch um die Antwort auf die Frage, zu *wem man gehört.* Wer nicht weiß, zu wem er gehört, wird niemals wissen, wer er ist. Wenn man seine eigene Identität nicht kennt, dann definiert man sich über das, was man tut. Ein Sohn kann mithilfe seiner DNS seinen Vater bestimmen, ein Sklave hingegen wird lediglich aufgrund seiner Arbeit beurteilt.

Ismael war vertrieben und alleingelassen worden und besaß weder einen Vater noch eine Identität noch ein Erbe. Er war ohne Vorwarnung im Stich gelassen, verworfen und vaterlos zurückgelassen worden. Es ist das Recht jedes Sohnes, von seinem Vater ein Erbe zu erhalten. Dieses Recht wurde Ismael genommen und dieser Zustand war wie ein Siegel seiner Vaterlosigkeit. Dieser Schrei lebt auch heute noch im Herzen der Muslime.

Der Islam als Religion

Viele Hundert Jahre nach Ismael schufen seine Nachkommen ein Denkmal, in dessen Zentrum dieser Schrei Ismaels steht, und nannten es *Islam.* „Islam" bedeutet, sich wie ein Sklave Gott zu unterwerfen. Das steht in starkem Kontrast zu einer Vater-Sohn-Beziehung zu ihm. Der Islam füllte die Leere in Ismaels Herzen, und er lehrt, dass Gott weder ein Vater ist noch einen Sohn hat. Der Islam wurde für Ismael zum Angesicht Gottes. Muslime sehen sich noch immer als Diener, als Sklaven, die sich Gott in der Hoffnung unterwerfen, durch ihre Werke von Gott akzeptiert zu werden und sich seine Anerkennung zu verdienen und so der unvermeidlichen Verurteilung zu entfliehen. Sie streben danach, von Gott aufgrund ihrer Werke angenommen zu werden, nicht aus Gnade. Dabei geht es nicht nur um einige Moralvorschriften; das gesamte Lebensgefühl jedes Muslims ist hiervon geprägt. Dennoch ist der Schrei Ismaels niemals verklungen, sondern ist mit der Zeit immer intensiver geworden.

Der Islam füllt die Leere des vaterlosen Herzens.

Heute sind die Muslime weiter in der Wüste und haben den Tod vor Augen. Und auch hier, in dieser geistlichen Wüste, gibt es einen Brunnen, den sie nicht sehen können. Sie haben keinen Vater, der ihnen Brot oder Wasser geben könnte. Gleichzeitig kehrt sich die Gemeinde von ihnen ab, unfähig, mitanzusehen, wie sie sterben.

Gott streckt sich genau jetzt, in dieser Stunde, zu den Muslimen aus. Er wird ihren Schrei erhören, ihnen die Augen öffnen und ihnen im Brunnen des lebendigen Wassers der Herrlichkeit Gottes das Angesicht Jesu zeigen. Gott wird ihnen Vater sein, ihren hungrigen Seelen frisches Brot vom Himmel senden und ihren durstigen Herzen lebendiges Wasser geben, damit sie leben. Gott wird Ismael seine Herrlichkeit offenbaren und ihm in der Gegenwart Jesu neues Leben geben.

Der Vater wird den Muslimen in unseren Tagen eine Identität geben. Er wird ihnen die Wahrheit über ihre Bestimmung offenbaren, die im Namen Ismael verborgen ist. Er wird ihnen seinen Bund zeigen und ihnen ein Erbe in Christus Jesus geben. Er wird niemals mehr von ihnen weichen oder sie fallen lassen. Stattdessen wird Ismael, der Bogenschütze, wenn er vom Geist geboren ist, zu einem Pfeil werden, den Gott mit seinem Bogen eigenhändig ins Herz des Feindes schießt, der Ismael damals blind gemacht hat.

Gott wird ihnen mithilfe des Namens Ismael ihre Bestimmung offenbaren.

Der Kairos-Zeitpunkt für die Muslime ist jetzt gekommen. Es bilden sich leuchtende Wolken der Gegenwart Gottes in der muslimischen Welt und Blitze seiner Herrlichkeit erhellen ihre Dunkelheit. Gott wird Regen senden und unter den Muslimen wird in unseren Tagen eine große Ernte eingebracht werden. Der Schrei Ismaels ist bis vor den Thron Gottes gedrungen und die Antwort ist bereits unterwegs.

Ich kann Gott reden hören durch die Worte des Propheten Jesaja, der sagt:

> *Ich ließ mich suchen von denen, die nicht nach mir fragten,*
> *ich ließ mich finden von denen, die mich nicht suchten.*
> *Zu einem Volk, das meinen Namen nicht anrief, sagte ich:*
> *Hier bin ich, hier bin ich!*
>
> Jesaja 65, 1 *(Luther)*

Seht, Gott wird etwas Neues tun, es wird zum Vorschein kommen. Er wird einen Weg in der Wüste bahnen und Wasserströme in der Einöde senden und wir werden es sehen (siehe Jes. 43, 19). Gott wird jetzt, in dieser Stunde, den Schrei Ismaels erhören. Werden wir in dieser Stunde den Schrei in Gottes Herzen hören? Werden wir auf sein Rufen reagieren?

Muslimen dienen

Ich möchte auf die Frage zu sprechen kommen, wie man Muslimen dient – wie man ihnen von seinem Glauben erzählen kann und mit ihnen kommuniziert. Ich wünsche mir, dass diese Gedanken wirklich dein Herz erreichen. In Sprüche 4, 23 heißt es, dass wir mehr als alles andere unser Herz bewahren sollen, weil in ihm die Quelle des Lebens entspringt. Dieses Bild beschreibt einen Fluss, der entspringt, Ströme, die sich ergießen, Leben, das hervorquillt, und das aus unserem Herzen, denn dort kommt hervor, was unser Leben wirklich ausmacht.

Im 7. Kapitel des Johannesevangeliums nimmt Jesus an der Feier des Laubhüttenfests teil und „an dem letzten, dem großen Tag des Festes" verkündet Jesus: „Wenn jemand dürstet, so komme er zu mir und trinke! Wer an mich glaubt, wie die Schrift gesagt hat, aus seinem Leibe werden Ströme lebendigen Wassers fließen" (Joh. 7, 37–38). Hier ist nicht von einem *Strom* die Rede, Jesus sprach von *Strömen.*

Wenn du Jesus, den Herrn, in dich aufgenommen, das kostbare lebendige Wasser aus dem Himmel getrunken und das frische Brot des Himmels gegessen hast, wenn du es verdaut und in dich aufgenommen hast, dann ist etwas Substanzielles in dir. Zahlreiche Ströme lebendigen Wassers fließen in dir. Einer dieser Ströme ist der Strom des Dienstes der Versöhnung, der jedem Gläubigen anvertraut ist (siehe 2. Kor. 5, 18–19).

Ich spreche hier von etwas, das ich ganz persönlich durchlebt habe, seit ich an Jesus glaube. Bevor Gott mich in den vollzeitlichen Dienst berief, begann ich im Rahmen meiner Tätigkeit als Geschäftsmann, Menschen in verschiedener Weise zu Jesus Christus zu führen. Ich habe erlebt, wie ungefähr 1.200 bis 1.500 Menschen Jesus als ihren Heiland und Erlöser angenommen haben. Ich kenne die genaue Zahl nicht, weil ich niemals auf den Gedanken gekommen bin, mitzuzählen. Aber ich weiß zumindest, dass sehr viele Muslime, Juden, Hindus, Sikhs und Atheisten ihr Herz für Jesus geöffnet haben, und wahrscheinlich waren es mehr als die genannte Anzahl. Ich denke, dass 99 Prozent derer, die ich kannte, als ich noch Muslim war, heute von Neuem geboren sind.

Ich spreche also von etwas, das ich durchlebt habe. Ich rede nicht einfach von etwas, das irgendwo aufgeschrieben ist, sondern ich berichte von etwas, das *heute* real und lebendig ist. In der Bibel heißt es, dass wir *lebendige* Briefe sein sollen, die von allen Menschen gelesen werden. Es ist ein großer Unterschied, ob man ein *geschriebener* Brief oder ein lebendiger Brief ist (siehe 2. Kor. 3, 2–3). Gott liegt es im neuen Bund besonders am Herzen, sein Wort und seine Gebote in unsere Herzen zu schreiben und in unser Denken zu legen, damit wir diese Dinge ganz konkret umsetzen und sichtbar werden lassen können. Wer dann dein oder mein Leben betrachtet, kann sagen, dass er in Kontakt gekommen ist mit einem lebendigen Liebesbrief Jesu an ihn.

Bevor Menschen das Buch der Bücher aufschlagen, sollten sie dieses Buch in dir lesen können. Bevor sie Jesus erkennen, sollten sie ihn in dir und mir erkennen. Im Laufe der Jahre habe ich gemerkt, dass einige Dinge funktionieren und andere nicht. Ich werde im Folgenden von einigen biblischen Prinzipien sprechen und aus eigener Erfahrung leuchtende Beispiele erzählen, wie Menschen zum Glauben gekommen sind.

Wir werden uns ganz spezifisch mit den Muslimen beschäftigen, aber ich möchte zunächst eine allgemeinere Aussage aus 2. Kor 5 betrachten:

> *Daher, wenn jemand in Christus ist, so ist er eine neue Schöpfung; das Alte ist vergangen, siehe, Neues ist geworden. Alles aber von Gott, der uns mit sich selbst versöhnt hat durch Christus und uns den Dienst der Versöhnung gegeben hat, nämlich dass Gott in Christus war und die Welt mit sich selbst versöhnte, ihnen ihre Übertretungen nicht zurechnete und in uns das Wort von der Versöhnung gelegt hat. So sind wir nun Gesandte an Christi Statt, indem Gott gleichsam durch uns ermahnt; wir bitten für Christus: Lasst euch versöhnen mit Gott! Den, der Sünde nicht kannte, hat er für uns zur Sünde gemacht, damit wir Gottes Gerechtigkeit würden in ihm.*
>
> 2. Korinther 5, 17–21

Ich möchte auf drei Dinge in diesem Abschnitt hinweisen. 1) Du bist eine neue Schöpfung geworden. Bitte sprich einmal laut aus: „Ich bin eine neue Schöpfung." 2) Es heißt hier, dass du einen Dienst hast. Du bist also eine neue Schöpfung und hast einen neuen Dienst. 3) Du hast eine neue Botschaft, nämlich das Wort von der Versöhnung. Eine neue Botschaft, die zu einer neuen Schöpfung passt, ein neuer Dienst, der zu einer neuen Schöpfung passt. Du bist eine neue Schöpfung, es ist etwas geschehen.

Genau das ist mit mir geschehen, ich wurde eine neue Schöpfung, und Gott fing an, etwas in mir hervorzubringen, nämlich den Dienst der Versöhnung, der einer der zahlreichen Ströme ist, die aus unserem Leben fließen. Ich möchte dir an dieser Stelle ein Geheimnis eröffnen: Je mehr du dich dem Strom hingibst, der am stärksten in deinem Geist ist, desto mehr wird er die Türen deines Geistes öffnen, sodass andere Ströme des Lebens aus ihm fließen können. Es gibt Ströme des Gebets, Ströme deiner Bestimmung, zahlreiche Ströme voller Dinge, mit denen du schwanger gehst und die Gott in dich hineingelegt hat. Und wenn du anfängst, dich dem Dienst der Versöhnung zu widmen, wird er zum Eingangstor werden zu der Bestimmung, die Gott für dein Leben hat.

Ich wurde bereits vor Grundlegung der Welt dazu berufen, das Evangelium zu predigen, aber mir war dies nicht bewusst. Dieser Bereich meines Lebens öffnete sich, indem ich dem Strom der Versöhnung Raum gab und ihm folgte. Ich glaube, dass es im Herzen jedes Gläubigen einen Strom der Versöhnung gibt und dass dieser Strom ein Strom des Lebens ist. Du hast Leben in dir, das du weitergeben kannst.

Gib den Lebensatem Gottes weiter.

Du weißt, dass der *erste* Adam so geschaffen wurde, dass er den Atem Gottes einatmen und leben konnte. Der *letzte* Adam kam und schenkte uns Leben, sodass wir den Lebensatem Gottes empfangen können und die Möglichkeit haben, diesen Lebensatem weiterzugeben. Der erste Adam konnte gerade damit leben. Wir sind heute sogar in der Lage, den Lebensatem Gottes anderen Menschen weiterzugeben. Es ist uns etwas gegeben worden, das wir mit anderen teilen sollen – Ströme lebendigen Wassers, und einer dieser Ströme in deinem Leben ist der Dienst der Versöhnung. Er ist bereits in dir. Wenn du dich dem Heiligen Geist hingibst und mit ihm zusammenarbeitest, wird er dir helfen, dich dem Strom in deinem Inneren hinzugeben, sodass du sehen wirst, was er bewirkt.

Teilen und Geben

Vor einigen Jahren nahm ein Muslim Kontakt zu mir auf. Ich war gerade erst Christ geworden und es gab eigentlich nur eines, was mich begeisterte, und zwar Jesus Christus, der Sohn Gottes (das ist auch heute noch so). Bereits bevor ich in den vollzeitlichen Dienst eintrat, wusste ich eines ganz genau: Jesus liebt die Menschen und möchte, dass sie errettet werden. Er will sie kennen lernen und wünscht sich, dass sie ihn und seinen Vater kennen lernen. Jener Muslim rief mich also an und sagte: „Ich habe zwanzig Fragen, die kein Christ beantworten kann. Falls du mir diese zwanzig Fragen in einem Gespräch beantworten kannst, werde ich deinen Jesus ernsthaft in Erwägung ziehen."

Ich sagte: „In Ordnung, wir können uns treffen", weil ich wusste, dass der ganze Himmel hinter mir steht, sobald es um die Errettung eines Menschen geht.

Ich war zu diesem Zeitpunkt noch nicht gut ausgebildet. Ich war zwar mit dem Christentum und der Realität Jesu in Kontakt gekommen, aber ich wusste noch nicht sehr viel darüber. Wir trafen uns in einem Restaurant in der Dixon Road in Toronto, das rund um die Uhr geöffnet ist. Mittlerweile ist in jeder Nische und auf jedem Stuhl dieses Restaurants jemand zu Jesus geführt und von Neuem geboren worden.

Ich gehe dabei so vor: Wenn ich mich mit einer mir unbekannten Person treffe, nehme ich eine weitere Person mit, deren Errettung erst ein oder zwei Wochen zurückliegt. Diese Person kann beobachten, wie ich die mir unbekannte Person zum Glauben führe, und wird dabei ausgebildet, selbst andere Menschen zum Herrn zu führen. Anfangs war mir gar nicht klar, was ich eigentlich tat, aber weil mir niemand gesagt hatte, dass dies unüblich war in der Gemeinde Nordamerikas, habe ich es einfach getan und daran festgehalten.

Nun saß ich also diesem Muslim gegenüber, der sich mit mir unterhalten wollte, und er stellte seine erste Frage. Während er seine Frage formulierte, dachte ich: „Ich habe keine Antwort auf seine Frage, es ist aus. Ich kann ja nicht einmal seine erste Frage beantworten – was habe ich dann noch für eine Chance, diesen Bruder zum Herrn zu führen?" Während er seine Frage zu Ende brachte, fiel mir die Antwort ein und ich gab sie an ihn weiter. Ich dachte noch: „Wow, das sollte ich mir aufschreiben, das war eine gute Antwort!"

Woher war diese Antwort gekommen? Um ehrlich zu sein: Ich hatte keine Ahnung, aber ich weiß, dass sie von irgendwoher kam, und ich wusste in meinem Geist, dass meine Worte wahr waren – obwohl ich keine Erklärung oder gar einen Beweis für ihre Richtigkeit hätte liefern können. Ich habe aber wirklich etwas gesagt, ein Zeuge hat die Worte mitgehört. Ich wusste einfach, dass es stimmte, und es war wirklich eine super Antwort. Also habe ich sie einfach ausgesprochen. Und es funktionierte. Danach stellte er seine zweite Frage.

Während er sie formulierte, wusste ich wieder keine Antwort. Aber dann fiel mir eine ein und ich gab sie an ihn weiter. Und wieder dachte ich, dass ich sie mir aufschreiben sollte. Es ging so weiter bis zu seiner fünfzehnten Frage.

Ich möchte darauf hinweisen, dass ich mich in dieser Situation dem Geist Gottes anvertraute. Ich war ergriffen worden von einem Strom der Versöhnung, der Offenbarung mit sich brachte, die mir in diesem Augenblick zur Verfügung stand, um diesem Mann mithilfe des Geistes Gottes Weisheit und Einsicht in die Wahrheit zu vermitteln. Als er mir seine fünfzehnte Frage stellen wollte, kam die Gegenwart Gottes spürbar in die Nische, in der wir saßen. Ich blickte den Mann an und sagte: „Es ist so weit. Du bist am Ende, die Entscheidung ist gefallen!" Ich fuhr fort: „Gott ist hier, es gibt nichts mehr zu diskutieren!"

Gott ist hier, es gibt nichts mehr zu diskutieren!

Mehr wusste ich als Muslim nicht – wenn Gott kommt, gibt es nichts mehr zu diskutieren! Das war mir sonnenklar, Gott hatte es mir offenbart. Als Gott kam, war ich bereit. Ich wusste sowieso nicht genau, was ich eigentlich tat, daher war ich begeistert, als er plötzlich den Raum erfüllte. Gott sei Dank war damit alles entschieden.

Ich blickte den Muslim an und sagte: „Hör mal, der Geist Gottes wird dich in deinem Geist ergreifen, er wird sich in deinem Inneren festsetzen und er wird dir von innen her den Hals zuschnüren." Ich fragte mich die ganze Zeit, was ich da eigentlich sagte. Dann begann der Mann, hemmungslos zu weinen, er hatte sich einfach nicht mehr unter Kontrolle. Er brachte kein Wort hervor, Gottes Kraft wirkte in ihm. Er eilte auf die Toilette, um die Fassung zurückzugewinnen. Als er an unseren Tisch zurückkehrte, versuchte er, zu sprechen, musste aber wieder weinen und lief erneut auf die Toilette, um sich unter Kontrolle zu bekommen. Mir gefällt ein solcher Dienst.

Der Mann stellte nun andere Fragen – nicht mehr mit dem Verstand, sie kamen jetzt aus seinem Geist. Sie waren von Demut geprägt, es waren echte, aufrichtige Fragen. Und solche Fragen gefallen mir. Ich beantwortete also seine Fragen und seine zwanzigste Frage lautete schließlich: „Woher weiß ich, dass das, was du mir sagst, wahr ist?"

Ich schaute ihn an und sagte: „Weil dein Geist die Wahrheit anziehend findet und zu ihr hingezogen wird. Und die Wahrheit ist eine Person. Diese Person heißt Jesus, und er lebt in mir. Dein Geist sehnt sich ebenfalls nach ihm." Wieder dachte ich: „Das ist eine gute Antwort!"

Seine einundzwanzigste Frage lautete: „Wie kann ich diesen Jesus zum Herrn meines Lebens machen?" Ich lud ihn ein, mit mir in mein Auto zu kommen, meinen „Errettungswagen". Auch der Mann, der mich begleitete, setze sich zu uns, und wir fingen an, ihm ein Gebet vorzusprechen und ihn zur Errettung zu führen. Gottes Gegenwart erfüllte das Auto und er übergab Jesus sein Leben. Es gibt nichts Schöneres als diese Erfahrung, einem Menschen ganz persönlich gegenüberzusitzen und mitzuerleben, wie das Leben Gottes in das Herz dieses Menschen kommt, zu sehen, wie Frucht zu wachsen beginnt – das ist einfach das Größte.

Nachdem er Jesus als Herrn angenommen hatte, wurde er auch noch von Asthma geheilt, aber das merkten wir zu diesem Zeitpunkt nicht. Er ging nach Hause und rief mich am nächsten Morgen an. Er sagte: „Weißt du, ich bin mein Leben lang Muslim gewesen und konnte nachts nie richtig schlafen. Ich habe in der letzten Nacht das erste Mal in meinem Leben durchgeschlafen." Er fuhr fort: „Normalerweise gehen mir die ganze Nacht alle möglichen Gedanken durch den Kopf. Mein Körper schläft phasenweise vielleicht ein wenig, aber ich schlafe niemals. Es war wirklich das erste Mal, dass ich tief und fest geschlafen habe. Und ich spürte diesen ungewöhnlich großen Frieden. Was ist das?"

Ich antwortete: „Das ist Jesus."

Zum Nachdenken

Denke einmal offen und ehrlich über die Beziehung nach, die Ismael zu seinem Vater Abraham und zu seiner Mutter hatte. Gehe dabei von den Bibelstellen aus, die wir betrachtet haben, und von meinen Erfahrungen, die ich in diesem Kapitel beschrieben habe. Versetze dich an Ismaels Stelle. Könntest du den Schmerz, die Wut und den Groll überwinden? Dann denke an die Millionen und Abermillionen von Muslimen, die seit Generationen mit diesen Gefühlen leben. Du wirst gar nicht anders können, als die Liebe Jesu an sie weiterzugeben!

Anmerkung

1 http://www.islamicpopulation.com/

2

Der Strom der Versöhnung

Hingabe

Wodurch wurde der Mann mit den zwanzig Fragen verändert? Ich gab mich dem Strom der Versöhnung hin, dem Dienst, der jedem Gläubigen anvertraut ist. Und da mein Verstand nicht ausreichte, musste ich mich auf den Geist Gottes verlassen. Der Geist der Offenbarung begann, zu wirken, er wurde spürbar, und der Strom in meinem Inneren floss aus mir und bewirkte neues Leben. Wenn wir wollen, dass andere Menschen Leben empfangen, sollen und können wir dies nur auf eine einzige Art und Weise tun: durch den Geist Gottes, der in unser Inneres gelegt wurde. Deswegen bist du ein Tempel Gottes. Du bist ein Tempel des Geistes Gottes, der sich bewegt, redet und atmet. Du kannst hingehen, wohin du möchtest, dein Betätigungsfeld ist unbegrenzt.

Ich habe mich dem Strom der Versöhnung hingegeben, und das hatte zur Folge, dass sich viele Menschen bekehrten. Überall, wo wir heute dienen, ist dies aufgrund von Menschen möglich, die ich vor Jahren zum Herrn geführt habe. Ich hatte mich dem Strom in meinem Leben hingegeben und dadurch haben sich Türen geöffnet mithilfe von Menschen, die Pastoren oder Mitglieder verschiedener Gemeinden geworden sind. Gott fing an, mich in meine Berufung zu führen. Er öffnete mir beispielsweise die Türen, um eine regelmäßige Fernsehsendung zu produzieren, weil meine Frau Sabina und ich dazu berufen sind, in unserem Dienst moderne Medien einzusetzen. Der Dienst, in dem wir heute stehen, wurde möglich, weil ich Menschen zum Herrn führte und mich dem Strom der Versöhnung hingab, der mir die Tür zu meiner Berufung öffnete.

Ich wurde zum Dienst der Versöhnung berufen. Du stehst in einer anderen Situation als ich, vielleicht bist du Geschäftsmann. Ich möchte ein Beispiel geben, an dem deutlich wird, was ich meine. Ich habe von einem Mann gehört, der als wiedergeborener Christ für die National Aeronautics and Space Administration (NASA) arbeitete. Er war verantwortlich für das Design der Flügel der Satelliten, die heute die Erde umkreisen. In der ersten Phase der Erforschung des Weltalls schickte die NASA Satelliten in den Weltraum und hoffte, bestimmte Informationen zu sammeln. Diese Satelliten kosteten sehr viel Geld, aber leider verschwanden die meisten von ihnen irgendwo im Weltall. Damals hatte man nicht die Möglichkeit, die Flugbahn der Satelliten zu kontrollieren.

Gib dich dem Strom hin.

Eines Tages nahm dieser Mann an einer Gebetsveranstaltung teil, in der mithilfe von Sprachengebet und Auslegung ein Wort des Herrn ausgesprochen wurde. Der Herr sagte zu diesem Mann: „Flügel wie die von Vögeln, Flügel wie die von Vögeln." Er begann mit der Konstruktion von Flügeln, mit denen er die Satelliten besser kontrollieren konnte. Er ist kein Prediger, aber er tat, wozu er berufen war – er baute Flügel für Satelliten, damit das Evangelium mithilfe von Satellitentechnologie weltweit durch Radio und Fernsehen verbreitet werden kann. Er gab sich einem Strom in seinem Leben hin.

Viele von euch spüren im Inneren einen sehnsüchtigen Aufschrei, im Geist von vielen von euch schlummern große Dinge und ich sage dir: Wenn du dich dem Strom der Versöhnung hingibst, wird sich die Tür öffnen, durch die du in die Bestimmung deines Lebens hineinkommst. Im Leben von Sabina und mir gibt es nichts, das nicht in enger Verbindung mit diesem Strom steht. Es spielt keine Rolle, woraus der Strom in deinem Leben im Einzelnen besteht: Je stärker du dich ihm hingibst, desto besser.

Warum beschreibe ich dieses Bild des Stromes der Offenbarung, der aus deinem Geist fließt? Muslime sind empfänglich für Offenbarung. Sie reagieren sehr schlecht auf mentale Turnübungen und Diskussionen, sie sind nicht empfänglich für Argumente. Muslime diskutieren gern, allerdings kann man durch Diskussionen einen

Menschen lediglich gedanklich überzeugen, die Gedanken können sich jedoch immer wieder verändern. Mir geht es nicht um den *Sinn* der Menschen. Ich werfe meine Netze nach den *Herzen* der Menschen aus. Jesus sagte: „Ich werde euch zu Menschenfischern machen!" – nicht zu Männern, die hochgelehrte Diskussionen führen und mit ihren Gedanken brillieren können (Mk. 1, 17).

Als ich in Pakistan war, bemerkte ich einige sehr interessante Dinge. Ich war Zeuge der Rituale, die die Muslime am Vorabend des Opferfestes zu Ehren von Abrahams Opfer durchführen, um geheilt zu werden. Sie glauben, dass Abraham nicht Isaak, sondern Ismael zum Altar brachte und opfern wollte. Sie glauben, dass er auf dem Berg geopfert werden sollte, auf dem heute der Felsendom steht. Aber damals verfing sich ein Widder im Gestrüpp und wurde anstelle von Ismael geopfert.

Muslime erinnern jedes Jahr an dieses Ereignis und feiern es, indem sie in allen muslimischen Ländern Tiere opfern, so auch in Pakistan. Bei dem Ritual wird ein Ring drei Tage lang in das Blut einer Ziege getaucht und es werden Verse aus dem Koran gebetet. Solange ein Mensch den Ring trägt, bleibt er von Krankheiten verschont. Aber bei diesem Ritual schließt die Person einen Bund mit einer Macht, die dann ihre Seele beherrschen wird. Sie tauscht ihre Seele für etwas anderes ein.

Als ich mich auf dem Rückflug nach Kanada befand, sprach ich mit dem Herrn über das, was ich in Pakistan gesehen hatte. Ich fragte: „Herr, wie wirst du auf diese Herausforderung reagieren?" Als ich über dieses Land mit seinen vielen Menschen nachdachte, sagte ich: „Herr, wie werden diese Menschen erfahren, wer Jesus ist?" Er antwortete: „Bombardiere dieses Land fünf Jahre lang mithilfe der Medien, dann wird sich das Land verändern."

Und dann zeigte er mir weitere Dinge über die muslimische Welt. Ich fragte: „Wie wird das geschehen?" Er sagte mir, dass der Tag kommen werde, an dem die Muslime ans Tor der Gemeinde klopfen werden, und zwar wird dies in unserer Generation geschehen, und sie werden mich bitten, mit ihnen zu diskutieren. Gott fuhr fort:

„Ich möchte, dass du ihr Ansinnen ablehnst, wenn sie dich bitten, mit ihnen zu diskutieren."

Er sagte aber auch Folgendes: „Wenn du vorbereitet bist und wenn die Menschen in der Gemeinde vorbereitet sind, dann werde ich Menschen freisetzen." Er sprach zu mir: „Ich möchte, dass du zu ihnen sagst: ‚Ich werde mich nicht auf eine Diskussion mit euch einlassen, sondern ich möchte euch etwas demonstrieren. Bringt die Toten, bringt Menschen, denen Gliedmaßen fehlen, bringt Menschen ohne Arme, bringt die Sterbenden.' Dann sage zu ihnen: ‚Und jetzt kommt und zeigt, wer der allmächtige Gott ist!' Du sollst im Namen Jesu meine Macht und Kraft sichtbar werden lassen! Sage zu ihnen: ‚Es wird keine Diskussionen geben, sondern wir werden eine Demonstration der Macht und Kraft Gottes erleben!'" Solch eine Zeit wird für die Gemeinde in Nordamerika anbrechen.

„Lasse im Namen Jesu meine Macht und Kraft sichtbar werden!"

Dann sah ich Universitäten und große Hallen, die voller Menschen waren, die sagten: „Wir werden herausfinden, wessen Gott wirklich Gott ist! Und wir werden herausfinden, wer Jesus eigentlich ist." Er sagte: „Wir werden diese Fragen durch Erweise der Macht und der Kraft beantworten, weil dies mithilfe von Argumenten nicht möglich ist." Das ist der Grund dafür, dass ich mit Muslimen nicht diskutiere. Wir leben in einer Zeit, die von der Kraft des Geistes geprägt ist und in der er seine Macht sichtbar werden lässt; damit dies geschieht, ist es erforderlich, dass wir uns dem Strom in uns hingeben. Neben dem Strom der Versöhnung gibt es weitere Ströme in dir.

Erbarmen

Ich möchte von einem weiteren Schlüssel, einer weiteren Strategie für die Weitergabe des Evangeliums sprechen. Die folgende Geschichte ist ein Beispiel für Hingabe an den Strom der Versöhnung. Ich war unterwegs zu einem Krankenhaus, um einen Freund zu besuchen, der krank geworden war und sich einem kleinen Eingriff unterziehen sollte. Als ich den Flur der Station betrat, sah ich, dass dort mehrere Betten standen. Ich wurde auf einen weißhaarigen, älteren Mann aufmerksam, der gerade telefonierte und sehr verstört wirkte. In dem Augenblick, als ich in sein Gesicht blickte, durchflutete mich eine Welle des Erbarmens. Als dies geschah, fühlte ich mich gedrängt, auf ihn zuzugehen.

Er war noch am Telefon, aber ich unterbrach ihn und sagte: „Entschuldigen Sie bitte – was wünschen Sie sich?“ Er behielt den Hörer am Ohr und schaute mich an. Ich fragte erneut: „Was wünschen Sie sich?“

Er legte den Hörer zur Seite und sagte: „Meine Frau. Sie war vor drei Monaten hier im Krankenhaus. Man hat Krebs bei ihr festgestellt und die Ärzte sagten, dass sie noch drei Monate zu leben hätte. Diese drei Monate sind jetzt um und meine Frau liegt dort drüben im Bett. Sie ist bewusstlos und die Ärzte weigern sich, sie weiter zu behandeln, weil sie sagen, dass sie nichts mehr für sie tun können.“

Ich sagte: „Mein Herr, was wünschen Sie sich?“

Ich hatte so etwas noch nie getan: Ich war auf einen wildfremden Menschen im Krankenhaus zugegangen und hatte ihn gefragt, was er sich wünschte. Und schon wieder sagte ich: „Was wünschen Sie sich?“

Diesmal antwortete er: „Ich wünsche mir, dass meine Frau am Leben bleibt.“

„Wie lange soll sie denn am Leben bleiben?“, fragte ich ihn.

Er sagte: „Drei Monate.“

„Wären Sie auch mit einem Jahr einverstanden?“

Er schaute mich verwirrt an. Ich fragte noch einmal: „Wären Sie auch mit einem Jahr einverstanden?“

Er antwortete: „Ja!“

„Wären Sie auch mit drei Jahren einverstanden?"

Er sagte: „Ja!"

Die Gabe des Glaubens kam über mich, und weil der Geist Gottes es mir gesagt hatte, wusste ich, dass ihr bis zu drei Jahre gewährt würden. Weißt du, was ich meine? Es war nicht *mein* Glaube. Es war die *Gabe des Glaubens*, die auf mich fiel, und ich wusste in diesem Augenblick, dass ich für seine Frau beten konnte.

„Ich glaube, dass Jesus Ihre Frau heilen und sie Ihnen zurückgeben wird, wenn ich für sie beten kann."

„Bitte kommen Sie mit", sagte der Mann. Ich betete für seine Frau, und sobald ich meine Hand auf sie legte und den Krebs zurückwies, fuhr die Kraft Gottes in die Frau. Ihre Gesichtsfarbe veränderte sich und sie schlug die Augen auf. Ihr Mann war tief erstaunt über die unmittelbare Veränderung in ihr. Er schaute mich an und sagte: „Oh, vielen Dank. Vielen Dank!"

„Nein, danken Sie mir nicht, sondern lassen Sie mich Ihnen von Jesus berichten!" Ich wusste, dass die Möglichkeit gegeben war, dass er in diesem Augenblick errettet werden konnte, daher skizzierte ich das Evangelium. Er schaute mich an und ich fragte ihn schließlich: „Wollen Sie Jesus Ihr Leben übergeben?"

Er stimmte zu und betete mit mir. Danach schaute er mich mit Tränen in den Augen an und sagte: „Heute Morgen, als ich aufgestanden bin, um meine Frau ins Krankenhaus zu bringen, schaute ich aus dem Fenster und sah einen Mann in weißen Kleidern mit einem hellen, leuchtenden Gesicht. Er lächelte mich an – und jetzt weiß ich, dass es Jesus war!"

Der Mann wurde errettet, weil ich mich an etwas beteiligte, das im Geist bereits vorbereitet war. Ich war ein Statist, der einfach anwesend war. Ich hätte mir diese Dinge niemals ausdenken oder sie vorbereiten können. Ich gab mich einfach dem Strom der Liebe in mir hin. Erbarmen ist nicht etwas, das man im Hinblick auf die Situation anderer Menschen empfindet. Das ist Mitleid, aber nicht Erbarmen.

Erbarmen ist das, was Gott in seinem Herzen für diese Menschen empfindet, und in Situationen, wie ich sie eben geschildert habe, erhältst du mittels eines „Downloads vom Himmel" das überwältigende Erbarmen Gottes für diese Person. Und jedes Mal, wenn dieses Erbarmen dich erreicht, öffnet sich eine Tür, sodass die Gaben des Geistes wirken können. Durch dieses Erbarmen werden die Gaben des Geistes verfügbar.

Nicht Mitleid, sondern Erbarmen

In 1. Korinther 14, 1 heißt es: „Jagt der Liebe nach! Strebt aber auch nach den Geistesgaben" *(EÜ)*. Ja, du strebst nach den Geistesgaben, ja, du streckst dich ernsthaft aus nach den besten Gaben, aber das Wichtigste ist, der Liebe nachzujagen. Wenn du der Liebe nachjagst, dann öffnet sich die Tür zum Strom und zum Leben Gottes. Die Gaben des Geistes wirkten in mir bereits zu einem Zeitpunkt, an dem ich noch gar nicht wusste, dass sie existieren. Ich hatte einfach noch nichts darüber gehört.

Es war sogar so, dass die Gaben in meinem Leben weniger in Erscheinung traten, als ich Lehre darüber gehört hatte. Ich bin an dieser Stelle ganz offen und ehrlich. Ich habe absolut nichts gegen Lehre, aber was wir brauchen, ist praktische Ausbildung. Lehre vermittelt uns Informationen und kitzelt unser Denken, *praktische Ausbildung* rüstet dich aus und legt etwas in dich hinein, das dich dazu bringt, konkret zu handeln. Ich wurde ausgebildet, ohne mir dessen bewusst zu sein. Mir ging es dabei um die Liebe Jesu zu den Einzelnen und zu den Menschen in meiner Umgebung. Ich gab mich dieser Liebe hin, die der Heilige Geist in mein Herz goss, und sie öffnete mir die Tür zu all dem, was ich brauchte, um in bestimmten Situationen das zu tun, was erforderlich war.

Man kann eigentlich gar nichts falsch machen, wenn man anderen Menschen von Jesus erzählt, weil es keine Vorschriften oder Formeln dafür gibt. Es gibt allerdings bestimmte Formeln, um jemanden zu einer „intellektuellen Errettung" zu führen. Ich habe in den Gemeinden viele Menschen kennen gelernt, die lediglich eine „intellektuelle Errettung“ erlebt haben. Die Hälfte meines Dienstes besteht darin, solche Menschen zu einer echten Errettung zu führen! Kennst du Menschen, die lediglich „intellektuell“ errettet worden sind? Wer in einer Garage sitzt, ist deswegen noch lange kein Auto, und wer in einem Gemeindegebäude sitzt, ist deswegen noch kein Christ.

Dein Herz muss offen sein, dein Geist muss erneuert werden. Wenn ich mit Muslimen rede, sage ich: „Moment einmal, es geht hier nicht um dein Denken, lass uns über deinen Geist reden.“

Ihre Antwort lautet: „Wie bitte? Du meinst wohl meine Seele?!“

„Nein, nein, nein, lass uns über deinen *Geist* reden. Als Mensch besitzt du auch einen Geist. Und ich möchte einen Augenblick zu deinem Geist sprechen.“

„Geist? Gibt es so etwas wirklich?“, sagen sie dann.

„Ja, lass uns über das reden, was in deinem Herzen los ist.“ Das öffnet die Tür. Wenn du sie liebst und den Empfindungen in ihren Herzen liebevoll begegnest, dann stellt sich Gott zu dir und unterstützt dich. Du musst erkennen, wie wichtig diese Haltung ist, um im Dienst der Versöhnung Erfolg zu haben. Ich spreche aus Erfahrung. Als Muslim ist mir das Wort Gottes kostbar, weil ich bereits in meiner Kindheit gelernt habe, wie wichtig der Koran ist – ich war bereit, für ein Buch zu sterben. Jetzt kann ich leben, und zwar nicht nur für ein Buch, sondern für das lebendige Wort, das dieses Buch bezeugt und offenbart.

Jesus sagte, dass die Schrift ihn bezeugt und offenbart, wenn wir in ihr forschen. Entscheidend ist, *wer* dir offenbart wird, daran ist alles andere zu messen. Wenn du also zu einem lebendigen Brief wirst, der von allen Menschen gelesen wird, dann sehen sie überall, wo du auftauchst, den Strom, der von dir ausgeht – er quillt aus dir hervor und bringt Leben.

Ein weiterer Schlüssel liegt darin, zu warten, bis Menschen dir Fragen stellen. Mit Ausnahme von übernatürlichen Ereignissen wie dem Erlebnis im Krankenhaus habe ich mich bei allen Menschen, die ich zum Herrn geführt habe, an diese Regel gehalten, auch bei Muslimen. Ich gehe nicht auf die Menschen los und erschlage sie mit Worten. Ich warte, bis sie mich fragen. Wenn Erbarmen über mich kommt, dann gebe ich mich dem Heiligen Geist so gut wie möglich hin. Aber ich strecke mich immer nach der Weisheit Gottes aus, weil es in den Sprüchen heißt: „... der Weise gewinnt Seelen“ (Spr. 11, 30; *Schlachter).* Damit ist nicht gemeint, dass du dadurch weise wirst, dass du Seelen gewinnst, sondern hier kommt vielmehr zum Ausdruck, dass man Weisheit benötigt, um Seelen zu gewinnen. Auch der Apostel Paulus schreibt in einem Brief an die Korinther hierüber und sagt, dass „die Welt ... Gott durch ihre Weisheit nicht erkannte“ (1. Kor. 1, 21; *Luther).*

Die Frucht der Weisheit.

Ob ein Mensch Weisheit besitzt, zeigt sich darin, ob er Gott kennt und ihn offenbaren kann. Die Frucht der Weisheit besteht darin, dies zu tun. Was ist Weisheit? Offenbarung, die ganz praktisch zum Einsatz kommt. Was ist Offenbarung? Weisheit, die dir konkret vor Augen steht.

Fragen und Antworten

Im Leben jedes Menschen gibt es Geheimnisse, die in Gott verborgen sind. Wenn du dich dem Geist und der Liebe hingibst, wird Gott dir zur rechten Zeit die rechten Worte geben, sodass du Menschen helfen und ihnen dienen kannst. Suche nach Antworten auf die Fragen, die ihre Herzen bewegen.

Ich habe einen Großteil meines Lebens damit verbracht, die Fragen der Menschen zu beantworten. Sie stellen mir Fragen und ich suche nach Antworten auf ihre Fragen, indem ich mich dem Geist Gottes hingebe und mich von der Weisheit der Schrift leiten lasse. Ich merke immer wieder, dass die Herzen der Menschen sich öffnen, wenn ich mich um Antworten auf ihre Fragen bemühe. Fragen sind der Schlüssel zum menschlichen Herzen. Nicht nur die Fragen, die ihnen bewusst sind, sondern auch die unausgesprochenen Fragen.

Im Herzen der Menschen gibt es immer wieder diese unausgesprochenen Fragen, insbesondere im Herzen jedes Muslims. Es existieren grundlegende, aber unterdrückte Fragen, und wenn du lernst, diese unausgesprochenen Fragen mithilfe des Geistes Gottes zu beantworten, dann wirst du Menschen dahin führen, dass sie Jesus Christus als ihren Erlöser kennen lernen. Ich hoffe, deinen Geist aufgrund meiner Erfahrungen ausbilden zu können, Antworten vom Geist Gottes zu erhalten und zu erfassen. Wenn du dich ihm hingibst, werden diese Antworten an dir sichtbar werden, sowohl in deiner Lebensführung als auch in deiner Persönlichkeit.

Du kannst mich nicht kopieren. Du kannst niemanden kopieren. Wenn du versuchst, einen anderen Menschen zu kopieren, wirst du bestenfalls eine zweitklassige Kopie eines anderen Menschen sein. Ich ermutige dich jedoch, lieber du selbst zu sein, ein erstklassiges Original. Sei du selbst und bringe dabei das Wesen Jesu auf erstklassige, einzigartige Weise zum Ausdruck. Lasse Jesus so durch dich sichtbar werden, wie es dir entspricht. Dann wirst du Menschen zu Jesus führen, wie nur du es kannst. Ich berichte in diesem Buch von meinen Erfahrungen und hoffe, dass du daraus etwas lernen kannst, das dir dabei hilft, andere Menschen zum Herrn zu führen – und zwar auf eine Weise, die deinem Wesen entspricht. Das Prinzip dahinter ist immer dasselbe: Es ist derselbe Geist. Aber es gibt zahlreiche Wege, wie er handelt und in und durch Menschen zum Ausdruck kommt. Sei dir immer dessen bewusst, dass in dir ein Strom existiert, nämlich der Strom der Versöhnung, der aus dir herausfließen soll.

Muslime haben eine unterwürfige Sklavenmentalität. Wegen ihrer Wurzel in Ismael glauben sie noch immer an die Erlösung durch Werke. Sie sind damit beschäftigt, zu dienen und sich etwas zu verdienen – sie haben das Prinzip der Gnade nicht verstanden. Was ist Gnade? Eine häufig verwendete Umschreibung für *Gnade* lautet „unverdiente Gunst“. Was bedeutet das? Gnade ist der göttliche Einfluss auf menschliche Herzen, der im Herzen der Menschen eine Reaktion bewirkt, ohne ihren freien Willen einzuschränken. Das ist die Gnade Gottes.

Wir müssen uns dem Geist Gottes und dieser Gnade hingeben und dem Heiligen Geist gestatten, die Kontrolle über uns zu übernehmen. Hat es Zeiten gegeben, in denen Gott dein Herz erreicht und berührt hat, obwohl dein Denken verhärtet war und du starrköpfig warst? Es ist dir vielleicht aufgefallen, dass sich etwas in deinem Herzen verändert hat, dass du offen für Gott warst und sein Reden befolgt hast. Die Gnade Gottes ist in jedem von uns wirksam geworden. Sie hat unser Inneres, unser Wesen erreicht. Diese Gnade ist auch weiterhin in uns und wirkt in unserem Geist. Da dies so ist, sollten wir sie aus unserem Inneren hervorkommen lassen, denn sie sollte jeden Lebensbereich erreichen und unser ganzes Wesen prägen – sie muss erkennbar werden, sodass Menschen in unserer Umgebung sie spüren können.

Sprich Menschen in ihrem Herzen an, diskutiere nicht mit ihnen.

Die Gnade Gottes soll aus uns herauskommen und andere Menschen berühren. So ist die Gnade Gottes, sie muss sichtbar und erfahrbar werden. Lerne, Menschen in ihrem Herzen anzusprechen, statt mit ihnen zu diskutieren. Die rationalen Argumente der Menschen sind lediglich Ausdrucksformen der Angst in ihrem Inneren, Mauern, durch die sie ihr Inneres schützen wollen. Alle Argumente sind aus Mechanismen der Angst geboren, sie sind wie die Befestigungsanlagen einer Burg, durch die sie ihr Herz abschirmen wollen. Wenn du mithilfe des Geistes Gottes diese Mauern überwindest, kannst du das eigentliche „Zuhause" eines Menschen betreten, du erreichst sein Herz, und bist möglicherweise der Erste, der dort hineinkommt. Wenn dies geschieht, spüren die Mensch dies. Ich habe allerdings auch gelernt, dass wirklich niemand zu Jesus, dem Sohn, kommen kann, wenn ihn nicht der Vater zieht.

Weiß du noch, was ich dem Muslim im Restaurant gesagt habe? Ich sagte ihm, dass sein Geist die Wahrheit anziehend findet und zu ihr hingezogen wird. Dieses Ziehen findet ganz real statt – aber nicht du ziehst die Menschen, sondern der Vater tut es. Und wie zieht er sie? Mithilfe des Geistes Gottes. Er zieht sie mithilfe seines Sohnes. Ich warte daher auf Anzeichen für dieses Ziehen. Nach meiner Erfahrung verändern sich ihre Fragen mit der Zeit. Wenn du schon einmal jemanden zum Herrn geführt hast, ist dir wahrscheinlich aufgefallen, dass sich die Fragen dieses Menschen mit der Zeit verändert haben.

Sie werden immer aufrichtiger und schließlich stellen sie Fragen, die wirklich von Herzen kommen. Du wirst es merken, da kannst du unbesorgt sein, du wirst es merken, weil Gott dich darauf aufmerksam machen wird. Du wirst dir seiner Liebe bewusst sein, du wirst spüren, dass er da ist. Gott wird dir helfen. Wenn du dich ihm hingibst und dann in dir bislang unbekannte Regionen vorstößt, wenn du aus dem Rahmen heraustrittst, der dir von deinen Erfahrungen und Denkstrukturen vorgegeben wird, dann wird dies der Anfang dafür sein, dass du das wahre Leben als Christ kennen lernst. Du wirst diesen Strom erleben und du wirst begeistert sein! Wenn der Strom fließt und Menschen zu Jesus kommen, wirst du jubeln und dich freuen. Nachdem der Muslim im Restaurant errettet worden war, fuhr ich nach Hause und feierte. Ich hüpfte vor Freude! Ich war noch begeisterter als der Mann, weil ich etwas in meinem Geist entdeckt hatte, nämlich den Strom, der der Gnade Gottes entspringt und in mir fließt.

Die Quelle dieses Stromes in dir kann durch deine Lebensführung verstopft werden, auch dein Wissen kann dazu führen, dass du nicht vom Leben Gottes durchströmt wirst. Ich möchte ehrlich sein und Klartext reden. Unser Hauptinteresse gilt diesem Strom, wir wollen ihn erleben. Ich wäre gern ein Bohrer, mit dem tief in die Quelle deines Geistes gebohrt wird – ich möchte das Leben spüren, das Gott in dich hineingelegt hat.

Wir sagen häufig Dinge wie: Gott, ich wünsche mir, dass der Regen fällt, dass Erweckung kommt, dass deine Gegenwart uns erreicht, dass deine Kraft spürbar wird. Wir rufen nach „Gottes Regen, der vom Himmel fällt". Häufig vergessen wir allerdings, dass zunächst Quellen in uns aufgegraben werden müssen, bevor diese Dinge geschehen können. Was Gott in uns hineingelegt hat, ist wie eine reiche Quelle, aber diese Quelle muss freigelegt werden. Sobald du Zugang findest zum Innersten deines Geistes und der Strom anfangen kann, zu fließen, wirst du zu einem lebendigen Brief, der von allen Menschen gelesen wird. Das Wesen Jesu kommt dann in deinem Leben in einzigartiger und wahrhaftiger Weise zum Ausdruck. Du bist nicht länger eine Kopie oder eine Formel und sagst nicht mehr: „Hier sind die vier geistlichen Gesetze und dies ist der nächste Schritt, den du gehen musst." Nein, wenn Menschen in Kontakt mit dir kommen, kommen sie in Kontakt mit einem Größeren, nämlich dem, der in dir lebt.

Einmal kam ein muslimischer Mann zu mir. Ich erzähle diese Geschichten aus meinem Leben, um dich zu ermutigen ... danach erst werde ich dir sagen, welche Vorgehensweise dahintersteckt, sonst hast du womöglich ein Rezept, aber das, worum es eigentlich geht, fehlt dir, und du wirst zu jemandem, der zwar die Schritte abhaken kann, aber nicht zu einem lebendigen Brief.

Ich traf mich also an einem Nachmittag mit diesem Muslim. Er erzählte, dass er mich häufig im Restaurant gesehen hätte, wenn ich mich dort am Sonntagabend mit all den Menschen traf, die errettet worden waren, und versuchte, ihre Fragen zu beantworten. Ich unterhielt mich gemeinsam mit einem weiteren Muslim, der gerade errettet worden war, eine Weile mit ihm. Er hörte sich an, was wir zu sagen hatten, und ging dann nach Hause. Etwas später kam er erneut auf mich zu und sagte: „Ich möchte mit Ihnen reden."

„In Ordnung, was gibt es?"

„Ich möchte wissen, wie ich diesen Jesus kennen lernen kann", sagte er.

Damals war ich in diesen Dingen noch ziemlich unerfahren, daher wollte ich zunächst immer feststellen, ob die Menschen auch wirklich dafür bereit waren, diesen Schritt zu tun. Ich fragte ihn: „Bist du dir sicher, dass du Jesus als Herrn annehmen möchtest? Bist du bereit, ihm dein ganzes Leben zu geben? Alles? Möchtest du Jesus wirklich annehmen?" Heute nehme ich die Menschen so, wie sie sind, damals mussten sie mir erst zeigen, dass sie bereit waren. Ich habe daher jeden Menschen befragt, bevor ich mit ihm betete, um sicher sein zu können, dass er es ernst meinte. Ich möchte darauf hinweisen, dass es sein Gutes hat, so vorzugehen. Dieses Vorgehen ist der Grund dafür, dass die Menschen, die in unserem Dienst zu Jesus gekommen sind, auch nach Jahren noch mit ihm leben; sie hatten nämlich eine echte Begegnung mit ihm.

Ich fragte diesen Muslim also: „Warum möchtest du Jesus jetzt dein Leben geben, was hat sich verändert?"

Er sagte: „Na ja, seit zwei Jahren spüre ich jedes Mal diese Gegenwart, sobald ich in deiner Nähe bin."

Das hatte ich nicht gewusst! Merkst du, was hier geschehen war? Was hatte ich denn getan? Ich war der Liebe nachgejagt, hatte aber keine Ahnung, dass dieser Mann so stark beeindruckt worden war von dem, was ich in dem Restaurant getan hatte.

Er sagte: „Es geschieht seit zwei Jahren, aber wenn ich nach Hause komme, schüttele ich diese Gegenwart immer ab und sie verschwindet. Heute kam diese Gegenwart wieder über mich und war auch zu Hause noch auf mir, sie ist einfach nicht verschwunden. Ich weiß einfach, dass ich diesen Jesus kennen lernen muss!"

Das war nun wirklich kein hartes Stück Arbeit! Keinerlei Diskussionen, keine intellektuelle Auseinandersetzung mit diesem Muslim.

Ich sagte: „In Ordnung, du bist wirklich bereit. Wir sollten gemeinsam beten." Dann beteten wir mit diesem Mann und er wurde von Neuem geboren. Nicht lange danach war ich auf seiner Hochzeit eingeladen, es war ein großer Segen, bei dieser Feier dabei zu sein. Er hatte sein Leben Jesus gegeben, weil er Jesu Gegenwart so real erlebt hatte.

Wäre das Christentum wie jede andere Religion, stellte sich die Frage, warum Christen auf ihre Mitmenschen, die die Gnade Gottes aus den Christen fließen sehen, so anders wirken! Jede Religion verbreitet ein gewisses Licht, bietet Erkenntnisse oder eine gewisse Art der Erleuchtung. Aber was ist Besonderes an dem, der ein wenig

Licht zu bieten hat? Wahres Licht ist eine Ausdrucksform des Lebens, das von Gott ausgeht. Darum heißt es in Johannes 1, 4, einem Vers, in dem Johannes über Jesus spricht: „In ihm war Leben, und das Leben war das Licht der Menschen." Dieses Licht, das wir haben, ist das Leben Gottes – es ist konkret erfahrbar und spürbar. Wer nichts weiter als Wissen besitzt, wird mit der Zeit aufgeblasen. Wer von Liebe erfüllt ist, wird aufgebaut und ist in der Lage, diese Liebe mit anderen zu teilen.

Liebe baut dich auf,
du kannst sie mit anderen teilen.

Ich versuche ruhig, sanft und liebevoll ... hoffentlich auch freundlich, dir dabei zu helfen, bestimmte Verbesserungen vorzunehmen, sodass du die Liebe in den Mittelpunkt stellst. Ich sprach davon, dass Gott aus seinem Herzen etwas deinem Geist des Glaubens beigelegt hat, und ich habe dich ermutigt. Gott betrachtet Muslime mit dieser Haltung. Wenn du sie nicht so siehst, wie Jesus sie sieht, wirst du nicht in der Lage sein, sie so zu lieben, wie Jesus sie liebt.

Wenn diese Liebe spürbar wird, wird dadurch das ganze Wesen Gottes sichtbar. Meistens kommen in unserem Dienst die Muslime auf diese Weise zum Glauben – weil wir sie lieben. Ich liebe sie einfach, ohne Vorbedingung oder Hintergedanken. Ich liebe sie, ganz unabhängig davon, ob sie jemals zum Glauben an Jesus kommen oder nicht. Ich liebe sie, weil ich sie liebe! Und es ist klar, dass ich sowieso nichts bewirken kann – das kann allein der Heilige Geist. Aber wenn ich die Menschen liebe, breitet sich Gottes Gegenwart aus und seine Gaben wirken.

Träume und Visionen

Eine weitere Strategie Gottes, Muslime zum Glauben zu führen, sind Träume und Visionen. Als Gott zu mir sagte, dass eine ganze muslimische Generation kurz davor stehe, ins Reich Gottes geführt zu werden, stellte ich ihm die Frage: „Gott, wie soll das geschehen?"

Er sagte, dass fünf verschiedene Dinge geschehen würden. (Im nächsten Kapitel spreche ich über diese fünf Dinge.)

Er sagte mir damals unter anderem Folgendes: „Ich werde es mithilfe von Träumen und Visionen tun. Ich werde den Muslimen in Träumen und Visionen begegnen und dem Schrei ihrer Herzen neue Intensität verleihen, sodass sie mich suchen werden, um Antworten zu erhalten." Gott wird auf den Schrei Ismaels mit Träumen und Visionen reagieren, in denen sie Jesus sehen werden. Die Antwort auf diese Träume und Visionen wird das Evangelium Jesu Christi sein, das Gottes Kraft zur Erlösung ist. Stelle dir vor, wie Millionen von Muslimen nach Erklärungen für ihre Visionen suchen, in denen sie Jesus gesehen haben, den weiß gekleideten Mann, der Löcher in seinen Händen hat und sagt: „Ich bin der Weg und die Wahrheit und das Leben" (Joh. 14, 6).

Diese Träume und Visionen werden tiefe Spuren in ihrem Bewusstsein hinterlassen und ihre Herzen werden eine unstillbare Sehnsucht nach dem Vater empfinden, der sie zu sich zieht. Auf der Suche nach der Wahrheit werden sie an die Türen der Moscheen klopfen; sie werden überall suchen. Die Gemeinde Jesu muss bereit sein, ihnen zu berichten, wer Jesus ist. Ich weiß aus Erfahrung, dass Muslime ihren Träumen besonders große Bedeutung beimessen, weil sie glauben, dass Gott mithilfe von Träumen zu ihnen sprechen kann. Muslime glauben, dass Gott seit dem Tod Mohammeds, des Propheten des Islam, nicht mehr mit hörbarer Stimme gesprochen hat und sich daher nur noch in Träumen den Herzen der Muslime mitteilt.

Liebe: Schlüssel zur Auslegung der Träume, die ihre Herzen bewegen

Träume und Visionen sind die geöffneten Eingangspforten in das Leben und Denken der Muslime. Als Muslim habe ich genau darauf geachtet, was ich träumte, und es gibt im muslimischen Kalender bestimmte Zeiten im Verlauf des Jahres, in denen Muslime dafür beten und daran glauben, dass sie eine Vision haben werden. Einige glauben, dass ihnen ein Platz im Himmel geschenkt wird, wenn sie eine Vision haben. Ansonsten müssen sie hart daran arbeiten, sich die „Eintrittskarte“ in den Himmel zu verdienen. Träume und Visionen sind also Schlüsselelemente der islamischen Religion.

Wenn wir uns nicht der Liebe hingeben, geben wir uns auch nicht dem Strom der Versöhnung hin und öffnen dem Heiligen Geist nicht die Tür, um uns bei der Auslegung von Träumen zu helfen. Wenn du sie nicht von Herzen liebst, kannst du auch nicht die Träume auslegen, die ihre Herzen bewegen.

Wenn ich mit Muslimen zusammentreffe, tue ich noch etwas. Ich versuche, ihren Geist zu erkennen, ich versuche, zu erkennen, was in ihren Herzen vorgeht und an welchem Punkt sie sich innerlich befinden. Ich spreche zu ihrem Herzen, statt mit ihnen in eine Diskussion über Theorien und Konzepte einzusteigen. Wenn ich im Gespräch nicht recht vorankomme, stelle ich eine Frage wie die folgende: „Hör mal, hast du in letzter Zeit etwas geträumt?“ Es ist bemerkenswert, dass die meisten mir dann zwei oder drei Träume erzählen. Und einer davon ist wirklich von Gott.

Wenn du den Menschen liebst, brauchst du den Heiligen Geist nicht einmal um die Auslegung zu bitten, er wird sie dir geben. Und wenn du den Traum ausgelegt hast … dann hast du ihre ungeteilte Aufmerksamkeit. Sie werden dich fragen, woher du die Auslegung hast. Sie werden zur Wahrheit hingezogen und du wirst erkennen, dass Gott mit dir ist. Und sie werden zu Gott hingezogen.

Wenn sich ihre Herzen öffnen und ihnen die Augen aufgehen, dann lassen sie ihren Schutzschild sinken. Du erkennst, dass der richtige Zeitpunkt gekommen ist. Frage sie, ob sie bereit sind. Meistens warte ich, bis sie mich fragen. Träume und Visionen sind Schlüssel zur Lebenswirklichkeit der Muslime. Wir als Gemeinde müssen uns Gott hingeben und er wird uns helfen. Ich gebe dir ganz praktische Empfehlungen, wie du sie erreichen kannst.

Es geht immer wieder darum, sich dem Heiligen Geist hinzugeben. Das ist doch ziemlich einfach, nicht wahr? Das Evangelium ist einfach. Auch Jesus ist unkompliziert und schlicht. Wer sich dem

Heiligen Geist hingibt, dem kann er die Auslegung von Träumen geben, und dadurch gewinnt man die Aufmerksamkeit der Muslime – aber alles fängt damit an, dass du sie liebst!

Erinnerst du dich noch an den Muslim, der errettet wurde, nachdem er mir seine zwanzig Fragen gestellt hatte? In den sechs Monaten nach seiner Errettung traf er sich immer wieder mit mir und einem anderen Christen. Wir fragten ihn schließlich, warum er dies tat.

„Also, ich habe sechs Monate lang bedingungslose Liebe von euch gespürt. Ich habe so etwas noch nie erlebt und konnte es einfach nicht verstehen. Aber irgendwie fühlte ich mich zu euch hingezogen. Gleichzeitig wollte mich etwas zurückhalten, ich war ärgerlich und spürte eine Kraft in mir, die mich dazu bringen wollte, an meinem alten Glauben festzuhalten, daher wollte ich alles Christliche infrage stellen. Und trotzdem spürte ich, wie mein Herz die ganze Zeit zu dem Neuen hingezogen wurde."

Lass dich nur nicht von der harten Schale eines Menschen beeindrucken. Auch mein Herz war kalt und verhärtet. Gott hat mehr Gefallen daran, wenn ein Herz heiß oder kalt ist, als wenn es lauwarm ist, denn wenn man sich entschieden hat, wo man steht, kann Gott sagen: „Du hast dich für einen Standpunkt entschieden, jetzt kann ich an diesem Punkt mit dir weitermachen" (vgl. Offb. 3, 16).

Ich hatte mich entschieden, kalt zu sein, war aber einer von denen, die trotz ihres verhärteten Herzens erwählt wurden. Als ich Jesus als meinen Herrn annahm, veränderte sich etwas in mir – ich wurde eine neue Schöpfung. Ich war ein einfacher Muslim, aber aufgrund des Heiligen Geistes und des Herrn und aufgrund der Wahrheit seines Wortes, gab ich mich dem Strom der Versöhnung hin. Ich hatte keine Ahnung, was ich tat, sondern wusste lediglich, dass ich meine Freude mit anderen Muslimen teilen sollte. Ich tat eigentlich gar nichts, ich gab mich lediglich dem hin, der von Anfang an weiß, wie jede Sache ausgeht.

Meiner Erfahrung nach sind viele Menschen insofern gut ausgebildet, als dass sie gut über die Theorie Bescheid wissen, aber sie haben keine Ahnung, wie sie andere Menschen konkret zu Jesus führen können. Wer sich bekehrt, ist unmittelbar danach Feuer und Flamme. Wir brauchen ein ausgewogenes Verhältnis zwischen diesem Feuereifer und guter Ausbildung.

Wie kann man Träume und Visionen dafür einsetzen, von der Liebe Jesu zu berichten? Zunächst solltest du deine Bibel aufschlagen und ausführlich in deinem Herzen bewegen, was du liest. Tritt dabei vor Gott und nimm die Verse in dich auf. Lass den Heiligen Geist dein Herz berühren, lass zu, dass Liebe in dir geboren wird. Wenn du diese Liebe fließen lässt, wirst du zum richtigen Zeitpunkt das Richtige zur richtigen Person sagen – gib dich dem Strom hin!

Wenn du den Eindruck hast, du solltest fragen „Hast du in der letzten Zeit etwas geträumt?“, und sie dir von ihren Träumen berichten, dann wird der Heilige Geist dir die Auslegung geben. Du kannst dann einfach sagen: „Möchtest du wissen, was dieser Traum bedeutet?“

Die Antwort wird in den meisten Fällen lauten: „Ja, ich würde es gern wissen!“ Das ist die Antwort, die mir die Muslime geben.

Wenn du die Auslegung nicht kennst, dann sage ihnen einfach, dass du die Angelegenheit im Gebet bewegen wirst. Sage ganz offen: „Ich werde Jesus fragen. Ich werde meinen Vater fragen und ich werde mich wieder bei dir melden. Dann können wir uns noch einmal über diesen Traum unterhalten. Wäre dir das recht?“

Du bist nicht verpflichtet, sofort die Auslegung zu liefern. Geh nach Hause, wende dich an Gott und bitte ihn, dich mit so viel Liebe zu erfüllen, dass du die Auslegung gleich mit empfängst. Häufig versuchen wir, alles zu verstehen. Es geht gar nicht darum, alles zu verstehen, sondern darum, das zu leben, was uns gesagt wird. Wenn wir das tun, werden wir während der Ausführung verstehen, was oder warum wir etwas tun. Aus diesem Grund werden wir in der Bibel aufgefordert, das Wort sowohl zu *hören* als auch zu *tun* (siehe Jak. 1, 22). Wenn du nämlich das Wort hörst und anfängst, es zu tun, wirst du während des Tuns immer besser verstehen, was du tust.

Versuche nicht, alles zu verstehen, sondern lebe, was dir gesagt wird.

Licht und Leben

Wir haben Leben, das zu Licht wird. Was ist *Leben?* Leben ist Offenbarung, die in unsere Herzen geschrieben ist. Was ist *Licht?* Licht ist der Schein dieser Offenbarung, der unsere Gedanken erreicht. Echtes Verstehen setzt ein, wenn wir die Wahrheit erkennen und in ihr leben. Werde ein Täter des Wortes, dann lebst du für Gott.

Diese Art von Leben ist für Muslime attraktiv, weil sie nicht nur einen Augenblick mit dir verbringen wollen, sondern dein Leben beobachten. Wenn sie merken, dass sich dein Leben von dem anderer Menschen unterscheidet, werden sie auf dich aufmerksam. Die meisten Muslime, die ich zum Herrn führen konnte, bevor ich mit meinem hauptamtlichen Dienst begann, haben sich nicht spontan für Jesus entschieden. Manche brauchten einige Monate, andere sogar einige Jahre, aber es geschah, weil ich sie einfach liebte und stets an dieser Liebe festhielt.

Sie wussten, dass sie zu mir kommen konnten, wenn sie Fragen hatten, weil ich aufrichtig versuchen würde, ihre Fragen zu beantworten. Dabei stützte ich mich auf die Bibel und die Leitung des Heiligen Geistes.

Wenn ich ihnen etwas sagte, dass sie als Antwort auf den Schrei in ihrem Herzen empfanden, sagten sie: „Moment mal ... woher wusstest du die Antwort auf das, was mein Herz bewegt?"

Ich sagte ihnen: „Nicht ich wusste die Antwort, sondern mein Gott hat sie mir offenbart, weil ich eine Beziehung zu ihm habe und mit ihm lebe. Du kannst diese Beziehung zu ihm auch haben." Das ist der Grund, warum sie Jesus ihr Leben gegeben haben.

Viele Muslime werden mit dir über bestimmte Schriftstellen diskutieren wollen. Ich werde auch dazu einige Hinweise geben, aber ich möchte, dass du verstehst, worum es dabei eigentlich geht. Wenn du lediglich die richtigen Antworten parat hast, unterscheidest du dich im Grunde genommen nicht von ihnen. Wenn du jedoch ein lebendiger Brief geworden bist ... werden sie Jesus in dir erkennen und dir deswegen ihre ganze Aufmerksamkeit schenken.

In Johannes 3, 8 heißt es, dass man das Brausen des Windes hört, wie er aus einer Richtung kommt und in eine andere weht. Man weiß aber nicht, woher er kommt und wohin er geht. So sind Menschen, die aus dem Geist geboren sind. Wenn du aus dem Geist geboren bist, kann dich niemand in eine Schublade stecken, man kann deine Reaktionen nicht vorhersagen.

Wenn Muslime bemerken, dass du ein lebendiger Brief bist, wissen sie nicht genau, woran sie bei dir sind, und fragen sich, was an dir anders ist. Wenn sie dich fragen, kannst du ihnen erzählen, dass du dich wegen Jesus von anderen unterscheidest: „Es ist der Wind des Geistes, es liegt an dem Licht, durch das ich von Neuem geboren wurde, es liegt an der Quelle, die mein Leben speist, es ist das Leben, das in mein Herz gelegt worden ist, ich bin dazu berufen, ein lebendiger Brief zu sein."

Die Wahrheit und der Terrorismus

Die muslimische Welt wird erschüttert werden. Das ist kein Zufall, daher brauchst du nicht beunruhigt zu sein. Etwas wie eine Meeresströmung unter der Wasseroberfläche breitet sich in den muslimischen Ländern aus. Diese Strömung ist ein Wirken des Heiligen Geistes, das die muslimischen Länder erreicht hat. Sie hat große Kraft, wirkt in den Herzen der Muslime und bringt an die Oberfläche, was in ihnen ist. Mache dir keine Sorgen, denn es wird zwar Kriege und Kriegsgerüchte geben, aber du kannst unbesorgt sein – das ist nicht das Ende, sondern lediglich der Anfang.

Du aber schaue auf das Herz und auf das, was Gott sagt, denn der Geist Gottes tut ein mächtiges Werk. Er bereitet die Herzen der Nationen vor. Er bereitet die Herzen der Völker vor. Gott sagt, dass wir uns keine Sorgen machen sollen wegen der Moscheen, die überall auf der Welt gebaut werden – auch wenn manche zu den größten der Welt gehören. Ihr sollt wissen, dass die Gebäude eines Tages in Stätten meiner Herrlichkeit verwandelt werden, dass meine Gegenwart auf sie herabkommen wird und viele Muslime Jesus sehen und Errettung erleben werden. Gott sagt: „Sie bauen mir eine Wohnstätte, denn ich werde kommen und einen anderen Namen an die Wände schreiben, sodass der Name meines Sohnes dort im Mittelpunkt steht."

Die Kraft Gottes wird fließen – hab keine Angst, lass dich nicht erschrecken, denn es werden noch weitere Erschütterungen folgen. Es soll bekannt werden, dass du gegründet bist im Leben, das von Gott kommt, und in seiner Wahrheit, die du aus seinem Wort kennst. Gib dich dem Geist hin und trinke von dem Leben, das in dir ist, weil ein Strom lebendigen Wassers in dir ist. Dieser Strom ist nicht nur dazu da, dass du daraus trinkst, er ist auch für andere da. Dies ist ein Strom des Lebens, das in dir fließt, und er ist für die Verlorenen und die Sterbenden und die Durstigen in der Wüste, denn auch sie benötigen dieses Wasser. Gib dich diesem Strom hin.

Ähnlich den Terroristen gibt es radikale Personen in der Gemeinde, allerdings wenden diese Personen nicht körperliche Gewalt an, sondern sind radikal im Geist. Sie werden kühn sein. Ihr werdet sehen, wie in unserer Zeit Gottesfurcht und Kühnheit von Gott über diese Männer und Frauen kommen, die Gott stärkt und aufstehen lässt. Während sie noch sprechen, wird der Geist Gottes auf die fallen, die das Wort hören, und sie werden mitten in ihrer Angst mit dem Heiligen Geist erfüllt werden.

Es kommt eine Kühnheit über die Gemeinde. Sogar der Terrorismus wird der Gemeinde in die Augen blicken müssen und das Feuer und die Flammen in Jesu Augen sehen – und er wird sich beugen. Allerdings nicht sofort. Der Terrorismus wird untergehen, aber vor diesem Untergang werden bestimmte Dinge vermehrt auftreten. Dies wird geschehen, weil Dämonen, die man aus jemandem austreibt, großen Wirbel machen, wenn sie den Menschen verlassen! Wenn ein Dämon die Kontrolle verliert, weiß er nicht mehr, wo seine Grenzen sind. Das Licht Gottes stellt den Feind bloß, sodass er die Kontrolle verliert, und während seine Niederlage offenbar wird, macht er Schwierigkeiten.

Und es kommt der Tag, an dem wir erleben werden, dass muslimische Terroristen andere Muslime in die Luft sprengen werden, und sie werden auch nicht mehr in der Lage sein, zwischen Christen und Juden zu unterscheiden. Dann werden sie merken, dass etwas nicht stimmt, weil der Teufel dann bloßgestellt sein wird. Etwa zu diesem Zeitpunkt wird der Untergang kommen.

Die Mauer des Islam ist gefallen.

Der Herr sprach zu mir. Er sagte, dass die Mauer des Islam im Geist gefallen sei, die Mauer, die die muslimischen Völker gefangen gehalten hat. Er sagte: „Es ist nur eine Frage der Zeit, bis allgemein bekannt wird, dass die Mauer des Islam gefallen ist! Der Schrei der Muslime ist durch die Mauer bis hinauf zu meinem Thron gedrungen. Ich habe ihn gehört und werde darauf reagieren, weil er mich tief bewegt hat. Ich habe diesen Schrei in sie gelegt und werde diesen Schrei Ismaels erhören. Denn was die Gemeinde für einen Fehler hält, was die Gemeinde abgeschrieben hat, was die Gemeinde für töricht hält, das werde ich in diesen letzten Tagen gebrauchen. Ich werde ihn hervortreten lassen, denn ich habe eine Bestimmung für ihn."

Wir, die Gemeinde, müssen also sehr ernsthaft an diese Sache herangehen – unsere Herzen müssen Herzen voller Liebe sein.

Saulus war ein Terrorist, der gegen die Urgemeinde arbeitete. Er hatte keine Bomben, er verwendete Steine. Er war daran beteiligt, dass Menschen getötet wurden. Er richtete großen Schaden in der Gemeinde an. Gott kam zu diesem Terroristen und der warf sich vor der Majestät Jesu in den Staub.

Seine Herrlichkeit

Die muslimische Welt steht kurz vor einem Frontalzusammenstoß mit der Herrlichkeit Gottes! Und die Herrlichkeit Gottes wird eine Veränderung bewirken, die kein Mensch rückgängig machen kann.

Licht vertreibt die Finsternis und die Herrlichkeit Gottes vertreibt auch die schlimmste Finsternis! Es sei deutlich gesagt, dass die Herrlichkeit Gottes aufstehen wird und gegen die schlimme Finsternis im Lande vorgehen wird. Steh auf, werde licht! Denn das Licht ist gekommen, die Herrlichkeit des Herrn ist über uns aufgegangen. Es mag Finsternis in der Welt geben und schlimme Finsternis auf den Menschen liegen, aber seine Herrlichkeit wird über euch aufgehen und er wird in euch sichtbar werden.

Bereitet euch auf einen Frontalzusammenstoß mit Gott vor.

Wir nähern uns einer Zeit, in der die Herrlichkeit Gottes kommt, die Schwere seiner Herrlichkeit wird sich auf die Erde herabsenken. In unserer Zeit wird ein größeres Maß seiner Herrlichkeit freigesetzt werden. In der geistlichen Welt ist eine Tür geöffnet worden. Es ist eine Tür in den Himmel, die offen steht, damit die Herrlichkeit Gottes herabkommt, denn es gibt Menschen, die haben sich abgesondert, es gibt Menschen, die vor seinen Thron getreten sind. Er sagt, dass sein Wesen mehr Raum in euch gewinnen kann, wenn ihr durch Liebe gemeinsam ein Gefäß für ihn werdet.

Seine Herrlichkeit kommt. Ich habe miterlebt, wie diese Herrlichkeit auf Muslime gekommen ist. Die Herrlichkeit Gottes kam auf sie und sie wurden verwandelt. Als ich einen Frontalzusammenstoß mit der Herrlichkeit Gottes hatte, hat sich mein Leben verändert. In den Vorhöfen des Himmels hat kein einziges Argument Bestand, denn wenn man in diese Regionen gelangt, löst sich aufgrund des Wesens Gottes jede Frage in deinem Herzen und jedes Argument in deinen Gedanken auf.

Ist dir klar, dass es Muslime gibt, die mich umbringen wollen? Warum predige und schreibe ich dann immer noch? Welche Hoffnung hätte ich an irgendeinem Ort der Welt, wenn ich mich nicht von Gott abhängig machen und auf ihn vertrauen würde. Wenn ich ihn nicht habe, bin ich am Ende!

Die Gemeinde Nordamerikas hat zugelassen, dass einige Dinge schrittweise und durchaus geplant in sie eindringen, die die Quelle verstopfen. Ich glaube aber, dass in Städten, in denen das Rückgrat des Islam gebrochen werden wird, im Geist etwas geschehen wird. Es dauert eine gewisse Zeit, bis diese Dinge sich im Natürlichen manifestieren. Betrachte sie nicht als deinen Feind. Hananias sah Saulus, Jesus erschien ihm in einer Vision und sagte ihm, er solle in die Stadt gehen und für Saulus beten.

Hananias sagte: „Moment mal, Jesus, weißt du nicht, um wen es sich bei diesem Mann handelt? Er ist ein Terrorist. Er ist durchgedreht und macht uns viele Schwierigkeiten."

Jesus antwortete: „Hör zu, er ist mein auserwähltes Werkzeug. Ich werde ihm zeigen, was er für meinen Namen erleiden muss, und er wird in ganz Israel meinen Namen vor Könige und Heiden tragen" (siehe Apg. 9).

Genau das möchte ich dir auch sagen. Ismael ist ein Werkzeug, das Gott in unserer Zeit erwählt hat. Er wird Gottes Namen in mächtiger Weise auf der Erde ausbreiten. Er muss viel leiden, aber Ismael war ein Bogenschütze und in 1. Mose, 21 heißt es, dass Gott mit ihm war. Gott wird bewirken, dass dieser Bogenschütze vom Geist geboren wird, und wenn er von Gott geboren ist, wird er zu einem Pfeil auf Gottes Bogen werden – und Gott wird ihn in das Herz des Feindes schießen. Die der Feind gefangen gehalten hat, werden befreit werden.

Ich höre die Mauern des Gefängnisses erzittern, die zusammenbrechen werden. Ich sehe Pfeiler, die so tief in das Erdreich getrieben worden sind, dass sie unerschütterlich scheinen! Aber der Heilige Geist wird in der geistlichen Welt ein Erdbeben bewirken, aufgrund dessen sich die vergitterten Gefängnistore öffnen werden, durch die so viele Menschen in unbeschreiblicher Finsternis gefangen gehalten werden!

Wir brauchen Gottes Herrlichkeit, um mit ihnen zurechtzukommen, und Liebe ist der Weg zu dieser Herrlichkeit. Liebe ist das Eingangstor zur Herrlichkeit. Liebe ist wie die Beine, die die Herrlichkeit tragen. Gott ist Liebe und der Vater der Herrlichkeit. Herrlichkeit geht von ihm aus, aber er ist Liebe. Wenn sich Liebe in dir und durch dich ausdrückt, wird auch Herrlichkeit aus dir erstrahlen. In Jesaja 60 heißt es, dass die Herrlichkeit *auf* dir gesehen werden wird.

Ich glaube, dass die Herrlichkeit Gottes auf die Nationen herabkommen wird, aber es wird nicht nur Spaß und Vergnügen sein, wenn dies geschieht, sondern es ist viel mehr damit verbunden. Lasst euch vom Geist Gottes verändern, sodass euch der Geist Gottes nicht nur hin und wieder mit einigen Manifestationen besucht, sondern dass ihr ein heiliges Gefäß werdet, in dem Gott beständig wohnt.

Zum Nachdenken

Im Strom der Versöhnung zu fließen, bedeutet, zuzulassen, dass Traditionen, Vorurteile, kulturelle Prägung, Selbstsucht und Stolz aus dir herausgespült werden, während du weiter im Strom Gottes fließt, der dich im Flussbett seiner Gnade voranbringt. Lass dich erfrischen durch sein lebendiges Wasser – und spritze dann die Menschen in deiner Umgebung damit nass.

3

Wie Gott die Muslime sieht

Gott gebraucht das Törichte in der Welt, um die Weisen zu verwirren (siehe 1. Kor. 1, 27). Wenn wir meinen, wir wüssten alles, kommt Gott und gebraucht, was wir für unbrauchbar halten. Es ist erstaunlich, dass Gott sich nach denen ausstreckt, die wir verurteilt oder abgeschrieben haben. Ich gehörte zu diesem Personenkreis.

Bis Sonntag, den 3. Juli 1994, 12:45 Uhr, war ich ein unnachgiebiger Gegner des Evangeliums Jesu Christi. Als in Pakistan geborener Sunnit wurde ich so erzogen, dass ich unbewusst die Gottheit Jesu leugnete. Jahrelang ging ich täglich nach der Schule direkt in eine weitere Schule, um dort den Koran zu studieren – das wurde von jedem jungen Muslim erwartet.

Man lehrte mich dort und ich glaubte, dass Jesus nichts weiter als ein Prophet wäre, der weniger wichtig war als Mohammed. Wie alle Muslime glaubte ich, das Bekenntnis zu dem Glauben, dass Jesus der Sohn Gottes sei, wäre die schlimmste Sünde, die ein Muslim jemals begehen könnte, und unverzeihlich. Ich hielt solch ein Bekenntnis für Gotteslästerung. Ich glaubte, dass die Bibel verfälscht worden war und Falschaussagen enthielt.

Als ich Jahre später als Geschäftsmann in Kanada lebte, diskutierte ich mit vielen Christen und versuchte, sie zum Islam zu bekehren. Wenn ich in eine Gemeinde eingeladen wurde, antwortete ich: „Ich gehe nicht in die Kirche, ich bin Muslim." Als ich an einem großen geschäftlichen Kongress mit etwa 20.000 Besuchern in den USA teilnahm, wurde ich eines Abends eingeladen, am Sonntagmorgen an einem christlichen Gottesdienst im großen Kongresssaal teilzunehmen. Man versprach mir einen Platz in den ersten Reihen und sicherte mir zu, ich könnte diesen auch während der verbleibenden Kongresstage nutzen.

Ich schnappte nach dem Köder und kam am nächsten Morgen zum Gottesdienst. Mir fiel sofort auf, dass im Parkett die ersten 30 bis 40 Stuhlreihen vor der Bühne entfernt worden waren. Ich war verwirrt und fragte eine Dame, warum man so viel Platz vor der Bühne geschaffen hätte. Sie sagte nur: „Hier wird heute noch etwas geschehen." Auf mein weiteres Nachfragen reagierte sie mit den Worten: „Seien Sie unbesorgt, Sie werden es bald herausfinden." Meine Neugierde war geweckt und ich suchte mir einen Platz so weit vorne wie möglich.

Ein Geschäftsmann kam auf die Bühne und verkündete, dass Jesus der Sohn Gottes sei. Ich traute meinen Ohren nicht und wurde wütend. Er fuhr fort und sagte, dass den Menschen kein anderer Name gegeben sei, durch den wir errettet werden könnten, als allein der Name Jesu, und dass jeder, der ihn als Herrn verwerfe und nicht an den Sohn Gottes glaube, in die Hölle käme. Das gefiel mir überhaupt nicht.

Er besaß die Dreistigkeit, zu sagen: „Es gibt nur zwei Bücher, die den Anspruch erheben, das geschriebene Wort Gottes zu sein – bei der Bibel stimmt das auch, bei dem anderen nicht." Ich wusste, dass er über mein Buch sprach. Ich war überzeugt, der Mann läge falsch, und beschloss, mit ihm zu reden und ihn zur Einsicht zu bringen. Dann forderte er Menschen auf, nach vorne zu kommen, es war ein sogenannter Altarruf. Ich hatte keine Ahnung, was ein Altar war oder wozu aufgerufen wurde, aber ich war der Erste, der nach vorne stürmte, weil ich der Meinung war, ich hätte die Möglichkeit, mit dem Mann zu sprechen.

Tausende strömten aus allen Richtungen nach vorne, um Jesus als Erlöser anzunehmen. Ich überlegte, mich wieder hinzusetzen, aber das war unmöglich, weil ich ganz vorne an der Bühne stand und von der Menschenmenge eingekeilt war. Dann sprach uns der Mann auf der Bühne ein Gebet vor. Es begann mit den Worten „Jesus ist der Sohn Gottes". Ich dachte nur „niemals", und bekannte stattdessen mein *Kalma* als Muslim.

Auf dem Rückweg zu meinem Platz versuchten zwei Freunde, mich zu umarmen und mir zu gratulieren, weil ich nach vorne gegangen war, um mein Leben Jesus zu geben. Ich fragte sie, ob sie den Verstand verloren hätten, und verkündete: „Ich bin Muslim. Ihr dürft mich nie einen Christen nennen. Die Erde mag beben und Berge mögen erzittern, aber es kann mich nichts auf dieser Erde dazu bringen, zu bekennen, dass Jesus der Sohn Gottes ist."

„... nichts kann mich ... dazu bringen, zu bekennen, dass Jesus der Sohn Gottes ist."

Einige Monate später nahm ich an einem anderen Kongress teil und ging auch dort zum Sonntagsgottesdienst, um mir einen guten Platz zu sichern. Wieder ging ein Geschäftsmann auf die Bühne und predigte darüber, dass Jesus der Herr ist. Wieder erfolgte ein Altarruf und ich eilte erneut nach vorne. Tausende folgten mir. Mir war sofort klar, dass diese Menschen mithilfe der Predigt des Evangeliums evangelisiert und zum Christentum bekehrt wurden. Während ich dort vorne stand, fasste ich den Entschluss, in Erfahrung zu bringen, was die Menschen genau taten, und dann ihre Methoden noch besser einzusetzen und insbesondere Christen zum Islam zu bekehren. Ich machte mich sofort daran, diesen Entschluss in die Tat umzusetzen.

Nach einigen weiteren Monaten nahm ich an einem dritten Kongress in den USA teil. Ich war nun mit der christlichen Terminologie vertraut und wusste, was gemeint war, wenn jemand sagte, er wäre „von Neuem geboren worden". Es bedeutete, dass diese Person Jesus ganz persönlich als Herrn und Erlöser angenommen hatte und Kind Gottes geworden war. Ich besorgte mir wieder einen Platz in den vorderen Reihen. Wieder trat jemand auf die Bühne und predigte, dass man Kind Gottes werden und Gott durch Jesus Christus, Gottes einzigen Sohn, als Vater kennen lernen könne. Er fügte hinzu, dass Jesus der einzige Weg, die Wahrheit und das Leben sei. Nach seiner Predigt bat er alle Anwesenden, aufzustehen, und wir erhoben uns. Dann erging wieder der sogenannte Altarruf. Dieses Mal ging ich nicht nach vorne.

Gottes Gegenwart durchströmte mich

Während ich dort stand, merkte ich plötzlich, dass der lebendige Gott zu mir kam. Auf einmal durchströmte mich die Gegenwart Gottes, sie umgab mich und ergriff mich. Ich war eingehüllt in seine heilige Gegenwart und wusste plötzlich, dass ich vor Gott stand. Mein ganzes Leben und mein Ego verblassten, er stand im Mittelpunkt, es ging einzig und allein um ihn. Wenn Gott zu dir kommt, dann erkennst du es mit jeder Faser deines Wesens – mit Geist, Seele und Leib. Mir gingen viele Fragen durch den Kopf, aber je länger ich vor ihm stand, desto mehr lösten sich die Fragen in nichts auf.

Ich stellte ihm eine aufrichtige Frage: „Gott, was tust du hier? Ich dachte, die Leute hier wären böse [damit meinte ich die Christen]?" Ich konnte nicht begreifen, warum Gott sich manifestierte mitten unter Menschen, die Gott lästerten, indem sie Jesus als Sohn Gottes anbeteten. Die Antwort, die ich erhielt, lautete folgendermaßen: „Nein, diese Menschen sind meine Kinder." Und noch einmal: „Nein, diese Menschen sind meine Kinder." Und ein drittes Mal: „Nein, diese Menschen sind meine Kinder." Seine Worte hallten in meinem Inneren wider und in einem einzigen Augenblick wurde der Schleier von meinen Augen genommen.

Mir war nichts anderes mehr bewusst als die konkrete Realität, dass *Jesus der Sohn Gottes ist!* Ich hatte Jesus leidenschaftlich verleugnet und nun konnte ich nicht mehr ohne ihn leben. Ich ging nach vorne und bekannte mit meinem Mund, dass Jesus der Sohn Gottes ist, von einer Jungfrau geboren wurde, am Kreuz gestorben ist und sein Blut für mich vergossen hat. Ich glaubte von ganzem Herzen, dass Gott ihn am dritten Tag von den Toten auferweckt hat. Ich betete damals: „Vater, nimm das steinerne Herz aus mir und gib mir ein neues, fleischernes Herz. Jesus, komm in mein Herz, sei mein Herr, damit ich den Vater lieben kann, wie ich dich liebe." Am Sonntag, den 3. Juli 1994, wurde ich um 12:45 Uhr eine neue Schöpfung.

Ich wusste aufgrund einer Offenbarung, dass Jesus der Sohn Gottes ist. In Matthäus 16, 15–17 wendet sich Jesus an seine Jünger und fragt sie: „Ihr aber, was sagt ihr, wer ich bin?“ Petrus antwortete und sagte: „Du bist der Christus, der Sohn des lebendigen Gottes.“ Jesus erwiderte und sagte zu ihm: „Fleisch und Blut haben es dir nicht geoffenbart, sondern mein Vater, der in den Himmeln ist.“ Petrus wusste aufgrund einer Offenbarung, dass Jesus wirklich der Christus und der Sohn des lebendigen Gottes ist. Der Vater offenbarte es ihm durch den Heiligen Geist.

Besser kann ich nicht erklären, was mir geschah. Ich danke Gott, dass er sich zu mir ausgestreckt und mir seine Güte erwiesen hat. Vielleicht liest du dieses Buch und in deiner Familie sind Menschen, die blind sind für die Realität Jesu. Lass dich von diesem Bericht in deinem Glauben ermutigen – Gott kann alle Mitglieder deiner Familie erreichen, es spielt keine Rolle, an welchem Punkt sie sich gerade befinden.

Ismael und Saulus

Wenn wir nun Saulus und die Urgemeinde betrachten, dann erlaube dem Heiligen Geist, ein prophetisches Bild von Ismael und der heutigen Gemeinde zu zeichnen.

Die Urgemeinde hatte unter schwerer Verfolgung zu leiden. Der erbittertste Feind des Evangeliums war Saulus, der sogar seine Zustimmung zum Tod von Stephanus gab. Aufgrund dieser Ereignisse zerstreuten sich die Christen in ganz Judäa und Samaria (siehe Apg. 8, 1). Saulus war ein gebildeter Jude, ein Israelit aus dem Stamm Benjamin und lebte nach dem Gesetz als Pharisäer (siehe Phil. 3, 5). Er wütete unter den Christen der Urgemeinde und ging dabei brutal und grausam vor. Er ging von Haus zu Haus, verschleppte Männer und Frauen und ließ sie aufgrund ihres Glaubens an den Herrn Jesus Christus im Gefängnis einsperren (siehe Apg. 8, 3).

Die Lage spitzte sich weiter zu, als er zum amtierenden Hohepriester ging und ihm mitteilte, welche mörderischen Absichten er hegte und wie er die Jünger unter Druck setzen wollte. Er erhielt eine Vollmacht, in die Synagogen zu gehen, Christen zu verhaften und sie nach Jerusalem zu bringen, um sie dort zu inhaftieren. Er war äußerst feindselig und entschlossen, dem ein Ende zu setzen, was er für Gotteslästerung hielt:

> *Saulus aber schnaubte immer noch Drohung und Mord gegen die Jünger des Herrn, ging zu dem Hohenpriester und erbat sich von ihm Briefe nach Damaskus an die Synagogen, damit, wenn er einige, die des Weges wären, fände, Männer wie auch Frauen, er sie gebunden nach Jerusalem führe.*
>
> Apostelgeschichte 9, 1–2

Saulus ging davon aus, dass sein gewalttätiges Vorgehen gegen die Gemeinde von Gott gewollt war. In Wahrheit widersetzte er sich dem Sohn Gottes. Er rechtfertigte seinen Stolz und seinen Hass auf die Jünger mit dem Gesetz, das er so gut kannte. Er kannte zwar die Schriften, aber nicht *denjenigen*, von dem in den Schriften die Rede ist. Er war motiviert von Eifer für Gott, aber er kannte die Wahrheit nicht. Er meinte, dem Herrn zu dienen, obwohl er gegen ihn arbeitete.

Saulus wurde verwandelt durch eine plötzliche Begegnung mit dem Herrn Jesus auf dem Weg nach Damaskus. Er sah das Licht der Herrlichkeit Gottes und fiel in den Staub, aus dem der Mensch geschaffen ist. Die Herrlichkeit Gottes brachte ihn dazu, sich zu demütigen. Sein Eigensinn war gebrochen, sein Stolz zerschlagen, sein Eifern gegen die Christen verschwunden und sein ganzes Wesen unterwarf sich der Herrlichkeit Jesu Christi. Während Saulus auf dem Boden lag, hörte er die Stimme des Herrn:

> *Plötzlich umstrahlte ihn ein Licht vom Himmel. Und er fiel auf die Erde und hörte eine Stimme, die zu ihm sprach: Saul! Saul! Warum verfolgst du mich? Er aber sagte: Wer bist du, Herr? Der Herr aber sprach: Ich bin Jesus, den du verfolgst. Es wird dir schwer werden, gegen den Stachel auszuschlagen! Da sprach er mit Zittern und Schrecken: Herr, was willst du, dass ich tun soll? Und der Herr antwortete ihm: Steh auf und geh in die Stadt hinein, so wird man dir sagen, was du tun sollst! Die Männer aber, die mit ihm reisten, standen sprachlos da, denn sie*

> *hörten zwar die Stimme, sahen aber niemand. Da stand Saulus von der Erde auf; doch obgleich seine Augen geöffnet waren, sah er niemand. Sie leiteten ihn aber an der Hand und führten ihn nach Damaskus. Und er konnte drei Tage lang nicht sehen und aß nicht und trank nicht.*
>
> Apostelgeschichte 9, 3–9 *(Schlachter)*

Aus Saulus, dem Mörder, wurde zu den Füßen Jesu Paulus, der Märtyrer. Sein Eifern für das Gesetz verschwand und wurde ersetzt durch Leidenschaft für Jesus Christus. Gott hatte noch sehr viel vor mit Paulus, viel mehr als irgendein Mensch zu diesem Zeitpunkt erkennen konnte. Paulus war ein von Gott erwähltes Werkzeug, das der Herr gebrauchen wollte, um seinen Namen vor Völker, Könige und das Volk Israel zu tragen. Paulus musste viel leiden um des Evangeliums willen, aber für ihn war es ein Privileg, die Geheimnisse des Evangeliums in der heidnischen Welt zu verkündigen.

Große Teile der Gemeinde haben heute Angst vor Ismael, genauso wie die Urgemeinde Angst hatte vor Saulus. Ismael richtet auf der ganzen Welt Schaden an und ist häufig dafür verantwortlich, dass Christen, also der Leib Christi, verfolgt werden. Das Fernsehen und die anderen Medien bombardieren uns förmlich mit Berichten über Kriege, Terrorismus und Gewalt, die in Zusammenhang mit der islamischen Welt stehen.

Saulus war der führende Terrorist seiner Zeit

Die Wahrheit ist, dass nicht alle Muslime Terroristen sind. Allerdings gibt es gewisse Elemente des Terrorismus im Islam. Hierauf werde ich in diesem Buch noch eingehen. Trotzdem gelten Terrorismus und Islam heute in der Welt als Synonyme. Saulus war der führende Terrorist seiner Zeit. Er warf Steine statt Bomben und es war ihm ein Herzensanliegen, die zu vernichten, die er für Feinde Gottes hielt. Auch unter den Nachfahren Ismaels gibt es heute Menschen, die mit dieser Haltung leben.

Muslime glauben, dass sie Gott einen Dienst erweisen, wenn sie sich aktiv gegen die Aussage stellen, dass Jesus Gott ist. Ein Beispiel: Der Felsendom dominiert die Skyline von Jerusalem und ist aus muslimischer Sicht ein für die ganze Welt sichtbares Symbol des Islam. Er gilt den Muslimen als drittheiligster Ort der Welt und wird von ihnen als ältestes Monument betrachtet, das an ihre Geschichte erinnert. Erstens gehen sie davon aus, dass er auf dem Berg Morija steht, wo Abraham Ismael – und nicht Isaak – als Opfer darbringen wollte. Zweitens glauben sie, dass der Prophet des Islam, Mohammed, eines Nachts von diesem Felsen aus in den Himmel aufgefahren ist.

Die Kuppel ist auch ein Symbol dafür, dass Muslime in Gottes Augen den Christen und Juden überlegen sind und höher stehen als sie. Muslime glauben, dass sie die letzte und beste Offenbarung von Gott erhalten haben, und sind erbitterte Gegner aller anderen. Diese Haltung kommt unter anderem dadurch zum Ausdruck, dass auf dem Felsendom Koranverse zu lesen sind, die leugnen, dass Jesus Gott ist, um die ganze Welt wissen zu lassen, dass Jesus nicht der Sohn Gottes sei. Muslime sind aufrichtige Eiferer für Gott, aber sie haben die Wahrheit nicht erkannt. Saulus schien absolut kein Kandidat für das Reich Gottes zu sein, und auch für die Nachfahren Ismaels gilt, dass man heute meist davon ausgeht, dass sie die Letzten sein dürften, die erkennen, dass Jesus der Sohn Gottes ist.

Aber wie damals Saulus steht Ismael heute ein Frontalzusammenstoß mit der Herrlichkeit des Herrn Jesus Christus unmittelbar bevor. Der Vater wird den muslimischen Völkern der Welt das Angesicht Jesu offenbaren. Der Jesus, den sie so erbittert bekämpft haben, wird ihr Herr werden. (Wie dies geschehen wird, werden wir in Kapitel 5 betrachten.)

Gott hat noch Großes vor mit den Muslimen. Ismael wird ein auserwähltes Werkzeug in Gottes Hand sein. Wenn Gott Ismael die Augen geöffnet hat, wird er ihn für das Reich Gottes einsetzen. Er hat den Muslimen eine Bestimmung gegeben, die noch verborgen ist, aber bald sichtbar werden wird. Wir betrachten sie als einen

Saulus, Gott sieht sie als Paulus – geschaffen und berufen für unsere Zeit.

Gott wird die Bekehrung Ismaels gebrauchen, um die Gemeinde aufzurütteln, so wie er die Bekehrung des Saulus gebrauchte, um die Gemeinde mitten in der Verfolgung aufzurütteln. Die Urgemeinde stand unter Verfolgung und fürchtete Saulus, und alle, die von seiner Bekehrung hörten, waren erstaunt (Apg. 9, 21).

Genauso wird heute die Gemeinde erstaunt sein über die massiven Bekehrungen unter den Nachkommen Ismaels. Sogar die Angehörigen des eigenen Volkes werden versucht sein, ihn zu töten, aber Ismael hat keine Angst vor dem Tod oder seinen Feinden. Im Gegenteil, sobald dieser Bogenschütze vom Geist Gottes geboren worden ist, wird er ein Pfeil auf Gottes Bogen sein, den Gott eigenhändig in das Herz des Feindes (Satan) schießt, der Ismael zuvor blind gemacht hat.

Jesus weiß, wie er einen Mörder in einen Märtyrer für das Reich Gottes verwandelt. Die Gemeinde wird von heiliger Ehrfurcht vor Gott und dem Trost des Heiligen Geistes geprägt sein. Die Bekehrung Ismaels wird die Gemeinde aufbauen und zu starkem Wachstum führen. Ehrfurcht und Respekt vor Gott werden in die Gemeinde zurückkehren. Genau dies geschah damals in der Urgemeinde (siehe Apg. 9, 31).

Außerdem wird Gott die Gemeinde mithilfe von Ismael dazu provozieren, Leidenschaft für Jesus zu entwickeln. Ismael wird sich zu eigen machen, wovon sich die Gemeinde abgewandt hat. Ismael ist in der Wüste gewesen, hungrig und durstig, voller Sehnsucht nach frischem Brot und lebendigem Wasser. Wenn seine Augen erst geöffnet sind, wird er sich vorbehaltlos für Jesus Christus und seine Ziele einsetzen. Ismael ist in der Wüste ausgebildet worden und hat keine Angst vor seinen Feinden. Er wird dankbar sein für Jesus den Messias und nichts wird ihn davon abhalten können, Jesus den Herrn kennen zu lernen. Saulus, der Feind des Evangeliums, wurde verwandelt in Paulus, den Apostel, der folgende, vom Heiligen Geist inspirierte Worte schrieb:

> *Ich halte auch alles für Verlust um der unübertrefflichen Größe der Erkenntnis Christi Jesu, meines Herrn, willen, um dessentwillen ich alles eingebüßt habe und es für Dreck halte, damit ich Christus gewinne und in ihm gefunden werde – indem ich nicht meine Gerechtigkeit habe, die aus dem Gesetz ist, sondern die durch den Glauben an Christus, die Gerechtigkeit aus Gott aufgrund des Glaubens –, um ihn und die Kraft seiner Auferstehung und die Gemeinschaft seiner Leiden zu erkennen, indem ich seinem Tod gleichgestaltet werde.*
>
> Philipper 3, 8–10

Die Leidenschaft, die Ismael für Jesus haben wird, wird grenzenlos sein. Er wird aus seiner Liebe zu Jesus kein Geheimnis machen und sie wird ansteckend sein für die Gemeinde. Seine Leidenschaft für Jesus wird die Gemeinde dazu anstacheln, ihre Selbstgefälligkeit abzulegen und sich nicht mehr auf ihr religiöses Wissen zu verlassen. Unsere lauwarmen Herzen werden von dieser Provokation aufgeschreckt werden und wir werden in der Lage sein, über unsere falschen Lebensziele und unser Streben nach Behaglichkeit hinauszublicken und in Gottes Angesicht zu schauen. Gott provoziert uns, um unsere Aufmerksamkeit zu gewinnen und die zentralen Dinge wieder in unser Blickfeld zu rücken, sodass unsere Augen auf Jesus gerichtet sind und auf das, was Gott tut.

Gott wird Ismael zur Ehre seines Namens gebrauchen. Ismael wird viel leiden, aber er wird es gern und mit Freuden tun. Gott wird Ismael gebrauchen, um seinen Namen vor Heiden und Könige und sogar vor Israel zu tragen. Gott wird Gewaltiges mit Ismael tun. Große Dinge liegen vor den Muslimen, Gott hat sie nicht abgeschrieben. Gott hat sie weder vergessen noch links liegen lassen. Man wird sie nicht mehr als diejenigen bezeichnen, die Gott verlassen oder vergessen hätte. Man wird sie nicht länger missverstehen oder als Terroristen verwerfen, weil Gott in unserer Zeit das Angesicht des Islam verändern und man die Muslime völlig anders sehen wird als bisher.

Gott wird die Gemeinde mithilfe von Ismael dazu provozieren, Leidenschaft für Jesus zu entwickeln.

Du wirst erkennen, welche Ziele Gott mit ihnen hat, und wirst sie im Lichte der Bestimmung sehen, die Gott ihnen gegeben hat. Es wird dir deutlich werden, was Gott in seinem Herzen für sie empfindet und was der Heilige Geist in sie hineingelegt hat. Du wirst sie mit den Augen Jesu sehen und nicht länger das Bild vor Augen haben, das in den Medien von ihnen gezeichnet wird.

Es ist wichtig, dass wir das Unsichtbare sehen und das Unmögliche glauben. Ismael wird seine Bestimmung finden und sich mithilfe des Glaubens nach der Gerechtigkeit ausstrecken, die von Gott kommt, statt mithilfe eigener Werke nach menschlicher Selbstgerechtigkeit zu streben. Seine wahre Identität in Christus wird zutage treten. Sein Eifern wird durch die Kraft Gottes ersetzt werden. Das übernatürliche Handeln Gottes an den Muslimen hat große Bedeutung für die Zeit, in der wir leben. Gott hat sein Werk bereits begonnen, und aus der ganzen Welt sind Berichte zu hören, wie Muslime sich aufrichtig und von ganzem Herzen zu Jesus Christus bekehren. Wir werden in Kürze erleben, wie eine ganze Generation von Muslimen von dieser Bewegung erfasst wird.

Ismael wird sich zu eigen machen, wovon sich die Gemeinde abgewandt hat.

Die Gemeinde und Hananias

Jesus erschien Hananias in einer Vision und redete mit ihm über Saulus' Bekehrung:

> *Es war aber ein Jünger in Damaskus, mit Namen Hananias; und der Herr sprach zu ihm in einer Erscheinung: Hananias! Er aber sprach: Siehe, hier bin ich, Herr! Der Herr aber sprach zu ihm: Steh auf und geh in die Straße, welche die „Gerade" genannt wird, und frage im Haus*

> *des Judas nach einem mit Namen Saulus von Tarsus! Denn siehe, er betet; und er hat in der Erscheinung einen Mann mit Namen Hananias gesehen, der hereinkam und ihm die Hände auflegte, damit er wieder sehend werde. Hananias aber antwortete: Herr, ich habe von vielen über diesen Mann gehört, wie viel Böses er deinen Heiligen in Jerusalem getan hat. Und hier hat er Vollmacht von den Hohenpriestern, alle zu binden, die deinen Namen anrufen. Der Herr aber sprach zu ihm: Geh hin! Denn dieser ist mir ein auserwähltes Werkzeug, meinen Namen zu tragen sowohl vor Nationen als auch vor Könige und die Söhne Israels. Denn ich werde ihm zeigen, wie vieles er für meinen Namen leiden muss.*
>
> Apostelgeschichte 9, 10–16

Jesus befahl Hananias in einer Vision, zu Saulus von Tarsus zu gehen und für ihn zu beten, damit er sein Augenlicht zurückerhielte. Hananias war erstaunt über diese Anweisung des Herrn und versuchte, den Herrn davon zu überzeugen, was für ein schlechter Mensch Saulus sei. Er sprach aufrichtig mit Jesus über den Schaden, den Saulus den Menschen zugefügt hatte, die an Jesus glaubten. Hananias konnte es kaum fassen, dass Gott ihn aufforderte, zu so einem Menschen zu gehen und für ihn zu beten.

Hananias war ein treuer Jünger, der offen und ehrlich mit dem Herrn sprach. Auch wir können offen und ehrlich vor dem Herrn sein, sollten aber niemanden verdammen. Vor Gott müssen wir sogar ehrlich sein. Sollten wir allerdings bemerken, dass wir in unserem Herzen Urteile fällen und die Muslime verdammen, müssen wir darüber offen mit Jesus reden und ihn fragen: „Was geschieht da gerade unter den Muslimen?"

Jesus befahl Hananias, loszugehen und auszuführen, was er ihm aufgetragen hatte, und offenbarte ihm gleichzeitig, welch große Ziele Gott damit verfolgte, dass er Saulus erwählt hatte. Jesus gab Hananias die Möglichkeit, Saulus mit Gottes Augen zu sehen, indem er ihn wissen ließ, dass Saulus den Namen Jesu zur Ehre Gottes vor Heiden, Könige und das Volk Israel tragen würde.

Gott öffnet uns die Augen, damit wir Ismael im Licht der Absichten Gottes sehen.

Ich glaube, dass sich die Gemeinde im Hinblick auf die Muslime in einer ähnlichen Situation befindet. Ismael hat in der ganzen Welt den Ruf, für Krieg, Gewalt und Terrorismus zu stehen. Die Gemeinde hat Ismael lediglich als einen Fehler Abrahams betrachtet und hält ihn für ein Werk des Fleisches, mit dem wir uns abfinden müssen. Wie bei Hananias öffnet Gott uns nun die Augen, damit wir Ismael im Licht der Absichten Gottes sehen. Der Herr möchte nicht, dass *irgendjemand* verloren geht (siehe 2. Petr. 3, 9), und er zeigt uns die Bestimmung, die er den Muslimen gegeben hat.

Vielleicht liest du diese Zeilen und fragst dich, wie das geschehen kann. Oder Jesus spricht zu dir über die Rolle, die du zu diesem Kairos-Zeitpunkt übernehmen sollst, der für die Muslime gekommen ist. Es kann sein, dass du eine Last für sie empfindest und dir die Zeit nehmen sollst, für die Muslime insgesamt oder für einzelne Muslime zu beten. Es ist wichtig, dass du weißt, welche Rolle du bei dieser großen Ernte spielen sollst. Ich glaube, wir werden herausfinden, welche Aufgabe wir als Gemeinde, als Leib Christi, in unserer Zeit übernehmen sollen, wenn wir uns mit den weiteren Versen in Apostelgeschichte 9 beschäftigen:

> *Hananias aber ging hin und kam in das Haus; und er legte ihm die Hände auf und sprach: Bruder Saul, der Herr hat mich gesandt durch Jesus – der dir erschienen ist auf dem Weg, den du kamst –, damit du wieder sehend und mit Heiligem Geist erfüllt werdest. Und sogleich fiel es wie Schuppen von seinen Augen, und er wurde sehend und stand auf und ließ sich taufen. Und nachdem er Speise genommen hatte, kam er zu Kräften.*
>
> Apostelgeschichte 9, 17–19

Der erste Schritt ist Gehorsam. Der Schlüssel ist, zu hören, was der Heilige Geist sagt, und zu gehorchen. Der Heilige Geist wird mithilfe von Offenbarung aus dem Wort Gottes an unseren vermeintlichen Grenzen rütteln und uns neue Einsicht geben. Hananias tat, was der Herr ihm befohlen hatte, und sah die Ergebnisse. Die Gemeinde muss sich ebenso verhalten.

Die Gemeinde unserer Tage ist wie Hananias.

Mache dir Gottes Ziele zu eigen

Wir leben in einer besonderen Zeit. Ismael ist der Saulus unserer Tage und die Gemeinde ist wie Hananias. Wir müssen diese Dinge akzeptieren und uns darauf einstellen. Gott beauftragt nur Menschen, die sich voll und ganz hinter seine Pläne gestellt haben. Wir müssen uns Gottes Ziele zu eigen machen, damit wir als Teil des Leibes Christi einen auf uns zugeschnittenen Auftrag erhalten und ihn im Sinne Gottes ausführen können.

Geht es darum, wie viele Muslime in unserer Stadt wohnen? Nicht unbedingt. Es geht um größere Dimensionen. Es ist eine nationale Angelegenheit. Es spielt keine Rolle, wie viele Muslime in deiner Stadt leben. Es geht um das, was Gottes Herz bewegt, es geht um sein Volk. Die Schrift sagt nicht, dass der Herr möchte, dass lediglich von denen, die in deiner Stadt leben, niemand verloren geht. Es gibt so viele andere Städte, so viele andere Länder, so viele andere Menschen.

Dein Denken muss sich weiten … bisher besaßen wir eine „Angelruten-Mentalität". Wenn man die Evangelien betrachtet, merkt man, dass die Jünger häufig dementsprechend handelten. Wir wissen heute, was Menschenfischer tun, und das ist auch gut so, wende dich nur nicht davon ab – wir brauchen diese Menschenfischer-Mentalität. Aber wir bewegen uns auf eine Erntesaison zu, in der wir eine „Netz-Mentalität" benötigen.

Jesus sagt zur Gemeinde: „Werft eure Netze auf der rechten Seite des Bootes aus." Vielleicht hast du noch nie eine Ernte erlebt, vielleicht hast du jahrelang nur Finsternis empfunden und in der muslimischen Welt nicht die Ernte gesehen, die du dir gewünscht hast. Jesus fordert uns auf, die Netze auf der rechten Seite auszuwerfen, das Unkonventionelle zu tun, das, was du für undurchführbar hältst.

Jesus sagt:

> *Auf mein Wort hin und weil der richtige Zeitpunkt gekommen ist und weil ich hier stehe und dich dazu auffordere, wirf deine Netze auf der rechten Seite des Bootes aus. Du wirst zahlreiche Fische fangen, eine große Menschenmenge als Ernte einbringen, so groß, dass du nicht in der Lage sein wirst, die Netze an Land zu ziehen und zu mir zu bringen.*
>
> *Du wirst deine Geschwister und die anderen Gemeinden herbeirufen müssen und ihr werdet alle zusammenarbeiten. Ihr alle werdet zusammenfinden, weil ihr ein gemeinsames Ziel habt, nämlich die Ernte der Nationen, die Ernte der muslimischen Völker, die Ernte der gesamten Menschheit. Ihr werdet die Ernte aufgrund der Anweisung des Geistes des Herrn einbringen, denn es gibt in unseren Tagen eine göttliche Gnade, eine außergewöhnliche Gnade für diese Zeit, sodass Menschen auf übernatürliche Weise durch die Kraft des Geistes Gottes für Jesus gewonnen werden! Und es wird geschehen. Es wird geschehen.*

Gott sagte zu mir, dass eine ganze Generation von Muslimen ins Reich Gottes kommen wird. Das Durchschnittsalter der muslimischen Weltbevölkerung liegt bei unter 35 Jahren. Die meisten von ihnen sind sogar jünger als 30 Jahre. Man kann davon ausgehen, dass über eine Milliarde Muslime jünger sind als diese Altersgruppe. Es ist wichtig, dass wir uns um diese jungen Leute kümmern.

Die jungen Menschen in Frankreich sind beispielsweise desillusioniert. Viele der muslimischen Einwanderer leben in bestimmten Vororten und verlieren ihre Illusionen, weil diese jungen Leute die Auswirkungen einer von Gottes Handeln verursachten Krise direkt zu spüren bekommen. Der Islam steckt in einer Krise. Die jungen Menschen fragen: „Was ist der Islam? Dieses Religiöse, diese Vorschriften und dieser Terrorismus – ist es das, was den Islam wirklich ausmacht?“

Der Feind ist von dem Wunsch getrieben, diese jungen Menschen für seine Ziele zu begeistern und sie für den Terrorismus zu gewinnen. Die Versuchung, diesen Weg einzuschlagen, ist für diese Menschen groß, weil sie keine Hoffnung haben und orientierungslos sind. Der Feind lockt sie in ein Leben, das von Gewalt, Aufruhr und verschiedenen Formen des Terrorismus geprägt ist, weil sie in diesem Umfeld Ziele und Perspektiven finden. Den jungen Muslimen wird gesagt, dass Gott mit ihnen zufrieden sein wird und sie in den Himmel kommen werden, wenn sie sich für diese Ziele einsetzen und sterben oder sich dem Dschihad verschreiben und im Heiligen Krieg umkommen.

Andernfalls müssen sie Gott mit guten Werken zufriedenstellen und können so ihre 72 Jungfrauen erhalten. Viele junge Muslime haben niemanden, der an sie glaubt. Sie sind desillusioniert und meinen, sie hätten eine Möglichkeit, in den Himmel zu kommen. Sie befinden sich im Tal der Entscheidung.

Der Feind versucht, die Pläne Gottes zu durchkreuzen. Die Mehrzahl der Muslime ist jünger als 35 Jahre. Immer dann, wenn Gott einer Person, einem Volk, einer Nation oder einer Gemeinde eine Bestimmung gegeben hat, tritt der Feind bereits zu Beginn der Existenz der Person oder der Gruppe auf den Plan, um Gott einen Strich durch die Rechnung zu machen. Daher muss die Gemeinde sich zusammenschließen und einen Schutzraum schaffen, sodass der Plan Gottes zustande kommt. Wir müssen zu Einheit finden, damit wir als Gemeinschaft mehr Einfluss ausüben können.

Wie soll das geschehen?

Bevor ich den Vater fragte, wie das geschehen solle, stellte er mir eine Frage, von der ich überrascht war.

Ich ging in meinem Wohnzimmer auf und ab und er sagte: „Wirst du zu diesem, meinem Volk gehen?“ Ich begriff zunächst gar nicht, warum er sie als sein Volk bezeichnete, dafür musste ich zuerst einige andere Dinge verstehen. Er hat die Menschheit geschaffen, insofern gehört jeder Mensch zu seinem Volk. Aber auch weil Gott ihnen eine Bestimmung gegeben hat und in die Zukunft blickt, nennt er sie sein Volk – er redet über Dinge, die noch nicht geschehen sind, als wären sie schon geschehen. So zu reden, entspricht dem Wesen unseres Gottes (siehe Jes. 46, 10). Gott ist nicht den Gesetzen der Zeit unterworfen, er lebt in der Ewigkeit, wo Zeit nicht existiert – für ihn ist alles im *Jetzt*.

Wäre man jetzt im Himmel, würde man daher hören: „Heilig, heilig, heilig … die ganze Erde ist *erfüllt* mit seiner Herrlichkeit“ (Jes. 6, 3). Wenn wir in die geistlichen Sphären erhoben werden, in denen Gott ist, sehen wir die Welt, wie er sie sieht. Wir sehen dann – wenn wir uns ganz und gar auf Gott einstellen –, was sein wird. Die Welt wird so sein, wie er sie sieht, es verkündet und kundtut. Gott spricht über die Muslime. Er fing an, mir zu sagen, was er in seinem Herzen für sie empfindet und was er für sie geplant hat. Nun aber zurück zu meiner Antwort:

Ich sagte: „Herr, ich möchte nicht so sein wie Petrus, und ich denke, dass ich bereit bin, alles zu tun, was du mir aufträgst.“

Dann begann er, mir das Herz zu öffnen, zu mir zu sprechen und mir zu zeigen, welche Pläne er für diese Menschen hat und was er in seinem Herzen für sie empfindet. Er zeigte mir, dass die Gemeinde für Ismael in den Riss treten muss. In der Endzeit wird so manches geschehen, und ja, dazu gehören auch Zorn und Gericht. Aber momentan ist immer noch Gnadenzeit. Wir befinden uns in einer Phase, in der Eile geboten ist und die Gemeinde sich zu ihnen ausstrecken und Gottes Gnade und Erbarmen an sie weitergeben muss.

Er sagte zu mir: „Viele hatten Angst vor ihnen, und viele, die ich berufen und zu ihnen gesandt habe, hatten Angst und schreckten davor zurück. Wirst du zu diesem, meinem Volk gehen?“ In diesen Worten kommt Gottes Herzenshaltung zum Ausdruck. Ich spürte die Liebe, die er für sie empfindet. Sie war viel stärker, als ich mir dies jemals hätte vorstellen können. Sie war tief und echt, diese Menschen bedeuten ihm sehr viel. Das Bild, das ich von ihnen hatte, und die Erfahrungen, die ich als Muslim gemacht hatte, waren vollkommen anders als die Haltung, die ich auf Gottes Seite spürte. Sein Herz ist voller Liebe zu ihnen.

Ich erwiderte: „Gott, ich bin wirklich der Meinung, dass ich gehen werde.“

Als ich mit Gott darüber sprach, wie all das geschehen würde, zeigte er mir fünf Dinge, die er in unseren Tagen tun wird. Bei der Umsetzung wird er mit der Gemeinde zusammenarbeiten, sodass die gewaltige Ernte eingebracht werden kann. Ich werde diese fünf Dinge zunächst im Detail schildern und dann noch etwas zu der Strategie sagen, die Gott nach meinem Empfinden insgesamt anwendet.

1. Die geistliche Mauer

Als Erstes sagte er zu mir: Es gibt *eine Mauer im Geist,* die das Evangelium von den Muslimen ferngehalten hat. Er verglich diese Mauer mit einem zweiflügeligen Tor, einem stabilen, alten Tor, das Könige verwendeten, um ihre Schätze sicher dahinter zu verwahren. Es bestand aus Eisen, war mit Messing überzogen und besaß ein Schloss. Niemand konnte durch das Tor gehen, es war verschlossen und wurde bewacht. Gott sagte zu mir, dass nun die Zeit angebrochen sei, in der er die zweiflügeligen Tore öffnen würde, die bisher verhindert hätten, dass das Evangelium die islamischen Länder in größerem Umfang erreiche. Er sagte: „Ich lasse die Mauern des Islam einstürzen, und die Gemeinde muss bereit sein und sich auf diese Ernte vorbereiten. Wie die Mauer des Kommunismus eingestürzt ist, wird auch die Mauer des Islam fallen.“ Und er sagte im Geist: „Ich möchte, dass du weißt, dass sie bereits eingestürzt ist. Im Natürlichen ist dies noch nicht sichtbar geworden, aber es wird bald zutage treten und allgemein bekannt werden.“

Das ist ein Grund dafür, dass es jahrelang so schwierig war, Muslime mit dem Evangelium zu erreichen. Jetzt sagt Gott: „Ich werde vor euch hergehen. Ich werde vor der Gemeinde hergehen. Ich bahne den Weg. Die Tore werden nicht länger geschlossen sein.“ Er wird sie öffnen, und er sagte, dass die Menschen hervortreten und auch die Schätze, die so lange unerkannt in der Finsternis lagen, zum

Vorschein kommen würden. Aber wir müssen zu diesen Menschen hingehen. Das war das Erste, das er mir im Hinblick darauf sagte, wie es geschehen würde.

2. Die Medien

Das Zweite, was er zu mir sagte, hatte mit seiner Strategie zu tun – er sprach über die *Medien* und sagte: „Ich werde die Medien im großen Stil einsetzen. Damit meine ich Fernsehen, Satelliten, Internet, Radio, alle erdenklichen Kommunikationswege – auch Filme, einfach alles.“ Gott wird alle Kommunikationsmittel und jedes verfügbare Werkzeug gebrauchen, um sein Volk zu erreichen. Die Menschen in den Gemeinden werden ganz persönlich zu den Muslimen gehen, aber es wird noch mehr geschehen als das. Gott sagte, er werde das Fernsehen und die Massenmedien in der gesamten muslimischen Welt massiv gebrauchen. Das Fernsehen und die anderen Medien werden von Menschen eingeführt und etabliert werden, die – ähnlich den Pharaonen früher – eine Schlüsselrolle in der muslimischen Welt spielen.

Gott wird Gunst geben für die Nutzung der Medien und des Fernsehens. Er sagte, dass er sie gebrauchen werde. Das ist einer der Gründe dafür, dass meine Frau und ich der Berufung in die Medienwelt nachgekommen sind. Wir glauben, dass Medien, die für das Reich Gottes eingesetzt werden, ein wichtiges und elementares Werkzeug sein werden, um einen Großteil der Bevölkerung zu erreichen. Es ist nicht das einzige Werkzeug, aber ein wichtiges. Gott gab mir einen Vers, der genau zeigt, wie er das Fernsehen einsetzen wird, welche Strategie er beim Einsatz von Fernsehen und Medien verfolgt. Er steht in Apostelgeschichte 10, 44: „Während Petrus noch diese Worte redete, fiel der Heilige Geist auf alle, die das Wort hörten.“

Er sagte, dass der Heilige Geist auf die Menschen fallen würde, die das Wort hörten, und das noch während der Predigt. Stelle dir eine muslimische Familie vor, die zu Hause gemeinsam vor dem Fernseher sitzt. Sie schalten auf unser Programm um (hauptsächlich deswegen, weil ich einen muslimischen Namen habe) und schauen sich die Sendung an. Kannst du dir vorstellen, wie die Familie fernsieht, der Geist Gottes auf sie fällt und sie mit dem Heiligen Geist erfüllt werden? Und dann fangen sie an, in Sprachen zu beten, und bekennen, dass Jesus der Herr ist! Das ist doch eine herrliche Weise, Menschen zu Jesus zu führen.

Genau das geschah in Apostelgeschichte 10, 44 im Haus des Cornelius. Das ist ein biblisches Beispiel. Unser Vater ist einfach großartig. Er ist ein Gott voller Herrlichkeit und Größe. Das bedeutet auch, dass er nicht weniger tun kann, als er einmal getan hat. Es bedeutet, dass das, was er tut, stets größer ist als das, was er zuvor getan hat.

Ich möchte dir ein Zeugnis erzählen, das Gottes Strategie beim Einsatz der Medien angeht. Ein Mann zeichnete einen Teil einer unserer Sendungen mit seinem Mobiltelefon auf – es war ein Teil meines persönlichen Lebenszeugnisses. Dann lud er seinen besten Freund, einen Muslim, zu sich nach Hause ein. Er zeigte ihm das Mobiltelefon und spielte ihm das Zeugnis vor, das ich im Fernsehen erzählt hatte. Die Gegenwart Gottes erfüllte den Raum und der Muslim übergab Jesus sein Leben. Er ist heute Mitglied einer Gemeinde.

Gottes Gegenwart erreicht die Herzen der Menschen.

Der Mann, dem das Mobiltelefon gehörte, rief mich an und erzählte mir, was geschehen war. Ich war begeistert, ich hatte noch nie daran gedacht, ein Mobiltelefon in dieser Weise einzusetzen! Er sagte: „Ich betrat das Zimmer, sah die Sendung, zeichnete sie auf, ging wieder hinaus, und dann wurde dieser Mann errettet.“ Danach hat er viele weitere unserer Videos, Bücher und Materialien eingesetzt und zahlreiche Muslime in Ontario zum Herrn geführt.

Ich sage euch, dass der Tag gekommen ist. Falls dir jetzt die Frage auf der Zunge liegt, die auch schon die Propheten bewegt hat –

„Kommt ein Volk auf einmal zur Welt?" (Jes. 66, 8; *EÜ)*. Kann ein Land an einem einzigen Tag verändert werden? –, dann antworte ich dir mit einem Ja. Dieses Volk ist das muslimische Volk, die Menschen in den islamischen Ländern.

In diesen Worten kommt zum Ausdruck, dass dies innerhalb von kurzer Zeit geschehen wird. Die Welt wird erstaunt und verblüfft sein. Das Interesse der nicht christlichen Welt wird geweckt werden und man wird sagen: „Wow, was ist das nur für ein Vater, der bereit ist, seine Hand nach diesen Menschen auszustrecken, die wir doch für die schlimmsten hielten?! Ich möchte herausfinden, wer dieser Vater ist!"

Ein Aufschrei wird durch diese Generation gehen, weil es sehr viele junge Menschen gibt, eine ganze Generation, die rebellisch sind und meinen, sie wären vergessen und verlassen worden. Sie fühlen sich verloren und sagen sich, dass sie herausfinden wollen, wer dieser Gott ist. Gott hat seine Strategie zum Einsatz des Fernsehens und der anderen Medien ganz bewusst gewählt und verfolgt damit konkrete Ziele.

Muslime haben großes Interesse daran, auf dem Wege der Offenbarung Neues zu erfahren, weil der gesamte Koran sich auf das Prinzip des *Wahi* stützt. Dieses Wort bedeutet „Offenbarung". Muslime glauben, dass Mohammed, der Prophet des Islam, den Koran in einer Offenbarung vom Engel Gabriel erhalten hat. Offenbarung hat in ihren Augen einen hohen Stellenwert. Als Gott begann, intensiv über Apostelgeschichte 10, 44 zu mir zu reden, sagte er: „Während du sprichst und andere Männer und Frauen sprechen, werden das Leben und die Offenbarung, die in meinem Wort liegen, über den Äther übertragen, wenn eure Worte vom Geist Gottes inspiriert sind."

Was in Johannes 1, 4 steht, eilte Jesus als Ruf voraus: „In ihm war Leben, und das Leben war das Licht der Menschen." Wenn du Licht hast, nämlich Erkenntnis und Wahrheit, aber kein *Leben* besitzt – was unterscheidet dich dann eigentlich von anderen Religionen?! Jeder Mensch besitzt Licht und Erkenntnis – auch als Muslim besaß ich Licht und Erkenntnis. Aber wir werden in der Bibel gewarnt: „Sieh nun zu, dass das Licht, welches in dir ist, nicht Finsternis ist" (Lk. 11, 35).

Und in Matthäus 6, 23 heißt es: „Wenn nun das Licht, das in dir ist, Finsternis ist, wie groß ist die Finsternis!" Es reicht also nicht aus, lediglich Licht, Erkenntnis und Wissen zu besitzen. Menschen brauchen unbedingt das *Leben* Gottes, und dies zu besitzen, ist Privileg derer, die an Jesus glauben.

Dieses Leben ist in uns, wir stehen in Verbindung mit Jesus, dem wahren Weinstock (siehe Joh. 15, 5). Wir empfangen den Geist Gottes, aus dem das Leben fließt, das uns erfüllt, und können dann aufgrund von Offenbarung reden. Ich meine damit nicht, durch unser Reden Informationen weiterzugeben, denn schon häufig haben Informationen dazu geführt, dass die Menschen, die sie besaßen, hochmütig wurden und sich etwas darauf einbildeten. Dies ist eine Zeit der Offenbarung, in der der Geist der Offenbarung auf die Gemeinde kommen wird, und der Geist der Weisheit die Weisheit Gottes verkünden wird mit dem Ziel, die Mächte und Gewalten die Weisheit unseres Gottes sehen zu lassen.

Offenbarung muss fließen, das Leben Gottes muss fließen! Gott möchte Offenbarung, sie ist der Schlüssel für das, was geschehen wird. Wir brauchen das Licht der Offenbarung, das die Erkenntnis Jesu bringt. Licht an sich ist nicht schlecht, aber es ist entscheidend, aus welcher *Quelle* das Licht stammt. Wir brauchen das Licht, das von Jesus selbst ausgeht, weil er das Leben ist. Nur dieses Licht erreicht wirklich diejenigen, die verloren sind und in der Finsternis leben.

3. Träume und Visionen

Träume und Visionen waren das Dritte, das Gott mir zeigte, als ich ihn fragte, wie das geschehen solle.

Ich glaube, Gott sagt: „Ich werde den Muslimen Träume und Visionen von Jesus geben. Sie werden einen weiß gekleideten Mann sehen, in dessen Händen Löcher sind, und er wird sagen: ‚Ich bin der Weg, die Wahrheit und das Leben.' Und sie werden herausfinden wollen, wer dieser Mann ist."

Wie du bereits im vorigen Kapitel gelesen hast, werden sie an die Türen der Moscheen klopfen, ihre Kollegen und Partner in der Wirtschaft fragen, in der Öffentlichkeit nachforschen, und schließlich werden sie an die Gemeinde herantreten und fragen: „Wer ist dieser Mann? Er geht mir einfach nicht aus dem Sinn. Er hat mich ergriffen."

Und die Gemeinde wird in der Lage sein, zu sagen: „Es ist Jesus!"

Gott gab dem Pharao einen Traum, der ihn so stark beunruhigte, dass er unermüdlich nach der Wahrheit suchte. Der Traum beschäftigte ihn so sehr, dass er sogar Josef aus dem Gefängnis holen ließ, um der Wahrheit auf die Spur zu kommen (siehe 1. Mo. 41, 14). In Wirtschaft und Politik der islamischen Länder gibt es Männer wie den Pharao, die Gott mithilfe von Träumen und Visionen von Jesus erreichen wird. Sie werden Schlüsselpersonen sein, die dem Evangelium hinter verschlossenen Türen eine Basis schaffen. Josef war im Heiligen Geist darauf vorbereitet, Gottes Weisheit zu empfangen, und wir als Gemeinde müssen darauf vorbereitet und in der Lage sein, Gott zu folgen. Möglicherweise bist du im Gefängnis gewesen, trugst einen unerfüllten Traum in dir und warst fern deiner Bestimmung, aber Gott ist im Begriff, dich aufblühen zu lassen. Deine Gabe wird unter den Pharaonen, den Mächtigen dieser Welt, sehr begehrt sein. Das, worauf du dein Leben lang vorbereitet worden bist, wird sich in Kürze vor deinen Augen manifestieren. Gott redet mithilfe von Träumen und Visionen von Jesus zu Menschen, um ihre Aufmerksamkeit zu gewinnen.

Gott redet mithilfe von Träumen und Visionen von Jesus.

Wir leben im Zeitalter des neuen Bundes, in dem Gott das Gesetz in das Herz der Menschen legt (siehe Jer. 31, 33). Der Heilige Geist spricht durch Petrus und erinnert uns an die Worte des Herrn:

Und es wird geschehen in den letzten Tagen, spricht Gott, dass ich von meinem Geist ausgießen werde auf alles Fleisch, und eure Söhne und eure Töchter werden weissagen, und eure jungen Männer werden Gesichte sehen, und eure Ältesten werden in Träumen Visionen haben; und sogar auf meine Knechte und auf meine Mägde werde ich in jenen Tagen von meinem Geist ausgießen, und sie werden weissagen.

Apostelgeschichte 2, 17–18

Gott kündigt in der Apostelgeschichte und in Joel 2, 28–29 an: „Ich werde meinen Geist ausgießen auf alles Fleisch. Junge Männer werden Visionen haben und alte Männer Träume. Deine Mägde und deine Kinder werden weissagen“ (frei wiedergegeben). Gibt Gott auch Ungläubigen Träume und Visionen? Selbstverständlich! Zur Zeit Josefs hatte der Pharao einen Traum. Dieser Traum bewirkte, dass er ruhelos umhergetrieben wurde, der Traum hatte Besitz von ihm ergriffen und beschäftigte ihn pausenlos.

Ich möchte euch beispielhaft von einer Muslima erzählen, die verwandelt wurde, als sie Jesus in einer Vision sah. Eine muslimische Frau rief uns eines Tages aus Alberta an. Sie sagte, dass sie immer wieder gebetet hatte, und eines Tages schrie sie einfach zu Jesus und er erschien in ihrem Zimmer. Sie gab Jesus ihr Leben. Sie erzählte ihrem Mann davon, der sie daraufhin verließ und ihre beiden Kinder mitnahm. Ihre Kinder erhielt sie schließlich zurück, aber ihr Schwager drohte, sie zu töten, weil sie sich entschieden hatte, Jesus als Herrn und Erlöser anzunehmen.

Sie rief an und sagte: „Ich habe keine Angst, denn ich kenne Jesus! Sie können mir nichts antun, weil ich die Wahrheit Jesu kenne und weiß, dass er der Weg und das Leben ist. Und er ist mein Herr. Ihre Worte jagen mir keine Angst ein. Können Sie mir helfen, eine Gemeinde zu finden? Können Sie mir helfen, in eine Gemeinde zu gehen? Bitte, ich muss in eine Gemeinde gehen.“

Meine Frau, die in ihrem Dienst sehr viel mit muslimischen Frauen zu tun hat, war am Telefon. Sie fragte die Frau: „Haben Sie den Heiligen Geist empfangen?“

„Ich habe noch nie etwas vom Heiligen Geist gehört", sagte die Frau. Sie liebte und vertraute Jesus einfach nur deswegen, weil sie eine Vision und einen Traum gehabt hatte.

Ich suchte nach einer Gemeinde in ihrer Stadt und war froh, als ich eine fand, in der mir berichtet wurde, dass sie unter muslimischen Frauen arbeiteten. Ich war begeistert, diese Gemeinde schien bereit zu sein für die Ernte. Dann erfuhr ich, dass sie einen „Handarbeitskreis" für muslimische Frauen hätten.

„Einen Handarbeitskreis? Wir brauchen mehr als einen Handarbeitskreis. Man versucht gerade, diese Frau und ihre Kinder zu töten, aber sie lässt sich nicht einschüchtern. Sie liebt Jesus und möchte sein Wort hören. Sie ist bereit, den Menschen in ihrem Umfeld das Evangelium zu predigen und auch als Märtyrerin zu sterben, wenn es dazu kommen sollte. Sie ist bereit, alles zu tun, was Jesus gesagt hat. Sie braucht ganz einfach Hilfe, jemanden, der sie lehrt und unterstützt."

Ich habe im Übrigen nichts gegen Handarbeitskreise, aber wir müssen begreifen, dass wir in einer Zeit leben, in der die Dinge sich zuspitzen und unser Verhalten ernsthafte Konsequenzen hat. Sagte Jesus, wir sollten in die ganze Welt gehen, das Evangelium des Reiches Gottes predigen, den Kranken die Hände auflegen, Dämonen austreiben, die Toten auferwecken … und überall, wo wir hinkommen, das Handwerk fördern?! Wir müssen die Ebene von Handarbeitskreisen hinter uns lassen und dazu fähig werden, Leben von Gott an sie weiterzugeben. Dafür ist Ausbildung erforderlich, wir müssen ausgerüstet werden.

Die Gemeinde muss für zwei Dinge beten. Erstens muss die Gemeinde beten, dass Gott den Schrei wieder erweckt, der im Herzen der Muslime schlummert. Wie wird dieser Schrei wieder zum Leben erweckt werden? Wenn durch den Geist Gottes Offenbarung und Leben aus dem Wort Gottes hervorsprudeln, wird dadurch der Schrei freigesetzt, der in den Gebetskammern seiner Herrlichkeit von denen geboren wurde, die beten und Fürbitte tun und sich dem Geist Gottes zur Verfügung stellen.

Wenn dieses Gebet erhört worden ist, muss für das Zweite gebetet werden: Dass Gott Ismael die Augen öffnet, sodass er Jesus sieht und erkennt, wer Jesus ist. Strategisches Gebet ist besser als allgemeines Gebet – allgemeines Gebet kann dich geistlich stärken und dich ins strategische Gebet führen, aber erst strategisches Gebet wird dir den Sieg bringen.

Gebet ist wie Surfen. Das Surfbrett besteht aus dem Wort Gottes. Du beginnst, auf den Wellen des Heiligen Geistes zu surfen, einfach weil du ein Surfbrett besitzt. Wenn du das Wort nicht hast, um damit zu surfen, ist es sehr schwierig, auf den Wassern des Geistes zu surfen.

Mit dem Wort Gottes als Brett unter den Füßen kannst du auf jeder Welle surfen, auch auf den höheren und größeren. Es ist ein Abenteuer, so im Heiligen Geist zu beten und dadurch etwas zu erreichen. Dabei sind Schlüsselstrategien und Offenbarung wichtig.

Wir werden immer wieder von Pastoren angerufen, die berichten, dass Muslime in ihre Gemeinden kommen und errettet werden und dann anfangen, jeden Morgen zwei oder drei Stunden lang in der Bibel zu lesen – obwohl der Pastor sie nicht dazu aufgefordert hat. Sie sagen zum Pastor: „Wir fangen um 9:00 Uhr an, zu arbeiten, also stehen wir um fünf Uhr auf und lesen zweieinhalb Stunden in der Bibel, Mann und Frau gemeinsam."

Der Pastor fragt sie: „Warum tut ihr das?"

Sie antworten: „Weißt du noch, wie du über den Zehnten gepredigt hast? Ich dachte, wenn ich dem Herrn den Zehnten meines Geldes gebe, dann sollte ich ihm auch den Zehnten meiner Zeit geben."

Dann stellen sie viele Fragen über die Bibel, die der Pastor nicht beantworten kann. Diese Pastoren rufen mich an und ich kann ihre Fragen auch nicht beantworten, weil sie in ganz anderen Bahnen denken, weil sie aus Hintergründen stammen, mit denen ich nicht vertraut bin, und ihre Fragen daher von Voraussetzungen ausgehen, die ich nicht kenne. Wir benötigen Ausbildung und praktische Anleitung, die uns in die Lage versetzen, den Herausforderungen zu begegnen, vor die uns frisch bekehrte Muslime stellen. Dies ist übrigens ein Grund dafür, dass wir unseren Dienst begonnen haben.

Ein Pastor erzählte mir von einem Muslim, der in mehreren aufeinanderfolgenden Nächten denselben Traum gehabt hatte. Manche Muslime haben konkrete Träume und Begegnungen mit Jesus, andere sehen symbolische Dinge, aufgrund derer ihre Aufmerksamkeit geweckt wird und sie sich auf die Suche nach Jesus machen. Es ist und bleibt Gottes Entscheidung, welchen Weg er wählt, um durch den Heiligen Geist an ihnen zu handeln. Dieser Muslim war auf der Suche nach der Bedeutung seines Traumes, daher klopfte er an die Tür der Gemeinde und sagte zu dem Pastor, er wolle ihm einige Fragen stellen. Sie setzten sich zusammen und er erzählte dem Pastor seinen Traum.

Er sagte: „In meinem Traum sehe ich einen riesigen Zaun und beginne, an dem Zaun hinaufzuklettern. Ich klettere ein Stück hinauf, falle dann aber wieder hinunter auf den Boden. Dann stehe ich auf und klettere erneut hinauf und falle wieder auf den Boden. Das geschieht immer wieder, Frustration macht sich in mir breit. Ich weiß, dass ich auf die andere Seite des Zaunes gelangen muss, aber ich schaffe es nicht, weil ich immer wieder auf den Boden falle. Ich will auf die andere Seite, aber ich weiß nicht wie. Ich weiß, dass der Traum von Gott ist, und ich weiß auch, dass Gott versucht, mir etwas zu sagen. Können Sie mir dabei helfen, herauszufinden, was der Traum zu bedeuten hat?"

Der Geist Gottes gab dem Pastor die Auslegung und er sagte: „Sie versuchen, auf die andere Seite zu gelangen, in den Himmel, und versuchen es mithilfe Ihrer eigenen Anstrengungen. Daher fallen Sie immer wieder auf den Boden zurück, denn Ihre Fähigkeiten reichen nicht aus, Sie können aufgrund Ihrer eigenen Werke nicht dorthin kommen. Aber es ist möglich, dass Sie in den Himmel kommen, und zwar mithilfe der Gnade des Herrn Jesus Christus."

Der Pastor predigte ihm das Evangelium und der Muslim bat ihn, einen Augenblick zu warten. Er verschwand und kam mit fünf muslimischen Freunden zurück. Sie alle wurden von Neuem geboren und getauft und sind nun Mitglieder der Gemeinde. Berichte dieser Art erreichen häufig unsere Büros. Und mittlerweile hören wir solche Dinge nicht nur aus unserem Land, sondern aus der ganzen Welt.

Statistisch gesehen sind Träume und Vision weltweit die häufigste Art und Weise, wie Muslime zu Jesus finden. Und ich möchte ausdrücklich darauf hinweisen, *dass dies immer häufiger geschehen wird.* Ist es nicht interessant, dass hier die Souveränität und die Kraft Gottes am Werk sind? Es ist nicht eine Frage unserer Werke. *Wir müssen lediglich mit dem Geist Gottes zusammenarbeiten.* Er wird dafür sorgen, dass es geschieht. Wir haben zahlreiche Zeugnisse von solch begeisternden Ereignissen gesammelt.

Und nicht nur Muslime rufen uns an, auch Hindus. Gott streckt sich zu allen Nationen aus, ihm geht es um alle Heiden. Eine Hindu rief bei uns an und erzählte, dass sie eines Tages nach Hause gekommen war und ein Mann auf dem Sofa in ihrem Wohnzimmer saß, der in weißes, helles Licht gekleidet war. Als sie den Mann anschaute, wurde sie von Gottesfurcht erfasst und wusste nicht, was sie tun sollte. Sie war so erschrocken, dass sie das Haus wieder verließ. Dann lief sie wieder hinein, doch der Mann war verschwunden. Sie wusste, dass es Jesus war.

„Ich brauche Jesus."

Sie war eine einfache, im guten Sinne einfältige Frau und ging danach vier Monate durch die Stadt und suchte nach diesem Menschen namens Jesus, weil sie nicht begriff, was geschehen war. „Wo ist dieser Jesus? Ich brauche Jesus." Schließlich sah sie irgendwo ein Kreuz und dachte, dass es irgendetwas mit Jesus zu tun hätte. Sie ging nach Hause und rief zu Gott: „Jesus, wo bist du? Ich habe nach dir gesucht, ich habe Ausschau nach dir gehalten. Ich war überall, aber ich kann dich nicht finden. Jesus, wo bist du?"

Jesus erschien in ihrem Zimmer, ergriff ihre Hände und heilte sie von ihrer Krankheit. Sie gab ihm ihr Leben und führte danach 70 Familienmitglieder zum Herrn. Sie ist von Neuem geboren und lebt begeistert für Gott.

Diese Dinge sind in jüngster Vergangenheit geschehen. Der nächste Bericht stammt aus Ägypten. Er wurde sogar einmal im ägyptischen Fernsehen ausgestrahlt, danach jedoch in der muslimischen Welt verboten. Ich habe die Geschichte von einem Missionar gehört und werde sie an dieser Stelle einfach an dich weitergeben. Ein Muslim tötete seine Frau und begrub sie, und mit ihr begrub er seine beiden Töchter bei lebendigem Leibe. Die eine war acht Jahre alt, die andere noch im Säuglingsalter. Er begrub sie und kümmerte sich nicht mehr um sie. Fünfzehn Tage später starb ein Onkel, und als man ihn in demselben Grab beerdigen wollte, fand man die beiden Mädchen – lebendig. Die Angelegenheit erregte großes Aufsehen.

Das achtjährige Mädchen wurde danach im ägyptischen Fernsehen von einer Moderatorin interviewt, die eine Burka trug (ein Gewand, das lediglich die Augen unbedeckt lässt). Das Mädchen wurde gefragt, was geschehen wäre und wie sie diese Tage überlebt hätte.

Das Mädchen antwortete: „Jeden Morgen kam ein weiß gekleideter Mann. Er hatte Löcher in seinen Händen und weckte meine Mutter auf, damit sie meine Schwester stillt, die ja noch ein Baby ist. Und mir hat er jeden Tag etwas zu essen mitgebracht."

Die Frau, die das Interview führte, sagte: „Das hört sich an, als handelte es sich um den Mann namens Jesus, über den wir schon einiges gehört haben. Und wenn er Löcher in den Händen hatte, ist er vielleicht wirklich so gestorben, wie es uns berichtet wurde …" An dieser Stelle wurde die Übertragung abgebrochen und die Bildschirme wurden schwarz. Die Mädchen sind seither verschollen. Diese Tatsache erschwert die Verbreitung der Geschichte. Man möchte einen Fernsehbericht über diese Ereignisse produzieren, aber es ist nicht möglich, weil man noch immer nach den Mädchen sucht, niemand scheint ihren Aufenthaltsort zu kennen. Die Geschichte ist mithilfe der Menschen dokumentiert worden, die sie gehört haben. Einige haben sie im Radio gehört, einige sahen sie im Fernsehen. Ich habe sie aus dem Munde eines Missionars aus Ägypten gehört, den ich kenne und dem ich vertraue, außerdem haben mir einige andere Missionare und Prediger davon erzählt.

Ein weiß gekleideter Mann brachte uns täglich etwas zu essen.

Jesus ist die Auferstehung und das Leben. Er hat sich im Nahen Osten einen besonderen Ruf erworben. Es ist allerdings erstaunlich, dass die Gemeinde im Nahen Osten einen völlig anderen Ruf besitzt als Jesus. Ich möchte darauf hinweisen, dass es keine Unterschiede geben sollte. Es sollte keine geben und Gott sei Dank wird es eines Tages auch keine mehr geben. Amen. So wird es sein. Es wird geschehen.

4. Die Herrlichkeit Gottes

Als Viertes sagte er zu mir, dass die Herrlichkeit Gottes, die *Kabod* Gottes, sich manifestieren würde unter den Muslimen und unter allen Völkern. Ich erinnere daran, dass es vor Gott kein Ansehen der Person gibt: Was er für den einen tut, tut er auch für den anderen. Gottes Herz schlägt für alle Nationen, für alle Heiden und für die Gemeinde. Er liebt die Gemeinde und er liebt das Land und das Volk Israel. Diese Dinge werden wir im weiteren Verlauf des Buches noch betrachten, an dieser Stelle sei gesagt, dass Gott möchte, dass unter allen Völkern die Ernte eingebracht wird, indem die Menschen errettet werden. Gegenwärtig konzentriert Gott sich auf die Muslime und handelt an ihnen, weil er weiß, dass dies zu einer Ernte unter den Nationen führen wird. Gott ist weise in der Wahl seiner Mittel.

Um Menschen für Jesus zu gewinnen, benötigst du Weisheit. Um Menschenfischer zu sein, musst du vom Herrn lernen. Er weiß, wie man fischt, und ist dabei, das Netz auszuwerfen, um die Ernte einzubringen. Die Herrlichkeit Gottes muss sich manifestieren. Was Jesus in der ganzen Welt tut, ist überwältigend, nicht wahr? Was geschieht, ist übernatürlich, man kann es nicht erzwingen. Lass den Heiligen Geist handeln.

Erinnerst du dich an die Geschichte mit dem Mobiltelefon? Das war der Heilige Geist. Kein Mensch könnte so etwas bewirken. Das

Mobiltelefon war nur einige Minuten in Gebrauch und schon wurde mithilfe des Telefons ein Mensch errettet – hier war die überwältigende Herrlichkeit Gottes am Werk. In Jesaja 60 begegnet uns ein wichtiges Prinzip, das für die Herrlichkeit Gottes gilt; die Verse offenbaren, warum der Herrlichkeit eine Schlüsselfunktion zukommt.

> *Mache dich auf, werde Licht! Denn dein Licht kommt, und die Herrlichkeit des Herrn geht auf über dir! Denn siehe,* ***Finsternis*** *bedeckt die Erde und* ***tiefes Dunkel*** *die Völker; aber über dir geht auf der Herr, und seine Herrlichkeit erscheint über dir.*
>
> Jesaja 60, 1–2 *(Schlachter)*

Was ist der Unterschied zwischen Finsternis und tiefem Dunkel? Finsternis herrscht, wenn in einem Raum die Lampen ausgeschaltet sind. Durch die Predigt des Evangeliums schaltet man das Licht ein, dann können die Menschen sehen. Das Licht erfüllt den Raum und sie hören das Evangelium. Im Gegensatz dazu bewirkt *tiefes Dunkel,* dass Menschen Jesus selbst dann nicht sehen, wenn das Licht eingeschaltet und das Evangelium zugänglich ist. Gott hat sowohl auf Finsternis als auch auf tiefe Dunkelheit eine Antwort. Licht durchdringt Finsternis, tiefe Dunkelheit wird von der Herrlichkeit Gottes durchdrungen. Die Menschen sind besorgt, wenn sie sehen, in welch schlechtem Zustand sich unsere Welt oder eine bestimmte Nation befindet. Aber Gott hat einen Plan.

Die Herrlichkeit Gottes durchdringt selbst tiefe Dunkelheit.

Bestimmte Dinge werden ohne die Herrlichkeit Gottes nicht geschehen, deswegen muss sich die Herrlichkeit manifestieren, damit noch Größeres geschehen kann als bisher. Manches kann erst geschehen, wenn die Herrlichkeit stärker wird und Gottes Herrlichkeit sich manifestiert. Licht durchdringt Finsternis, die Herrlichkeit Gottes durchdringt tiefe Dunkelheit. Das ist der eigentliche Schlüssel, wenn wir beten. Stelle dir jetzt vor, ein Muslim sieht fern und plötzlich ist der Raum erfüllt von der Herrlichkeit Gottes. Sie kommt über ihn und er erkennt, wer Jesus ist. Das wäre wunderbar! Vielleicht will er mit seinem Schuh nach dem Fernseher werfen, aber genau in diesem Augenblick manifestiert sich die Kraft Gottes in seinem Wohnzimmer.

5. Zeichen und Wunder

Das Fünfte, das Gott nannte, waren Zeichen und Wunder. Arme werden nachwachsen, Beine werden nachwachsen, Tote werden auferweckt, und wir werden große Vollmacht über Zauberei erleben. Muslime haben keine Antwort auf Zauberei. Sie wissen nicht, wie sie damit umgehen sollen. Wenn sie jedoch sehen, wie die Kraft Jesu die Macht der Finsternis überwindet, ist dies ein mächtiges Zeugnis für sie.

Wir haben in unserem Dienst schon sehr viele Erfahrungen in dieser Hinsicht gesammelt, insbesondere haben wir in Pakistan häufig erlebt, dass Gottes Kraft sich als mächtiger erwies als die Künste von Zauberern. Solche Erweise der Macht Gottes bilden den Schlüssel, wir brauchen diese Kraft. Es ist unverzichtbar, dass die Herrlichkeit herabkommt – die Herrlichkeit Gottes. Keine Kämpfe, kein Krieg, sondern einfach die Herrlichkeit Gottes. Sie kommt und alles ist entschieden. Deswegen brauchen wir die Herrlichkeit Gottes.

Zeichen und Wunder sind ebenfalls Schlüssel zu dem, was Gott auf der Erde tun wird. Muslime haben Probleme mit dem Gedanken an Totenauferweckungen, weil sie wissen, dass Jesus der Einzige ist, der Tote auferwecken kann. Sie glauben, dass Gott diese Macht ausschließlich Jesus gegeben hat – das ist tatsächlich ihre Überzeugung. Dies ist übrigens auch der Grund dafür, dass sie das glauben, was in der Schrift über den Dienst Jesu berichtet wird. Jesus wirkte Wunder und weckte Menschen von den Toten auf. Für Muslime ist es ein klarer Hinweis auf Jesus, wenn sie Wunder sehen oder die Auferstehungskraft erleben. Wenn so etwas geschieht, fragen sie sich, warum es geschieht, weil sie meinen, allein Jesus könne so etwas tun. Darüber hinaus fragen sie sich, wie jemand solche Dinge im Namen Jesu tun kann. Wenn die Auferstehungskraft sichtbar wird, ist dies also ein starkes Zeugnis für Muslime.

Gottes Reich ist übernatürlich und steht über menschlichem Taktieren und den Regeln und Ordnungen, die Menschen für den Dienst in seinem Reich formuliert haben. In diesem Reich geschehen Zeichen und Wunder. Wenn wir über dieses Reich sprechen, geht es um mehr als darum, zu wissen, was Gott tut, es geht auch darum, Gott zu kennen und zu erkennen, warum er bestimmte Wege einschlägt. Das Volk Israel wusste, was Gott getan hatte, starb aber in der Wüste. Mose kannte Gottes Wege und sah seine Herrlichkeit.

Für uns ist es entscheidend, mit den himmlischen Dingen vertraut zu sein und auf der Erde lediglich als Gast zu leben, anstatt auf der Erde zu leben und hin und wieder Gast im Himmel zu sein. Der Himmel ist nicht ein Ort, den wir hin und wieder besuchen, sondern ein Ort, an dem wir uns ständig aufhalten und von wo aus wir die Erde mit den Augen des Himmels sehen. Das Himmelreich ist das Reich des Glaubens, in dem man das Unsichtbare sieht und das Unmögliche tut. Wer darin lebt, geht nicht dorthin, wo er das Wirken Gottes wahrnimmt, sondern das Wirken Gottes folgt solchen Menschen. So zu leben, bedeutet, dass man nicht nur *unter* der Wolke Gottes ist, sondern *mitten darin.* Man *sieht* nicht nur nachts die Feuersäule, sondern in Christus Jesus *wird man zur* Feuersäule in der Nacht. Gottes Diener sollten lodernde Feuerflammen sein. Es geht dabei nicht nur um Wunder, sondern um den Geist, von dem man geprägt ist, der einen umgibt und den man verbreitet.

Der Mensch hat Gott stets gebeten, herabzukommen an den Ort, an dem der Mensch sich gerade befand, doch Gott fordert uns auf, hinaufzukommen an den Ort, an dem er ist. Gott kommt durchaus dorthin, wo wir sind, aber es gibt eine höhere Ebene im Geist, und dort ist er. Wir entstammen diesem Reich und sind dazu ausersehen, darin zu leben und zu agieren. In diesem Reich ist die Gegenwart Gottes wie die Luft, die wir ein- und ausatmen, und das Leben Gottes manifestiert sich in uns und durch uns. In diesem Reich sind wir nicht beeindruckt von Wundern, sondern stehen ehrfürchtig vor Gott in seiner Majestät. Wir stehen nicht nur im Vorhof, wo wir das Wort hören, oder im inneren Vorhof, wo wir im Wort leben, sondern wir befinden uns im Allerheiligsten, wo wir zum

Wort werden und es verkörpern. Wir werden zu lebendigen Briefen, die von allen Menschen gelesen werden.

Wir leben in einer Zeit, in der Gott eine Generation hervortreten lässt, die mitten in der Wolke seiner Herrlichkeit lebt und sein Wort und seinen Ratschluss verkündet. Es handelt sich nicht um ein Reich verführerischer Worte menschlicher Weisheit, sondern um ein Reich, in dem die Kraft des Heiligen Geistes demonstriert wird. Noch während Philippus predigte, fuhren Dämonen aus den Menschen aus (siehe Apg. 8, 6–7).

Statt zu kämpfen, erzittern die Dämonen in diesem Reich und fliehen. Es ist ein Reich der Herrlichkeit Gottes. Es ist ein Reich, in dem Jesus im Vordergrund steht und wir quasi nicht mehr vorkommen. Unsere Identität finden wir allein in Christus. In diesem Reich ist der Mensch nicht länger sichtbar, weil einzig und allein die Herrlichkeit Gottes zu sehen ist. Der Mensch kann in diesem Reich die Existenz und Majestät Gottes nicht länger verleugnen. Die ganze Erde wird voll von der Erkenntnis der Herrlichkeit des Herrn sein, bedeckt wie von Wassern, die das Meer bedecken. Die Intensität der Gegenwart Gottes wird unermesslich sein und das Licht Gottes wird wie ein Blitz durch die Seele der Menschen dringen.

Jesus fordert uns auf, das Himmelreich zu verkündigen, das nahe herbeigekommen ist, Dämonen auszutreiben, Aussätzige zu reinigen und Tote aufzuwecken. Umsonst haben wir empfangen, umsonst sollen wir geben (siehe Mt. 10, 8). Es kündigt sich eine neue Dimension dieser Macht und Kraft an, und wenn die Herrlichkeit Gottes sich in dieser Weise erweist, müssen wir sehr sensibel und aufmerksam zu Werke gehen. Sobald die Herrlichkeit offenbart ist und sich manifestiert, kann dieselbe Herrlichkeit, die jemanden von den Toten auferweckt, auch bewirken, dass jemand tot umfällt. Ich bin an dieser Stelle mutig und kühn und muss euch sagen, dass beides tatsächlich geschehen wird.

Die Rolle der Gemeinde

Dies sind die fünf wesentlichen Punkte, die zeigen, wie Gott mit der Gemeinde zusammenarbeiten wird. Im Hinblick auf die Rolle der Gemeinde wollen wir noch einmal Apostelgeschichte 9 betrachten und werden dort weitere Einsichten gewinnen, die uns verstehen helfen, warum Gott die Muslime in sein Reich bringen möchte. Es gibt weitere Gründe, warum er Ismael bereits vor seiner Geburt seinen Namen gegeben hat. Er möchte nicht nur den Schrei in ihrem Herzen zu neuem Leben erwecken und ihnen das Angesicht Jesu zeigen, damit sie den Vater sehen können, sondern er möchte Ismael auch gebrauchen, um die Gemeinde anzuspornen.

Die Urgemeinde entwickelte sich gut, aber Gott gebrauchte Saulus von Tarsus (der nach seiner Bekehrung Paulus hieß), um die Gemeinde anzustacheln. Warum tat er das? Er wollte die Gemeinde zu Leidenschaft für Jesus anstacheln. Gott wird auch Ismael gebrauchen, um die Gemeinde zu Leidenschaft für Jesus anzustacheln. Ismael wird nämlich bereitwillig annehmen, was der Gemeinde in Jesus gehört, wovon sie sich aber abgewendet hat. 4.000 Jahre lang dürstete ihn in der Wüste, und wenn er nun einen Schluck lebendigen Wassers erhält und das lebendige Brot schmeckt, wird er für immer verändert werden. Er wird anfangen, zu tun, was im Wort Gottes steht, und die Gemeinde damit anstacheln.

Lauwarme Herzen werden provoziert und angestachelt.

Ist Anstacheln etwas Gutes? Ja. Im Neuen Testament werden wir aufgefordert, uns gegenseitig zu guten Werken und zur Liebe anzureizen (siehe Hebr. 10, 24). Es gibt also auch eine geheiligte Form der Provokation. Warum ist es nötig, anzustacheln und zu provozieren? Wenn Gott uns anstachelt, gewinnt er unsere Aufmerksamkeit und bringt uns dazu, nicht länger falschen Zielen hinterherzulaufen und halbherzig zu leben.

Wenn du erlebst, wie über hundert für Gott begeisterte Muslime in deine Gemeinde kommen, wird dich das herausfordern. Du wirst es als Herausforderung empfinden, wenn sie sagen: „Wir haben in dieser Woche zwölf Personen zum Herrn geführt und sie stellen uns so viele Fragen – was sollen wir als Nächstes tun?“ Es wird dich provozieren, wenn sie berichten, dass sie für jemanden gebetet haben und seine Arme nachgewachsen sind.

Und jetzt?

Vielleicht sagen sie zu dir: „Wir haben ein kleines Problem. Wir kannten die Gesetze über die Totenruhe nicht, und jetzt haben wir diesen einen Menschen von den Toten auferweckt – was sollen wir tun?"

Wird sich davon jemand herausgefordert fühlen? Wenn uns diese Neubekehrten von ihren Erfahrungen und Begegnungen mit Jesus berichten, werden wir wahrscheinlich denken: „Moment mal, Jesus, wir müssen uns einen Augenblick unterhalten. Ich lebe schon 20 Jahre mit dir, aber ich habe noch keine einzige solche Erfahrung mit dir gemacht."

Das wird unsere Aufmerksamkeit wecken, uns wird das Herz schwer werden. Wir werden innerlich fast zerspringen, es wird ein Schrei aus uns hervorbrechen: „Jesus, ich sehne mich nach dir. Jesus, ich brauche dich. Jesus, ich muss bei dir sein. Ich muss dich sehen, ich muss dich kennen, ich muss dich hören. Ich muss dein Wort kennen!"

Plötzlich wirst du dich ausschließlich auf Jesus konzentrieren und alles andere wird unwichtig sein – das ist der Punkt, an dem Leidenschaft geboren wird. Wenn du ausschließlich auf Jesus schaust und dich auf ihn konzentrierst, wird dadurch im ganzen Leib Licht und Leidenschaft geboren.

Der Tröster

Er wird Ismael auch gebrauchen, um der Gemeinde im Heiligen Geist Trost zu spenden und die Furcht des Herrn in die Gemeinde zurückzubringen. In der Bibel heißt es, dass die Menschen gefestigt und getröstet und in der Furcht des Herrn lebten, als Saulus von Tarsus zu Paulus wurde (siehe Apg. 9, 31). Ismael wird gebraucht werden ... Ismael ist ein von Jesus erwähltes Werkzeug in unserer Zeit und Jesus wird ihn gebrauchen. Und er hat einen Plan für ihn. Es wird damit beginnen, dass wir als Gemeinde zulassen, dass der Heilige Geist unsere Herzenshaltung korrigiert und unser Denken über diese Menschen verändert – sodass wir sie mit den Augen Jesu sehen, im Licht dessen, was Gott für sie geplant hat.

Es ist allerdings erforderlich, dass wir sie in aufrichtigem Gebet und in der Fürbitte, die von Herzen kommt, vor Gott bringen, damit Gott ihnen die Augen öffnen kann. Wenn Gott ihnen dann tatsächlich die Augen öffnet, liegt es nicht an dir. Ich rede nicht davon, dass *du* ihnen die Augen öffnest. Schluss mit deinen Versuchen, ihnen die Augen zu öffnen, überlasse es dem Geist Gottes.

Als Muslim war ich ein erbitterter Gegner des Evangeliums, kein Mensch hätte mich davon überzeugen können, dass Jesus der Sohn Gottes ist. Im Gegenteil, ich versuchte sogar, Christen zum Islam zu bekehren. Aber dann begegnete ich dem lebendigen Gott. Nach diesem Erlebnis war ich kein Muslim mehr, der nichts davon wissen wollte, dass Jesus der Sohn Gottes ist – der Sohn des lebendigen Gottes war mir offenbart worden. Ich hatte mehr als Glauben, ich wusste es mit jeder Faser meines Herzens. Mein Leben wurde am 3. Juli 1994 verwandelt, an dem Tag, an dem ich Jesus mein Leben gab. Damals begegnete ich Gott, ich hatte an diesem Tag einen Frontalzusammenstoß mit der Herrlichkeit Gottes.

Den Muslimen steht ein Frontalzusammenstoß mit der Herrlichkeit und der Majestät Gottes bevor. Unser Gott ist majestätisch! Unser Gott ist herrlich! Gemeinde, bist du bereit für diese Stunde? Bist du bereit für diesen Kairos-Zeitpunkt? Bist du bereit für das, was Gott in der Welt tun wird?

Bist du bereit?

Zum Nachdenken

Denke noch einmal über die fünf Strategien nach, die Gott anzuwenden gedenkt, um die Ernte unter den Muslimen einzubringen.

Überraschen sie dich? Hast du besser verstanden, wie sehr Gott alle Menschen liebt? Kann der Leib Christi das Stadium der Handarbeitskreise überwinden und den Muslimen, die häufig ihr Leben aufs Spiel setzen, wenn sie sich zu Jesus bekehren, Geborgenheit bieten?

4

Israel wird angestachelt, Gott zu suchen

Vor Gott, dem Allmächtigen, dem Gott des Himmels und der Erde, gibt es kein Ansehen der Person – er liebt alle Menschen. Gott ist Liebe und der Vater des Lichts. *Alle Nationen stammen von einem Menschen ab und werden erlöst durch das Blut des Einen, Jesus Christus.* Aber nicht alle Menschen haben Anteil an dieser Erlösung. Im Neuen Testament spricht Gott von drei Gruppen, aus der die Menschheit insgesamt besteht: Juden, Heiden (die Nationen) und die Gemeinde (der Leib Christi):

> *Gebt weder Juden noch Heiden noch der Gemeinde Gottes Anstoß!*
>
> 1. Korinther 10, 32 *(Bruns)*

Er liebt sie alle und hat für jeden von ihnen einen Plan. Unser himmlischer Vater möchte, dass kein Einziger verloren geht und die ganze Welt in Christus Jesus errettet wird. Wir erinnern uns, dass Noah nach der Sintflut die Erde neu bevölkert hat (siehe 1. Mo. 9). Aus Noah sind alle Völker hervorgegangen. Und aus diesen Völkern hat Gott sich ein Volk besonders erwählt, das aus Abraham, Isaak und Jakob hervorgegangen ist, nämlich die Juden. Gott hatte einen Bund mit Abraham geschlossen:

> *Und der Herr sprach zu Abram: Geh aus deinem Land und aus deiner Verwandtschaft und aus dem Haus deines Vaters in das Land, das ich dir zeigen werde! Und ich will dich zu einer großen Nation machen, und ich will dich segnen, und ich will deinen Namen groß machen, und du sollst ein Segen sein! Und ich will segnen, die dich segnen, und wer dir flucht, den werde ich verfluchen; und in dir sollen gesegnet werden alle Geschlechter der Erde!*
>
> 1. Mose 12, 1–3

Abraham hatte keine Kinder, doch Gott versprach, dass er Nachkommen haben würde, durch die sich Gottes Verheißung erfüllen würde. Von Anfang an verfolgte Gott mit der Erwählung des jüdischen Volkes das Ziel, eines Tages alle Geschlechter der Erde zu segnen. Langfristig hatte Gott geplant, dass auch die Heiden ins Reich Gottes kommen sollten, sobald der richtige Zeitpunkt gekommen wäre. Die Verheißung, die Gott Abraham und Isaak im Hinblick auf Jakob gab, lautete: „Nach Isaak sollen deine Nachkommen benannt werden“ (1. Mo. 21, 12; *EÜ)*. Jakob erhielt später den Namen Israel und war der Vater der zwölf Stämme Israels.

Gott hat sich also im Prinzip ein Volk erwählt, damit er durch dessen Nachkommen die anderen Völker der Erde segnen könnte. Jahrhundertelang gab es zwei Gruppen von Menschen auf der Erde: Juden und Heiden. Die Juden waren gesegnet und hatten Anteil an dem Bund, den Gott mit ihnen geschlossen hatte. Die Heiden standen außerhalb des Bundes der Verheißung, der mit Israel geschlossen worden war, und lebten ohne Gott auf der Erde (siehe Eph. 2, 12).

**Gott wird die suchen,
die kein Volk sind.**

Gott hat am Kreuz die Trennwand zwischen Juden und Heiden weggenommen und es all denen, die an Jesus glauben würden, ermöglicht, in Christus Jesus ein Leib zu werden. Dieser Leib besteht aus Menschen aus beiden Gruppen, sowohl aus den Juden als auch aus den Heiden, aus allen Menschen, die eine neue Schöpfung geworden sind in Christus Jesus, der der Messias der Juden ist, der Erlöser der Welt und der Herr der Gemeinde. Wir sind Steine, die zu einem Leib zusammengefügt sind, zum Leib des Herrn Jesus Christus.

Für die Juden ist Ismael der bemerkenswerteste Heide, weil er aus Abrahams Haus vertrieben wurde, kein Erbe erhielt und keine Chance besaß, jemals ein Erbe anzutreten. Er musste sich damit abfinden, lediglich Sohn einer Magd namens Hagar zu sein:

> *Da sagte sie zu Abraham: Vertreibe diese Magd und ihren Sohn, denn der Sohn dieser Magd soll nicht mit meinem Sohn Erbe werden, mit Isaak!*
>
> 1. Mose 21, 10

Israel ist stolz darauf, dass Gott sich Abraham aus den Nationen ausgesondert hat und Isaak anstelle von Ismael und Jakob anstelle von Esau erwählt hat. Das jüdische Volk steht in dem sicheren Bewusstsein, dass Gott Isaak auserwählt hat, den Vater Jakobs (Israels), und ihn Ismael, dem Sohn der Magd, vorgezogen hat. Ismael wurde aus dem Fleisch geboren. Als er Mutwillen mit Isaak trieb, wurde er ausgestoßen und hatte keinen Anteil mehr am Gesetz, den Verheißungen und dem Bund zwischen Israel und Gott. Israel ist heute von muslimischen Ländern umgeben, und doch sind die Muslime aus der Perspektive dieses Bundes für die Juden ein „Nicht-Volk".

Man kann sich fragen, warum Ismael überhaupt verstoßen wurde. Als Sara schwanger war, floh Ismaels Mutter vor ihr, aber der Engel des Herrn forderte sie auf, wieder zu ihrer Herrin zurückzukehren. Als Ismael herangewachsen ist, befiehlt Gott Abraham, Ismael ziehen zu lassen.

Warum wurde Ismael verstoßen? Warum hat Gott das zugelassen? Wir finden die Antwort in Galater 4, 21–23: Ismael ist ein Bild für das Gesetz. Als Isaak, die Verheißung, kam, musste das Gesetz weichen. Darum verschwand im Neuen Testament das Gesetz, als Jesus kam.

Nach Hebräer 10, 1 musste es eine Vorschau im Alten Testament geben, die im Neuen Testament Gestalt gewinnen sollte. Das Gesetz, das ihn verstieß, wird ersetzt werden durch die Gnade Jesu Christi, die ihn wieder hereinlässt.

Wir leben in der Zeit, in der dies geschieht.

Eifersucht und Zorn

Gott sagte durch den Propheten Mose über Israel:

Sie haben mich zur Eifersucht gereizt durch Nicht-Götter, mich erbittert durch ihre nichtigen Götzen; so will auch ich sie zur Eifersucht reizen durch ein Nicht-Volk, durch einen unverständigen Volksstamm sie erbittern.

5. Mose 32, 21 *(Menge)*

Zur Zeit des Alten Testaments reizte Israel Gott zur Eifersucht, indem es eigenartigen Götzen diente. Israel hat sich nach Götzen ausgestreckt, die nicht Gott waren; genauso wird Gott denen nachgehen, die nicht sein erwähltes Volk sind. Israel reizte Gott mit törichten Götzen zum Zorn; genauso wird Gott ein törichtes, unverständiges Volk gebrauchen, um Israel zum Zorn zu reizen. Mit der Formulierung „Nicht-Volk" ist in der Bibel ein Volk gemeint, das keinen Bund mit Gott besitzt, dem die Verheißungen, die Gott Israel gegeben hat, nicht gelten. In Römer 11, 11 heißt es, dass Israel durch die Erlösung der Heiden zur Eifersucht gereizt wird.

Es gibt keinen bedeutenderen Heiden als Ismael, um Israel zur Eifersucht zu reizen, es gibt keine unverständigere Menschengruppe, die Israel erzürnen könnte, als die Anhänger des Islam. In den Augen der Juden sind die Muslime das Volk, das es am wenigsten verdient hat, Gottes Güte zu erleben und errettet zu werden. Israel leidet noch immer darunter, dass Ismael durch Krieg, Gewalt und Terrorismus seinen Mutwillen mit Israel treibt. Ismael ist der Letzte, von dem Israel meinen würde, dass Gott sich nach ihm ausstreckt.

Ismael wurde um Isaaks willen verstoßen, aber Gott wird ihn um Israels willen ins Reich Gottes hineinbringen.

Aufgrund des Gesetzes Gottes, das Israel mit großer Sorgfalt zu befolgen sucht, wurde Ismael verstoßen und ihm jedes Erbe genommen, sodass er ein Fremdling war ohne Anteil am Bund zwischen Gott und Israel. Aufgrund des Gesetzes wurde er verstoßen, aber die Gnade Jesu Christi wird ihn wieder zurückholen. Ismael wurde um Isaaks willen verstoßen, aber Gott wird ihn um Israels willen ins Reich Gottes hineinbringen.

Wenn Israel sieht, wie der Arm Gottes, derselbe, der sie aus Ägypten geführt hat, sich nach Ismael ausstreckt und ihn aus der Wüste in die Stadt Gottes führt, wird Israel zu neuer Leidenschaft für den Messias angestachelt werden. Wenn Gott Ismaels Durst mit den Wassern des ewigen Lebens stillt, wird Israel sich nach dem Wasser sehnen, das einst aus dem Felsen hervorkam, als gegen den Felsen geschlagen wurde.

Wenn die Herrlichkeit Gottes den Muslimen offenbart wird, wird dies Israel dazu reizen, das Angesicht Gottes zu suchen. Wenn Israel sieht, wie sich die Schechina-Herrlichkeit, die sie auf dem Berg zurückwiesen, unter den Muslimen manifestiert, werden sie zornig sein und das Angesicht Gottes suchen.

Stelle dir vor, wie Ismael zu Israel sagt:

- Ich wurde von einer Magd geboren und *aufgrund des Gesetzes verstoßen,* aber die Gnade Jesu Christi hat mich hereingebracht.
- Mir wurde der *Segen Abrahams* vorenthalten, aber jetzt bin ich in Christus Jesus ein Nachkomme Abrahams und Erbe gemäß der Verheißung (siehe Gal. 3, 29).
- Ich wuchs ohne *Vater* in der Wüste auf, aber jetzt ist Gott mein Vater.
- Ich hatte kein *Erbe* von meinem Vater erhalten, aber nun habe ich ein Erbe erlangt, das du nicht hast, weil ich durch Jesus Sohn und *Erbe* Gottes bin.
- Ich habe als Unterpfand meines Erbes den verheißenen Heiligen Geist empfangen (siehe Eph. 1, 13–14).
- Der neue Bund, in dem ich jetzt lebe, wurde dir von den Propheten verheißen (siehe Jer. 31, 33).
- Ich habe die Gerechtigkeit Gottes durch Glauben erhalten, und zwar ohne das Gesetz (siehe Röm. 3, 21–28).
- Ich habe geschmeckt und gesehen, dass der Herr gut ist (siehe Ps. 34, 9).

- Dir wurde anvertraut, was Gott geredet hat, mir wurde der Geist Gottes anvertraut (siehe Röm. 2, 29).
- Dir wurde die Herrlichkeit, die Mose auf dem Berg geschaut hatte und von der sein Gesicht strahlte, verhüllt, mir wird die Herrlichkeit Gottes im Angesicht Jesu enthüllt (siehe 2. Kor. 3, 7–9).
- Dir wurde der Dienst der Verdammnis gegeben, mir der Dienst der Gerechtigkeit (siehe 2. Kor. 3, 9).

Oh, wie gebraucht Gott doch, was töricht ist vor der Welt, um die Weisen zu beschämen (siehe 1. Kor. 1, 27). Die Bestimmung des muslimischen Volkes war lange in Ismael verborgen. Gott gab ihm vor seiner Geburt seinen Namen, wohl wissend, dass Ismael eines Tages ein Werkzeug in seiner Hand sein würde, um Israel zu Eifersucht und Zorn zu reizen.

Israel war 40 Jahre in der Wüste, bevor es in das verheißene Land einzog. Ismael ist seit 4.000 Jahren in der Wüste und hat darauf gewartet, in das verheißene Land der Erlösung Gottes einzuziehen.

Ein Geheimnis: Israel wird wieder sehen können

Denn ich will nicht, Brüder, dass euch dieses Geheimnis unbekannt sei, damit ihr nicht euch selbst für klug haltet: Verstockung ist Israel zum Teil widerfahren, bis die Vollzahl der Nationen hineingekommen sein wird.

Römer 11, 25

Lass uns sorgfältig darauf achten, dass wir unsere Errettung nicht zu wichtig nehmen und mit dem Finger auf die Juden zeigen, weil sie starrköpfig sind oder für eine gewisse Zeit verworfen wurden. Wir sind lediglich Empfänger der Gnade Gottes. Wir sollten uns nicht selbst für klug halten und das Geheimnis aus den Augen verlieren, dass Israel zum Teil Verstockung widerfahren ist, bis die Vollzahl der Nationen hineingekommen ist.

Gott hat ihm vor seiner Geburt seinen Namen gegeben, wohl wissend, dass Ismael Israel zu Eifersucht und Zorn reizen würde.

Israel ist für eine bestimmte Zeit von Gott mit Blindheit geschlagen worden, allerdings nur so lange, bis die Vollzahl der Heiden ins Reich Gottes gekommen ist. Den Rest der Welt hat der Gott dieser Welt (Satan) mit Blindheit geschlagen (siehe 2. Kor. 4, 4).

Die Vollzahl der Heiden muss hineinkommen, bevor Israel die Schuppen von den Augen fallen, sodass sie den Messias erkennen können. Fast zweiundvierzig Prozent der Heiden auf der Welt sind muslimisch. Ohne die Muslime kann es keine Vollzahl der Heiden geben. Ich glaube, dass die Muslime das Epizentrum eines vom Heiligen Geist verursachten Erdbebens sein werden, das einen Tsunami der Herrlichkeit Gottes auslösen und der die Länder der Welt erreichen wird. Sie spielen eine entscheidende Rolle in der Ernte der Endzeit.

Wenn die Welt sieht, wie Gott, der Vater, den Muslimen die Hände entgegenstreckt, wird sich der Rest der ungläubigen Welt danach sehnen, den Vater kennen zu lernen. Gott ist Liebe. Wenn seine Liebe sichtbar wird, taut das hungrige Herz des Menschen vor ihm auf. Gott wird Ismael und die anderen Heiden gebrauchen, um dem jüdischen Volk die Schuppen von den Augen zu nehmen.

Wenn Israel den Messias erkennt, werden sie ihn auch mitten in ihrer Not suchen (siehe Hos. 5, 15). Wenn ihre Augen geöffnet sind, werden sie sagen: „Gepriesen sei, der da kommt im Namen des Herrn!" (Mt. 23, 39). Die Wiederkunft des Herrn ist nahe.

„Gott hört mich"

Der Name *Ismael* bedeutet „Gott hört mich". Gott wählte diesen Namen, weil er eines Tages den Schrei der Muslime hören und sie in sein Reich hineinbringen würde. Ismael ist auch dazu bestimmt, die Gemeinde zu Leidenschaft für Jesus Christus zu reizen. Der eigentliche Schlüssel ist, Ismael um Israels willen ins Reich Gottes zu bringen.

Kannst du dir vorstellen, dass Ismael zum jüdischen Volk sagt: „Mir wurde der Segen Abrahams vorenthalten, aber heute bin ich in Christus ein Nachkomme Abrahams und habe den Segen Abrahams"?

Stelle dir vor, wie Ismael sagt:

„Ich wurde aus dem Hause deines Vaters verstoßen und mir wurde das Erbe verweigert. Man ließ mich in der Wüste zurück, damit ich sterbe, aber jetzt hat die Gnade Jesu Christi bewirkt, dass ich hineingekommen bin, obwohl das Gesetz mich verstoßen hat."

Würden Aussagen wie diese Israel provozieren? Mit Sicherheit! Diese Wahrheiten auf den Lippen Ismaels, der lange verstoßen war, aber nun zurückkehrt, werden Israel provozieren. Wenn Israel provoziert wird, wird es sich an die Worte erinnern, die Mose zu ihnen sagte.

Wenn Gott Israel zur Eifersucht reizt, wird er ihre Aufmerksamkeit gewinnen. Wenn er sie zum Zorn reizt, wird er ihre leidenschaftliche Liebe gewinnen.

Möchte Gott, der Vater, dass das jüdische Volk weiß, wer der Messias ist? Liebt er sie noch? Ja. Und er hat sie nicht vergessen. Er hat einen Plan für sie. Es ist sein Wunsch, sich nach ihnen auszustrecken. In unseren Tagen baut ein Ereignis auf dem anderen auf: Gott streckt sich zu den Muslimen aus und in seiner Weisheit bereitet er alles vor für das Land Israel und das jüdische Volk.

Wenn Israel sieht, wie sich die Schechina-Herrlichkeit unter den Muslimen manifestiert, wird Israel zornig sein und Gottes Angesicht suchen, weil sie sich an diese Herrlichkeit erinnern und sich fragen werden: „Warum sehen diese Menschen die Herrlichkeit unseres Gottes?" Dann werden sie sagen: „Wir müssen sein Angesicht suchen."

Warum sollte Gott Israel provozieren wollen? Wer provoziert wird, wird aufmerksam, und Israel wird aufmerksam werden. Wenn sie zur Eifersucht für ihren Gott angestachelt werden, wird sich all ihre Aufmerksamkeit auf ihren Gott richten, und wenn ihm all ihre Aufmerksamkeit gilt, werden sie sagen: „Ich brauche meinen Messias." Wenn sie sehen, wie andere errettet werden, werden sie sich auf der Suche nach ihrer Errettung nach dem Messias umschauen. Sie werden begreifen, dass sie ihren Messias brauchen, und sagen: „Wir brauchen unseren Messias! Wir sind das Volk des Messias, wo ist der Messias?"

Schritte eins und zwei

Der erste Schritt zur Errettung der Juden ist, dass sie zur Eifersucht gereizt werden. Der zweite Schritt zur Errettung der Juden ist, dass sie zornig werden, wenn sie die Herrlichkeit Gottes auf anderen sehen, und dann das Angesicht Gottes suchen. In Hosea 5, 15 heißt es, dass sie mitten in Verfolgung und Not das Angesicht Gottes suchen werden. Gott möchte ihre Aufmerksamkeit bekommen.

In Römer 11, 25 heißt es: „Denn ich will nicht, Brüder, dass euch dieses Geheimnis unbekannt sei, damit ihr nicht euch selbst für klug haltet." (Mit anderen Worten: hochmütig werdet.) „Verstockung ist Israel zum Teil widerfahren, bis die Vollzahl der Nationen hineingekommen sein wird." Was sagt Gott hier? Er sagt uns durch Paulus, der den Römerbrief schrieb, dass die Gemeinde nicht hochmütig werden und nicht prahlen sollte, nur weil wir die Errettung in Jesus empfangen haben und die Juden nicht … noch nicht.

Es liegt etwas Rätselhaftes, für uns nicht Verständliches über der Frage, warum Israel „zum Teil Verstockung widerfahren ist". Der Begriff „Verstockung" wird in der Lutherbibel von 1914 mit „Blindheit" wiedergegeben. Was meint Gott mit „zum Teil Verstockung" bzw. „zum Teil Blindheit"? Ein Teil von ihnen hat Offenbarung darüber empfangen, wer Jesus ist, ein Teil nicht. Offensichtlich haben einige Offenbarung empfangen, andernfalls gäbe es das Neue Testament nicht, da alle Autoren des Neuen Testaments Juden waren. Gott sagt, dass ein Teil von ihnen mit Blindheit geschlagen worden ist. Das ist das Rätselhafte. Gott hat sie für eine gewisse Zeit mit Blindheit geschlagen.

Obwohl die ganze Menschheit vom Gott dieser Welt mit Blindheit geschlagen worden ist, ist hier von Israel die Rede und davon, dass auch ihre Herzen blind geworden sind und sie mit ihren geistlichen Augen nicht erkennen können, wer der Messias ist – sie sind bis zu einem bestimmten Zeitpunkt mit Blindheit geschlagen.

Ihre Herzen sind für eine gewisse Zeit mit Blindheit geschlagen.

Dies wird überall in der Schrift deutlich. Im 2. Korintherbrief ist davon die Rede, dass jedes Mal, wenn sie das mosaische Gesetz lesen, eine Decke über ihnen ist und sie so lange nichts erkennen können, bis ihre Herzen sich dem Herrn zuwenden. Ihre Herzen sind blind. Auch der Feind kann Gedanken beeinflussen und Menschen in ihrem Denken verblenden, aber in diesem speziellen Fall hat Gott die Herzen der Juden für eine gewisse Zeit mit Blindheit geschlagen – allerdings nur für eine gewisse Zeit.

Bis zu welchem Zeitpunkt? Bis die Vollzahl der Heiden hineinkommt. Und darin liegt die Herausforderung: Ohne die Muslime kann die Vollzahl der Heiden nicht erreicht werden, denn 42 Prozent der Heiden sind Muslime. Selbst wenn man alle anderen Heiden auf der Erde dazu bringt, nach Errettung zu suchen, aber keine Muslime erreicht, kann die Vollzahl nicht hereinkommen und Israel werden nicht die Augen geöffnet. Bis dies geschieht, muss Israel leiden.

Gottes Vorgehensweise

Wie geht Gott vor? Die Ersten werden die Letzten sein und die Letzten die Ersten (siehe Mt. 20, 16). Er sonderte Abraham, Isaak und Jakob aus und machte sie zu Ersten. Er erwählte Israel aus den Heiden und machte sie zum Ersten unter den Nationen, aber nun sagt er, dass die Ersten die Letzten sein werden. Israel ist zum Letzten geworden und die Heiden sind die Ersten, nicht wahr?

Es bricht eine Zeit an, in der Gott die Erde und die Muslime genau im Blick hat. Er sieht die Heiden. Er sieht die Erntefelder, und die sind reif und bereit für die Ernte. Und er sieht auch die Juden, er hört ihren Schrei und sieht ihre Not. Er hört den Schrei derer, die in der Wüste sind. Er hört den Schrei der Menschen in der Gemeinde, und Gott, der Vater, sagt: „Die Vollendung der Zeitalter steht bevor, es ist an der Zeit, alles wieder zusammenzuführen. Es ist an der Zeit, alles in Christus zu versöhnen."

Es ist an der Zeit ...

Die Zeit ist gekommen, dass Gott handelt, daher wirkt er auf der ganzen Welt auf verschiedenen Ebenen und in verschiedenen Bereichen. Die Zeit ist gekommen, dass das Reich Gottes ausgebreitet wird. Genau das tut Gott. Aber ohne die Muslime kann die Vollzahl der Heiden nicht hereinkommen. Ich glaube, wir stehen kurz davor, zu erleben, wie den Juden ähnlich einem Saulus von Tarsus die Schuppen von den Augen fallen und sie sehen und erkennen, wer der Messias ist.

Israel muss

- zur Eifersucht gereizt werden;
- zum Zorn gereizt werden, sodass sie das Angesicht Gottes suchen;
- sehen, wie die Fülle der Heiden hineinkommt, damit ihnen die Schuppen von den Augen fallen.

In Römer 11, 26 heißt es: „Und so wird ganz Israel errettet werden." Allerdings steht dort auch, dass es erst geschieht, *nachdem* die Vollzahl der Heiden hineingekommen ist (siehe Röm. 11, 25). Ganz Israel wird also errettet werden, „wie geschrieben steht: ‚Es wird aus Zion der Erretter kommen, er wird die Gottlosigkeiten von Jakob abwenden'" (Röm. 11, 26).

Gott hat das jüdische Volk niemals vergessen. Der Bund, den er ihnen verheißen hat, war der neue Bund, für den Jesus sein Blut vergossen hat, und dieser Bund ist auch für sie. Sie sind blind dafür und erkennen ihn nicht, aber sie werden hineinkommen. Bevor dies jedoch geschehen kann und ihnen die Schuppen von den Augen fallen, möchte Gott ihre Aufmerksamkeit gewinnen, sodass sie auf ihn schauen. Dann möchte er ihr Herz gewinnen, er möchte, dass sie ihn leidenschaftlich lieben. Wenn Gott Israel zur Eifersucht reizt, wird er ihre Aufmerksamkeit gewinnen. Wenn er sie zum Zorn reizt, wird er ihre leidenschaftliche Liebe gewinnen.

Um ihre Liebe und Aufmerksamkeit zu gewinnen, wird er unter den Heiden mächtig wirken – die Schuppen werden von Israels Augen fallen und sie werden sehen und erkennen, wer der Messias wirklich ist.

In Matthäus 23, 37–39 weint Jesus über Jerusalem und sagt: „Jerusalem, Jerusalem, die da tötet die Propheten und steinigt, die zu ihr gesandt sind! Wie oft habe ich deine Kinder versammeln wollen, wie eine Henne ihre Küken versammelt unter ihre Flügel, und ihr habt nicht gewollt! Siehe, euer Haus wird euch öde gelassen; denn ich sage euch: Ihr werdet mich von jetzt an nicht sehen, bis ihr sprecht: ‚Gepriesen sei, der da kommt im Namen des Herrn!'"

Sie werden ihn nicht erkennen, bis sie sagen: „Gepriesen sei, der da kommt im Namen des Herrn!" Diese Worte, dieser Schrei muss aus ihnen hervorbrechen, bevor die Juden ihn sehen werden. Sie müssen ihn zunächst erkennen, um Klarheit über seine Identität zu gewinnen und zu ihm rufen zu können. Zur Eifersucht und dann zum Zorn gereizt zu werden, wird ihnen helfen, sich auf den zu konzentrieren, der bewirken wird, dass die Schuppen fallen, sobald die Vollzahl der Heiden hineinkommt. Dann werden sie wissen, wer der Messias ist, und werden sagen: „Gepriesen sei, der da kommt im Namen des Herrn!"

Wenn dieser Ruf zum Himmel aufsteigt, weißt du, dass Jesus, der Herr, wiederkommt.

Religiös verblendet

Das griechische Wort für „töricht" kann auch mit „religiös verblendet" wiedergegeben werden. Ich glaube, es gibt niemanden, der stärker religiös verblendet ist als Selbstmordattentäter. Natürlich sind nicht alle Muslime Selbstmordattentäter, aber wir müssen die Denkweise verstehen, die uns hier begegnet.

Ist dir klar, wie ernst diese Situation ist, geht sie dir zu Herzen? Gott liebt das jüdische Volk. Er liebt es so sehr, dass er es zur Eifersucht reizen wird, indem er sich nach Ismael ausstreckt und ihm seine Güte erweist. Hat Gott nicht gesagt: „Wem ich gnädig bin, dem bin ich gnädig; und wessen ich mich erbarme, dessen erbarme ich mich"? (Röm. 9, 15; *Luther)*.

Wer sind wir, dass wir uns Gott in den Weg stellen könnten? Wir müssen sowohl gegenüber den Juden als auch den Christen als auch den Heiden die richtige Haltung haben. Dann wird es dir gar nicht mehr möglich sein, ihr Missfallen zu erregen, sondern du wirst ihnen helfen, Jesus als ihren persönlichen Erlöser zu erkennen. Das ist es, was Jesus ersehnt. In Römer 11, 15 *(Luther)* heißt es: „Wenn ihre Verwerfung [die der Juden] die Versöhnung der Welt ist, was wird ihre Annahme anderes sein als Leben aus den Toten!"

Er sagt, dass sogar ihre Verwerfung ein Segen für die Heiden war! Ihr Straucheln war ein Segen für uns. Wir sollten dankbar sein. Wir sollten größere Liebe für sie empfinden. Statt von Hochmut erfüllt zu sein, sollten wir die Juden als das erwählte Volk Gottes betrachten.

> *Wenn aber das Erstlingsbrot heilig ist, so auch der Teig; und wenn die Wurzel heilig ist, so auch die Zweige. Wenn aber einige der Zweige herausgebrochen worden sind und du, der du ein wilder Ölbaum warst, unter sie eingepfropft und der Wurzel und der Fettigkeit des Ölbaumes mit teilhaftig geworden bist, so rühme dich nicht gegen die Zweige! Wenn du dich aber gegen sie rühmst – du trägst nicht die Wurzel, sondern die Wurzel dich.*
>
> Römer 11, 16–18

Er ist die Wurzel und mit Gott hat alles angefangen. Israel ist die Wurzel. Abraham war die Wurzel. Gott wird in einem Nachkommen (wir wissen, dass es sich bei diesem um Jesus handelt) alle Geschlechter der Erde segnen. Israel, der ehemals Erste, wurde zum Letzten, damit wir die Ersten würden.

> *Du wirst nun sagen: Die Zweige sind herausgebrochen worden, damit ich eingepfropft würde. Richtig; sie sind herausgebrochen worden durch den Unglauben; du aber stehst durch den Glauben. Sei nicht hochmütig, sondern fürchte dich! Denn wenn Gott die natürlichen Zweige nicht geschont hat, wird er auch dich nicht schonen. Sieh nun die Güte und die Strenge Gottes: gegen die, welche gefallen sind, Strenge; gegen dich aber Güte Gottes.*
>
> Römer 11, 19–22

Gottes Strenge gegenüber den Juden hatte zur Folge, dass uns Gutes zuteilwurde. Damit ist gemeint, dass ihre Verwerfung und ihr Straucheln uns zur Errettung geworden sind. Wir Heiden sind zur Gemeinde hinzugekommen. Was ist die Gemeinde? Die Gemeinde ist die dritte Gruppe, über die Paulus spricht. Zur Gemeinde gehören die Menschen, die von Neuem geboren sind, sowohl Juden als auch Heiden. Hiervon ist im Epheser- und Kolosserbrief die Rede. Für Juden und Heiden gilt: Es spielt keine Rolle, ob du Sklave oder Freier bist, Jude oder Heide – wir bilden gemeinsam den Leib Christi, die Gemeinde.

Die Gemeinde besteht aus Juden und Heiden.

Für jeden von uns

Adams Frau Eva war Gebein von seinem Gebein und Fleisch von seinem Fleisch – in welchem Verhältnis stehen wir zu Jesus? Wir sind nicht Gebein von seinem Gebein und Fleisch von seinem Fleisch. Im Epheserbrief heißt es, dass wir sein Gebein und sein Fleisch sind, weil wir mit ihm vereint sind. Aus der Seite des ersten Adams nahm Gott und machte aus dem einen zwei. Dem letzten Adam (Jesus) wurde ein Loch in die Seite gerissen, als er am Kreuz hing, was symbolisierte, dass zwei vereint werden würden.

Im Kreuz liegt Offenbarung, die der Schlüssel zu allem ist. Aber erst die Weisheit Gottes offenbart das Kreuz. Wusstest du, dass Jesus sechs Stunden am Kreuz hing? Wusstest du, dass er vor seiner Kreuzigung geschlagen wurde und sein Rücken so sehr aufgerissen wurde, dass seine Knochen, sein Gebein, sichtbar wurden? Sie zerbrachen ein Rohr auf seinem Kopf, verwundeten ihn, schlugen ihn mit Fäusten und kreuzigten ihn dann zur dritten Stunde des Tages (siehe Mk. 15).

In der dritten Stunde des Tages trieben sie Nägel durch seine Hände und Füße, deren Durchmesser etwa dem eines 20-Cent-Stückes entsprach, und nagelten ihn ans Kreuz. Von der sechsten bis zur neunten Stunde lag Finsternis über der ganzen Erde. Jesus hing sechs Stunden lang am Kreuz, weil sechs die Zahl des Menschen ist, und er war Mensch für uns am Kreuz – für jeden von uns.

Während er am Kreuz hing, quoll Blut aus seinem Leib und tropfte in den Staub, aus dem der Mensch geschaffen wurde, ein Symbol für die Erlösung. Das Kreuz ist nicht eine Torheit, sondern Gottes Weisheit.

Warum musste er eine Dornenkrone tragen? Er trug sie, damit wir eines Tages wieder die Krone der Herrlichkeit tragen könnten, denn der erste Adam erlangte die Herrlichkeit Gottes nicht und verlor seine Krone. Warum wurden seine Hände durchbohrt? Weil die Hand den Bund der Freundschaft schließt, und Jesus ist ein Freund, der anhänglicher ist als ein Bruder (siehe Spr. 18, 24). Er ist auch der Mittler zwischen Himmel und Erde, zwischen Mensch und Gott. Warum wurden seine Füße durchbohrt? Damit unsere Füße beschuht würden mit der Bereitschaft zur Verkündigung des Evangeliums des Friedens und wir in die ganze Welt gehen könnten (siehe Eph. 6, 15). Es liegt Weisheit im Kreuz.

Jesu Wiederkunft steht bevor. Was ich hier schreibe, gilt für die Endzeit.

Zum Nachdenken

Die meisten Menschen, die hören, wie die Terroristen Allah anrufen, während sie ihre Gewaltakte verüben, bezweifeln, dass sie jemals Jesus als ihren Erlöser annehmen werden. Einzig und allein durch den Heiligen Geist kann Gottes Plan verstanden werden, unser begrenztes Denken kann ihn sonst nicht erfassen. Wie groß ist unsere Offenheit für den ewigen, vom Schöpfer selbst entworfenen Plan?

5

Ismael – der nächste Vorläufer

Es gibt einen weiteren Grund dafür, dass Ismael bereits vor seiner Geburt von einem von Gott gesandten Engel oder von Gott persönlich seinen Namen erhielt. Es gibt nur vier Personen, die auf diese außergewöhnliche Weise ihren Namen erhielten. Im Neuen Testament waren dies Johannes der Täufer und Jesus, im Alten Testament Ismael und Isaak.

Johannes der Täufer war der Erste, der im Neuen Testament seinen Namen vor seiner Geburt erhielt, er war der Vorläufer Jesu Christi. Er erschien zuerst, weil er dem Größeren dienen sollte. Er bereitete ihm den Weg in der Kraft des Geistes Elias.

Ebenso ist Ismael ein Vorläufer für die Errettung Isaaks. Aus diesem Grund wurde zuerst Ismael und dann Isaak geboren. Ismael war der Vorläufer. Gott wird Ismael in unseren Tagen als Vorläufer gebrauchen.

Ismael, der Vorläufer.

In 1. Mose 15 wird beschrieben, wie Gott Abraham einen Traum gab. Tiefer Schlaf fiel auf Abraham. Gott sagte ihm, dass seine Nachkommen in einem fremden Land (damit war Ägypten gemeint) leben würden und Gott etwa 400 Jahre später einen Befreier senden und sie aus dem Land führen würde. Hatte Gott also geplant, das Volk Israel nach Ägypten zu bringen?

Josef war dazu ausersehen, nach Ägypten gebracht zu werden, um dort zur rechten Hand des Pharaos aufzusteigen. Er sollte maßgeblichen Anteil daran haben, dass in Erfüllung der prophetischen Worte Josefs Familie von Gott nach Ägypten gebracht würde und die Israeliten unter einem wohlwollenden Pharao dort leben könnten. In der Bibel wird berichtet:

> *Und es geschah, als Josef zu seinen Brüdern kam, da zogen sie Josef seinen Leibrock aus, den bunten Leibrock, den er anhatte. Und sie nahmen ihn und warfen ihn in die Zisterne; die Zisterne aber war leer, es war kein Wasser darin. Dann setzten sie sich, um zu essen. Und sie erhoben ihre Augen und sahen: und siehe, eine Karawane von Ismaelitern kam von Gilead her; und ihre Kamele trugen Tragakant und Balsamharz und Ladanum; sie zogen hin, um es nach Ägypten hinabzubringen. Da sagte Juda zu seinen Brüdern: Was für ein Gewinn ist es, dass wir unseren Bruder erschlagen und sein Blut zudecken? Kommt, lasst uns ihn an die Ismaeliter verkaufen; aber unsere Hand sei nicht an ihm, denn unser Bruder, unser Fleisch ist er! Und seine Brüder hörten darauf. Da kamen midianitische Männer vorüber, Händler, und sie zogen ihn heraus und holten Josef aus der Zisterne herauf. Und sie verkauften Jose an die Ismaeliter für zwanzig Silberschekel. Und sie brachten Josef nach Ägypten.*
>
> 1. Mose 37, 23–28

Josef wurde von seinen Brüdern wegen des bunten Leibrocks gehasst, den ihm sein Vater geschenkt hatte. Sie wollten Josef töten und warfen ihn in eine trockene, leere Zisterne. Was tat Gott in dieser Situation? Er sandte eine Karawane von Ismaelitern, die Josef kauften und in das Land seiner Bestimmung brachten. Seine eigenen Brüder wollten Gottes Pläne durchkreuzen, aber Gott, der souveräne Herrscher, sandte Ismael, um den Weg frei zu machen, damit Israel mit Josefs Hilfe in Ägypten leben könnte. Wenn Israel in Schwierigkeiten ist, sendet Gott Ismael.

Wenn Israel in Schwierigkeiten ist, sendet Gott Ismael.

Dieser Schritt spielte eine zentrale Rolle für die ewigen Pläne Gottes. Er brachte das Volk der Juden nach Ägypten, um einige Zeit später den mächtigsten Pharao aller Zeiten auf den Thron zu bringen und dann zu demonstrieren, dass seine Macht die des Pharao weit übersteigt, damit so für die ganze Welt die Macht des Gottes Israels sichtbar würde. Gott wollte es so und es war Teil des Planes, den er Abraham offenbarte (siehe 1. Mo. 15, 12–15).

Die Welt meint, Gott versuche, sie gegeneinander aufzuwiegeln, sodass sie sich bekriegen, aber das trifft nicht zu. Gott weiß genau, was er tut. Er gebraucht Ismael, um Israel zu helfen. Und wie steht es mit Mose, dem Retter? Er, der Retter, floh in die Wüste und landete bei den Midianitern, die auch als Ismaeliter bezeichnet werden und heute die muslimische Bevölkerung des Iran (das ehemalige Persien) bilden. Er lernte von ihnen. Sie behielten ihn einige Zeit bei sich, bis schließlich der Zeitpunkt kam, dass er aufbrechen sollte, um Israel zu erretten.

Als Mose, der Retter, in Schwierigkeiten war, gebrauchte Gott die Ismaeliter. Midianiter und Ismaeliter werden stets gemeinsam erwähnt, weil die Midianiter Teil der Ismaeliter sind. In der damaligen Kultur wurde der Gott des erstgeborenen Sohnes angebetet, also der Gott Ismaels. Ismael war ein Vorläufer, der den Weg für Isaak ebnete. Jetzt ist für Ismael erneut der Zeitpunkt gekommen, Vorläufer für Isaak zu sein. Ismael wurde um Isaaks willen verstoßen, aber er wird zurückgeholt werden als ein Vorläufer um Israels willen. Ismael wird in der Endzeit erneut ein Vorläufer für Isaak sein.

Gott bereitet für Israel und Isaak den Weg, damit sie in sein Reich kommen können. Ismael wird daher eine Stimme sein, die in der Wüste ruft, wenn er ins Reich Gottes kommt. So wie Gott Johannes den Täufer zum Vorläufer für Jesus machte, wird er Ismael in der Endzeit zum Vorläufer für Israel machen.

Die Kelche des Zorns und der Gnade

Hast du schon einmal die Leute sagen hören, dass Gott alle Menschen im Nahen Osten in die Luft sprengen wird? Oder anderes Gerede dieser Art mitbekommen? Der Tag des Herrn wird kommen, und wir wissen, dass dann die Zeit des Gerichts gekommen ist, die Zeit des Zorns. Uns ist bewusst, dass Gott Sodom und Gomorra nicht verschont hat, auch die Engel nicht, die zur Zeit Noahs sündigten, und so weiter.

Aber wir sollten seinem Zeitplan nicht vorauseilen. Es gibt einen Kelch des Zorns, der sich füllt, aber es gibt auch einen Kelch der Gnade. Der Kelch des Zorns ist noch nicht vollständig gefüllt. Auch der Zorn der Kelter wird ausgegossen werden, aber noch ist es nicht so weit! Der Kelch der Gnade fließt seit 2.000 Jahren über und Gott möchte, dass alle Menschen unter seiner Gnade stehen.

In Römer 11, 30–31 heißt es:

> *Denn wie ihr einst Gott nicht gehorcht habt, jetzt aber Erbarmen gefunden habt infolge ihres Ungehorsams, so sind jetzt auch sie dem euch geschenkten Erbarmen gegenüber ungehorsam gewesen, damit auch sie jetzt Erbarmen finden.*

Alle diese Dinge sind in Verbindung zu sehen mit dem herrlichen Plan Gottes, alle Völker der Erde zu erretten.

Wenn Gott den Schrei der Gemeinde hört, werden wir ihn sehen. Wenn Gott den Schrei Ismaels hört, wird er ihn in sein Reich hineinbringen. Wenn er jedoch den Schrei Israels hört, wird der Herr Jesus Christus wiederkommen.

Er offenbart sich

Wir leben in einer Zeit, in der der Vater sich offenbaren wird.

Am Freitag, den 24. Februar 1995, kam der Geist Gottes um 7:30 Uhr morgens unvermittelt in mein Zimmer. Ich wohnte damals in etwas, das ich als Keller eines Kellers bezeichnen würde. Damals war ich der Meinung, der Heilige Geist käme nur über große Menschenmengen, daher war ich ein wenig überrascht, als ich plötzlich allein vor ihm stand. Ich spürte einen tiefen, mächtigen Strom, der mich vom Scheitel bis zur Sohle durchströmte. Es war reine Liebe, himmlische Substanz, das unverfälschte Leben Gottes. In der Schrift heißt es, dass ein Strom vom Thron Gottes und des Lammes ausgeht (siehe Offb. 22, 1). Drei Stunden dauerte diese Erfahrung an, die ganze Zeit über spürte ich ihn deutlich.

Ich vernahm eine hörbare Stimme, sie sagte Worte zu mir, die ich in meinem ganzen Leben, während der ganzen Zeit, in der ich als Muslim aufgewachsen war, noch nie gehört hatte. Die Stimme des Vaters sagte: „Ich liebe dich, mein Sohn. Ich liebe dich, mein Sohn. Ich liebe dich, mein Sohn."

Ich konnte nichts weiter tun, als zu antworten: „Ich liebe dich, Vater. Ich liebe dich, Vater. Ich liebe dich, Vater."

Um 10:30 Uhr stand ich vom Boden auf und merkte, dass sich drei Dinge in mir verändert hatten. Erstens empfand ich eine intensive Liebe zu Gott, wie ich sie noch nie empfunden hatte, und verspürte einen großen Hunger, ihn besser kennen zu lernen. Zweitens war eine wesentlich tiefere, vorbehaltlose Liebe zu den Menschen in mir. Drittens war ich erfüllt von einer intensiven Liebe zum Wort Gottes. Ich ergriff meine Bibel und konnte sie in den folgenden 36 Stunden nicht mehr aus der Hand legen. Wenn ich auf eine Seite blickte, war es, als würde sie in meinem Herzen explodieren, mein ganzes Wesen wurde von neuer Erkenntnis erfüllt. Ich las auf übernatürliche Weise die gesamte Bibel innerhalb von 36 Stunden einmal durch.

> *Der Mensch lebt nicht allein vom Brot, sondern von einem jeglichen Wort Gottes.*
>
> Lukas 4, 4 *(Luther 1914);* siehe auch 5. Mose 8, 3–4

Frucht

An diesem Tag habe ich mich verändert. Eine Frucht davon war, dass sich 99 Prozent der Menschen, die ich kannte – unter ihnen Juden, Hindus, Sikhs, Muslime und Atheisten – bekehrten und ihr Leben Jesus gaben. Dass ungefähr 1.500 Menschen zu Jesus geführt wurden, ist nur darauf zurückzuführen, dass der Heilige Geist wirkte und ich mich dem Strom der Versöhnung hingab. Was sich ereignete, war allein auf Gottes Wirken zurückzuführen. Ich lebte im Alltag für ihn und erlebte sein Eingreifen. Diese Dinge geschahen, bevor ich mit meinem vollzeitlichen Dienst begann. Ich gab mich dem Strom der Versöhnung hin, was nach 2. Korinther 5, 17–19 das Bestreben jedes Gläubigen sein sollte.

Lebe für das Wort von der Versöhnung.

Jeden Tag nahmen Menschen Jesus an, es geschah im Rahmen meines Alltags. Zum Beispiel führte ich „Joe" zu Jesus. Als er Jesus angenommen hatte, war er begeistert und erzählte seiner Familie und seinen Freunden davon. Wenn sie Fragen stellten, die er nicht beantworten konnte, traf er sich mit mir im Restaurant und brachte die Person mit, die die Frage gestellt hatte, und wir unterhielten uns über Jesus. Wie bereits erwähnt, haben während der Gespräche im Restaurant viele Menschen zum Herrn gefunden.

Eine tiefere Offenbarung des Vaters

Als ich zu Jesus kam, hatte ich aufgrund meines muslimisch geprägten Denkens gewisse Schwierigkeiten mit der Vorstellung, dass es einen Sohn Gottes gibt. In meinem Geist wusste ich, dass er der Sohn Gottes ist, aber mein Denken konnte es einfach nicht begreifen. Jesus war stets sanft zu mir – er führte mich zum Vater und der Vater erfüllte mich mit seinem Wesen und erwies mir seine Liebe. Der Vater redete mit mir, weihte mich in seine Pläne ein, zeigte mir meine Bestimmung und sagte mir, wie sehr er mich liebt.

Dann flüsterte der Vater mir ins Ohr: „Weißt du, warum du mich als Vater kennen lernen konntest? Wegen Jesus, meinem Sohn." Sofort richtete sich diese Liebe auf Jesus. Ich ging zu Jesus und begriff, was er für mich getan hatte. Ich bin so dankbar für das, was er für mich – und für jeden von uns – getan hat. Jesus offenbarte mir dann durch den Geist Gottes den Vater in tieferer Weise. Es gibt so etwas wie einen Kreislauf der Liebe. Sie fließt vom Vater zum Sohn und durch den Heiligen Geist zurück zum Vater. Und da der Heilige Geist in uns wohnt, sind wir in diesen Kreislauf einbezogen.

So wird die Beziehung zum Vater vertieft und die Gemeinschaft mit ihm intensiver. In meiner Generation gibt es einen Schrei, ein Rufen nach dem Vater. Jesus ist die Antwort auf jedes Problem auf dieser Erde und jeden Mangel, den ein Mensch empfinden könnte, und seine Antwort ist der Vater.

Matthäus 11, 27–28: „Alles ist mir übergeben worden von meinem Vater; und niemand erkennt den Sohn als nur der Vater, noch erkennt jemand den Vater als nur der Sohn, und der, dem der Sohn ihn offenbaren will. Kommt her zu mir, alle ihr Mühseligen und Beladenen! Und ich werde euch Ruhe geben."

Was oder wie ist die Ruhe, die Jesus gibt? Sie erreicht dich, wenn Jesus dir seinen Vater offenbart, weil der Vater der Einzige ist, der diese Ruhe geben kann. Wenn er dir eine Offenbarung des Vaters schenkt, die stärker und größer ist als deine Umstände, wirst du Frieden und Ruhe haben, wie nur Jesus sie gibt.

Jesus sagt: „Nehmt auf euch mein Joch, und lernt von mir! Denn ich bin sanftmütig und von Herzen demütig, und ‚ihr werdet Ruhe finden für eure Seelen'; denn mein Joch ist sanft, und meine Last ist leicht" (Mt. 11, 29–30). Hältst du das, was Jesus auf der Erde durchgemacht hat, für ein sanftes Joch oder eine leichte Last? Die meisten Menschen würden es verneinen – doch für Jesus war die Last leicht, weil er eine Offenbarung des Vaters besaß, die stärker war als die Umstände. Er konnte daher sagen, er tue nichts, was er nicht den Vater tun sah, und sage nichts, was er nicht den Vater sagen hörte. Er sagte von sich, dass er lediglich hier sei, um zu tun, was dem Vater gefalle, und zu erfüllen, was in der Schrift über ihn geschrieben stünde.

Jesus kam, um zu tun, was dem Vater gefällt.

Jesus ging es um seinen Vater, der lebendige Vater sandte ihn und Jesus lebte für seinen Vater (siehe Joh. 6, 57). Wir müssen eine Offenbarung des Vaters haben, um die Ruhe zu erfahren, die Jesus schenkt.

Der Geist des Vaters offenbart Jesus und der Geist seines Sohnes offenbart den Vater.

Liebe

Der Apostel Johannes war der einzige der ursprünglichen Apostel des Lammes, der eines natürlichen Todes starb – alle anderen starben als Märtyrer. Es gab mit Sicherheit viele Menschen, die ihn töten wollten. Aus der Überlieferung wissen wir, dass man versuchte, Johannes in siedendem Öl zu töten, aber aus unbekannten Gründen schaffte man es nicht, seinem Leben ein Ende zu bereiten. Johannes wurde ins Exil auf die Insel Patmos verbannt, wo er das Buch der Offenbarung schrieb.

Ich möchte auf etwas Interessantes in der Bibel hinweisen. Im gesamten Johannesevangelium nennt Johannes nicht ein einziges Mal seinen Namen. Er bezeichnet sich stattdessen als „den Jünger, den Jesus liebt". Ich möchte die Vermutung äußern, dass er Folgendes sagte, nachdem er das kochende Öl lebendig verlassen hatte: „Ich bin der Jünger, den der Herr liebt – und Liebe kann man einfach nicht töten."

Hierin zeigt sich das Wesen Jesu. Er verkündete der ganzen Welt die Liebe des Vaters (siehe Joh. 17, 26). Durch Liebe werden Menschen zu mehr als Überwindern, daher konnte man Jesus nichts antun, und das ist auch der Grund, dass sie ihn am Kreuz nicht töten konnten, bevor der Vater ihn nicht verlassen hatte, erst dann starb er. Wenn du den Vater kennst, wenn du weißt, was Liebe ist, dann kannst du überleben; du kannst überwinden, weil du mehr bist als ein Überwinder.

Gnade bringt dich durch Schwierigkeiten. Glaube bringt dir den Sieg. Liebe hingegen macht dich zu einem Menschen, der mehr ist als ein Überwinder, und das prägt deine gesamte Lebenshaltung. Du bist nicht aufgrund weniger Ereignisse zu dem Menschen geworden, der du heute bist. Es geht nicht um bestimmte einzelne Erlebnisse. Aufgrund der Liebe, mit der er dich liebt, wird dein Leben neu. Wir sind mehr als Überwinder durch den, der uns geliebt hat (siehe Röm. 8, 37).

Gnade gibt Kraft.
Glaube bringt den Sieg.

In der Zeit, in der wir leben, werden Menschen gebraucht, die mehr als Überwinder sind. Wir werden Menschen brauchen, die die Liebe kennen, mit der er uns liebt – ihnen kann nichts etwas anhaben. Ismael wird direkt vor den Augen des Feindes eine solche Offenbarung erhalten. Sobald Ismael durch den Geist Gottes von Neuem geboren worden ist, wird der Bogenschütze zu einem Pfeil werden, der auf den Bogen in Gottes Hand gelegt und ins Herz des Feindes geschossen wird.

In Ismael lebt der Schrei nach dem Vater und er wird seinen Vater erkennen. Es wird durch Jesus geschehen. Er wird den Vater offenbaren. Daher besitzt Jesus heute einen ganz besonderen Ruf im Nahen Osten und in der muslimischen Welt. Er hat die Initiative übernommen und erfüllt den Herzenswunsch seines Vaters, sodass die Muslime den Vater kennen lernen, ihrer Bestimmung gerecht werden und ins Reich Gottes kommen können. Gott wird sich weltweit durch Visionen und Träume erweisen, weil es um ihre Bestimmung geht, er wirkt souverän.

„Komm herauf, hierher“

Im ersten Kapitel der Offenbarung berichtet Johannes:

> *Ich war an des Herrn Tag im Geist, und ich hörte hinter mir eine laute Stimme wie von einer Posaune, die sprach: Was du siehst, schreibe in ein Buch und sende es den sieben Gemeinden: nach Ephesus und nach Smyrna und nach Pergamon und nach Thyatira und nach Sardes und nach Philadelphia und nach Laodizea! Und ich wandte mich um, die Stimme zu sehen, die mit mir redete, und als ich mich umwandte, sah ich sieben goldene Leuchter, und inmitten der Leuchter einen, gleich einem Menschensohn, bekleidet mit einem bis zu den Füßen reichenden Gewand und an der Brust umgürtet mit einem goldenen Gürtel, sein Haupt aber und die Haare waren weiß wie weiße*

> *Wolle, wie Schnee, und seine Augen wie eine Feuerflamme, und seine Füße gleich glänzendem Erz, als glühten sie im Ofen, und seine Stimme wie das Rauschen vieler Wasser, und er hatte in seiner rechten Hand sieben Sterne, und aus seinem Mund ging ein zweischneidiges, scharfes Schwert hervor, und sein Angesicht war, wie die Sonne leuchtet in ihrer Kraft. Und als ich ihn sah, fiel ich zu seinen Füßen wie tot. Und er legte seine Rechte auf mich und sprach: Fürchte dich nicht! Ich bin der Erste und der Letzte und der Lebendige, und ich war tot, und siehe, ich bin lebendig von Ewigkeit zu Ewigkeit und habe die Schlüssel des Todes und des Hades. Schreibe nun, was du gesehen hast und was ist und was nach diesem geschehen wird!*
>
> Offenbarung 1, 10–19

Johannes ist am Tag des Herrn im Geist, und plötzlich öffnet sich ihm eine höhere Ebene und er sieht Jesus in einer Dimension, in der er ihn noch nie gesehen hat. Er hat eine Offenbarung Jesu, die er noch nie gehabt hat. Wer gab ihm diese Offenbarung? Der Vater. Er war am Tag des Herrn im Geist und daher offenbarte ihm der Geist des Vaters Jesus in einem Maß wie nie zuvor. Und während er bei Jesus ist, geschieht etwas, das vergleichbar ist dem Ertönen der Posaune in Offenbarung 1, 10. Folgendes ereignete sich:

> *Hierauf hatte ich ein Gesicht: ich sah, wie eine Tür im Himmel offenstand, und die erste Stimme, die ich wie Posaunenschall mit mir hatte reden hören, rief zu mir: „Komm herauf, hierher, so will ich dir zeigen, was hernach geschehen muss." Sogleich geriet ich durch den Geist in Verzückung, und siehe, da stand ein Thron im Himmel, und auf dem Thron saß jemand.*
>
> Offenbarung 4, 1–2 *(Menge)*

In dem Augenblick, in dem er eine Offenbarung Jesu hatte, drehte Jesus sich um und sagte, er wolle ihm eine *größere* Offenbarung des Vaters geben. „Komm herauf, hierher", wo du geistliche Dinge besser erkennen kannst, und schau auf den, der auf dem Thron sitzt. Der Vater möchte seinen Sohn offenbaren, und der Sohn möchte mithilfe des Geistes den Vater offenbaren. Gott möchte, dass wir als Gemeinde Teil dieses Kreislaufs werden, damit wir in ihm sein können und er in uns – damit wir das Leben Gottes in seiner ganzen Fülle erleben können.

Ich glaube, dass für jeden von uns eine Tür im Geist geöffnet ist, damit wir auf eine höhere Ebene gelangen können. Du hast bereits Gutes erreicht. Du bist im Geist. Aber es gibt noch Größeres und Höheres. Er wird durchaus dorthin kommen, wo du dich gerade befindest, und dir einige Dinge mitteilen, anderes wird er dir allerdings erst dann mitteilen, wenn du dorthin hinaufkommst, wo er ist. Über gewisse Dinge kann er mit dir nur sprechen, wenn du dorthin kommst, wo er ist. Er wird dir zeigen, was „hernach geschehen muss", aber du musst „heraufkommen, hierher".

Es gibt Größeres und Höheres.

Wie erreichte Johannes diese höhere Ebene? Als er Jesus sah, fiel er zunächst wie tot nieder (siehe Offb. 1, 17). Auf der Ebene, auf der er sich befand, konnte er diese Intensität der Herrlichkeit Gottes und ein solch großes Maß an Offenbarung nicht ertragen. Dann berührte Jesus ihn mit seiner rechten Hand, stärkte ihn und befähigte ihn durch den Geist, sich zu erheben und einem größeren Maß seiner Herrlichkeit standzuhalten. Dies ist, wie Gott dich wachsen lässt. Es ist erforderlich, dass er uns die Fähigkeit verleiht, einem größeren Maß seiner Herrlichkeit standhalten zu können. Und wie geschieht das? Durch Offenbarung und indem seine Hand uns berührt.

Möge er es euch nach dem Reichtum seiner Herrlichkeit schenken, dass ihr im Kern eures Wesens gestärkt werdet mit aller Kraft durch seinen Geist (siehe Eph. 3, 16). Der Geist Gottes wird dich stärken und mit der Herrlichkeit Gottes erfüllen, du wirst in die Lage versetzt werden, einem größeren Maß der Herrlichkeit, die in seiner Gegenwart ist, standzuhalten. Wenn du ihr nicht standhalten kannst, wie kannst du sie dann in dir tragen?!

Wir sollen Träger der Herrlichkeit Gottes sein, sie soll uns, denen der neue Bund in ihr Herz geschrieben ist, erfüllen. Offenbarung bahnt den Weg, sodass du höher hinauf kommen kannst.

Die Letzten sollen die Ersten sein und die Ersten die Letzten

Wir wollen uns einige Dinge noch einmal ins Gedächtnis rufen. Der erste Mensch, Adam, wurde erschaffen. Viele Generationen später, zur Zeit Noahs, ereignete sich die Sintflut. Danach erfüllte Noah die Erde, er bevölkerte die Erde erneut – aus ihm gingen alle Völker der Erde hervor. Acht Generationen später erwählte Gott Abraham und sonderte ihn aus den Nationen aus. (Das hebräische Wort für „Nationen" lautet *gojim* und kann auch mit „Heiden" übersetzt werden.)

Dann sonderte Gott Isaak statt Ismael aus und Jakob statt Esau. Es wird eine bestimmte Vorgehensweise deutlich. Gott sonderte sich mithilfe von Abraham, Isaak und Jakob ein Volk aus – das jüdische Volk, Israel.

Während dieser frühen Phase der Geschichte der Erde gab es nur zwei Gruppen von Menschen, Juden und Heiden (alle, die keine Juden waren). Das jüdische Volk besaß einen Bund mit Gott, der mit Abraham, Isaak und Jakob begonnen hatte. Aus Jakob, der später den Namen Israel erhielt, gingen zwölf Stämme hervor, die zu einem Volk wurden.

In Römer 10, 19–20 heißt es:

> *Aber ich sage: Hat Israel es etwa nicht erkannt? Zuerst spricht Mose: „Ich will euch zur Eifersucht reizen über ein Nicht-Volk, über eine unverständige Nation will ich euch erbittern." Jesaja aber erkühnt sich und spricht: „Ich bin gefunden worden von denen, die mich nicht suchten, ich bin offenbar geworden denen, die nicht nach mir fragten."*

Der Apostel Paulus, der den Römerbrief schrieb, hatte ein Herz für das jüdische Volk, dem er seiner leiblichen Abstammung nach angehörte. Er sagte, dass er Leid trage um sein Volk und sich wünsche, verflucht zu sein, damit sie errettet würden (siehe Röm. 10, 1). Obwohl er ein Herz für die Juden hatte, war er als Apostel zu den Heiden berufen. Er empfand mit ganzem Herzen, was Gott für die

Juden empfand, und das führte dazu, dass er Offenbarung von Gott erhielt und uns Geheimnisse über die Juden in Israel verriet.

In Kapitel 10 erinnert uns Paulus an Worte des Propheten Mose, die in 5. Mose 32, 21 aufgezeichnet sind. Im 5. Buch Mose sind in den Kapiteln 31, 32 und 33 die letzten Worte des Herrn aufgezeichnet, die Mose an das Volk Israel weitergab. Er wusste, dass er heimgehen würde. Kapitel 31 und 32 enthalten die kostbaren, letzten Worte, die Mose, der einzigartige Prophet, an das Volk Israel richtete. In Kapitel 33 segnet er die Stämme Israels, dann stirbt er.

Mose beschäftigt sich in Kapitel 32 mit der Geschichte und spricht darüber, wie sie auf den Fels vertrauten, dessen Wege alle recht sind. Dann berichtet er, wie sie den Fels verwarfen und ihre Geschichte aus dem Blick verloren, und beginnt, sie zu kritisieren.

> *Da wurde Jeschurun fett und schlug aus. Du wurdest fett, dick, feist! Und er verwarf den Gott, der ihn gemacht, und verachtete den Fels seiner Rettung. Sie reizten ihn zur Eifersucht durch fremde Götter, durch Gräuel kränkten sie ihn. Sie opferten den Dämonen, die nicht Gott sind, Göttern, die sie nicht kannten, neuen, die erst vor kurzem aufgekommen waren, die eure Väter nicht verehrten. Den Felsen, der dich gezeugt, täuschtest du und vergaßest den Gott, der dich geboren. Und der Herr sah es und verwarf sie aus Unwillen über seine Söhne und seine Töchter. Er sprach: Ich will mein Angesicht vor ihnen verbergen, will sehen, was ihr Ende ist; denn eine Generation voller Verkehrtheit sind sie, Kinder, in denen keine Treue ist. Sie haben mich zur Eifersucht gereizt durch einen Nicht-Gott, haben mich gekränkt durch ihre Nichtigkeiten; so will auch ich sie zur Eifersucht reizen durch ein Nicht-Volk, durch eine törichte Nation will ich sie kränken.*
>
> 5. Mose 32, 15–21

Zurück zu Römer 10, das einen Schlüssel, eine Warnung an Israel enthält. „Es wird eine Zeit kommen, es wird eine Zeit kommen, in der Gott euch zur Eifersucht über ein Nicht-Volk reizen wird." Und er sagt: „Über eine unverständige Nation will ich euch erbittern." Wie wird Gott Israel zur Eifersucht reizen? Paulus gibt uns hierzu in Römer 11, 11 einen Einblick: „Ich sage nun: Sind sie [die Juden] etwa gestrauchelt, damit sie fallen sollten?" Paulus schließt mit einem Fragezeichen. Ja, sie sind gestrauchelt, aber das bedeutet nicht, dass sie gefallen sind. Das bedeutet, dass Gott mit ihnen noch nicht fertig ist und sie nicht aus dem Blick verloren hat. Nein, durch ihren Fall ist das Heil den Heiden zuteilgeworden, damit sie zur Eifersucht gereizt würden. Was wird also Israel zur Eifersucht reizen? Die Errettung der Heiden.

Hier zeigt sich Gottes Güte. Gott ist ein guter Gott. Im neuen Bund sehen wir, dass er seine Güte in jeder Hinsicht zum Ausdruck bringt. Seine Art, seine Güte zu zeigen, besteht darin, den Heiden das Heil anzubieten. Niemand kann gegen diesen Großmut Einspruch erheben. Indem er so handelt, reizt er das jüdische Volk zur Eifersucht.

Gott ist ein guter Gott.

Es gibt kein „heidnischeres" Volk, nach dem Gott sich ausstrecken könnte, um Israel zur Eifersucht zu reizen, als das muslimische Volk. Gott bevorzugte Isaak gegenüber Ismael, Ismael wurde um Isaaks Willen verstoßen. Ismael wurde aus Abrahams Familie verstoßen und vaterlos in der Wüste zurückgelassen, auf dass er sterbe. Das jüdische Volk ist in höchstem Maße dankbar dafür und stolz darauf, dass Gott Abraham aus den Nationen ausgesondert hat und Isaak vor Ismael sowie Jakob vor Esau erwählt hat.

Es ist nur folgerichtig, dass die Volksgruppe, von der Israel keinesfalls wünscht, dass Gott sich nach ihnen ausstreckt, aus den Menschen besteht, von denen Israel derzeit umgeben ist – aus Muslimen. Israel als Staat ist umringt von muslimischen Ländern, umringt von seinen Feinden.

Gott hat einen Plan.

Zum Nachdenken

Gottes Wege sind nicht unsere Wege. Seine Pläne sind die einzigen, die bewirken, dass das Reich Gottes kommt. Hat es Situationen in deinem Leben gegeben, in denen du meintest, alles unter Kontrolle zu haben, dann jedoch bald feststelltest, dass du aufgrund deiner Pläne in eine Lage geraten bist, mit der du überhaupt nicht vertraut warst? Gottes Plan für Israel und Ismael mag uns fremd erscheinen, aber wenn wir uns Gott von Herzen hingeben, wird uns die Wahrheit offenbart werden.

6

Terrorismus und der Islam

Der Geist Esaus

Terrorismus und Krieg spielen in der muslimischen Welt von heute durchaus eine gewisse Rolle, in der Weltöffentlichkeit stehen sie im Zentrum des Interesses. Im Fernsehen und den anderen Medien wird ausführlich darüber berichtet, es ist schwierig, dieses Thema zu ignorieren. Einige Länder sind besorgt über den rasanten Anstieg der muslimischen Bevölkerungszahlen innerhalb ihrer Grenzen, weil sie Angst haben vor dem islamischen Fundamentalismus. In der westlichen Welt sind schlafende fundamentalistische Zellen verstreut, und das führt zu der großen Sorge, dass ein neuer Feind innerhalb der eigenen Gesellschaft aufsteht.

Den Regierungen fällt es heute schwer, potenzielle Terroristen als solche zu erkennen, weil die Terroristen ein einfaches Leben führen und in einem normalen Alltag stehen – bis sie eines Tages plötzlich dem Ruf zum Heiligen Krieg Folge leisten. Die Regierungen wollen nicht mit dem Finger auf die muslimische Welt insgesamt zeigen und unnötige Unruhen erzeugen, daher stehen sie vor einem Dilemma – *wie können sie die Sicherheit der Bevölkerung gewährleisten und gleichzeitig diejenigen aufspüren, die der Bevölkerung schaden wollen?* Es gibt viele unbeantwortete Fragen zu den Ursprüngen und dem Umfang des Terrorismus und der Gewalt in der muslimischen Welt.

Dieses Kapitel beschäftigt sich mit biblischen Aussagen über Esau, dann über Ismael und Esau, und mit der Verbindung, in der sie zum Terrorismus stehen.

Isaaks Frau Rebekka war die Mutter von Esau und Jakob. Als sie mit den Zwillingen schwanger war, stritten diese beiden Nationen bereits vor ihrer Geburt im Mutterleib miteinander. Sie ging zu Gott und fragte ihn, was da geschähe:

> *Und die Kinder stießen sich in ihrem Leib. Da sagte sie: Wenn es so steht, warum trifft mich dies? Und sie ging hin, den Herrn zu befragen. Der Herr aber sprach zu ihr: Zwei Nationen sind in deinem Leib, und zwei Volksstämme scheiden sich aus deinem Innern; und ein Volksstamm wird stärker sein als der andere, und der Ältere wird dem Jüngeren dienen.*
>
> 1. Mose 25, 22–23

Esau sollte dem Jüngeren dienen, was im Gegensatz zur herrschenden Tradition und Kultur stand. Zwei Personen mit sehr unterschiedlichen Persönlichkeiten gingen aus ihr hervor, Esau wurde stärker als Jakob, und heute sind die Nachkommen Esaus stärker als die Nachkommen Jakobs.

> *Und die Jungen wuchsen heran. Esau wurde ein jagdkundiger Mann, ein Mann des freien Feldes; Jakob aber war ein gesitteter Mann, der bei den Zelten blieb.*
>
> 1. Mose 25, 27

Esau entwickelte sich zu einem geschickten Jäger, er war ein Mann der Wildnis. Esau war ein starker Mann; seine Nachkommen würden ihm sehr ähnlich sein.

Esaus Erstgeburtsrecht und Jakobs Segen

Esau verkaufte sein Erstgeburtsrecht für einen Teller Suppe. Er kam müde vom Feld nach Hause und bat Jakob um etwas von dem „roten Gericht" (siehe 1. Mo. 25, 30). Esau verachtete sein Erstgeburtsrecht und verkaufte es für einen Teller Linsen und Brot (siehe 1. Mo. 25, 31–34).

Isaak wurde alt und seine Augen schwach. Er wollte vor seinem Tod den Segen Abrahams an seinen ältesten Sohn Esau weitergeben.

Isaak schickte ihn daher hinaus, um ein Wildbret zu erjagen und ihm ein Essen zuzubereiten, damit er es essen und Esau segnen könnte:

> *Und nun nimm doch dein Jagdgerät, deinen Köcher und deinen Bogen, und gehe hinaus aufs Feld und erjage mir ein Wildbret; und bereite mir einen Leckerbissen, wie ich ihn liebe, und bring ihn mir her, dass ich esse, damit meine Seele dich segnet, bevor ich sterbe!*
>
> 1. Mose 27, 3–4

Rebekka belauschte Isaak und forderte Jakob auf, etwas Fleisch zu holen, damit sie Isaak ein Essen zubereitete, sodass Jakob anstelle von Esau den Segen von Isaak empfangen könnte. Sie kam auf die Idee, Jakob Esaus Kleider anzuziehen, damit er wie Esau riechen würde. Zusätzlich bedeckte sie seine Arme und seinen Hals mit Ziegenfell, um den Anschein zu erwecken, dass Jakob so behaart wäre wie Esau (siehe 1. Mo. 27, 14–17). Der Plan ging auf: Isaak segnete Jakob und legte den Segen Abrahams auf ihn. Der Segen, den Jakob von Isaak empfing, ist in zwei Teilen in der Bibel aufgezeichnet:

> *So gebe dir Gott vom Tau des Himmels und vom Fett der Erde und von Korn und Most die Fülle! Völker sollen dir dienen und Völkerschaften sich vor dir niederbeugen! Sei Herr über deine Brüder, und vor dir sollen sich niederbeugen die Söhne deiner Mutter! Die dir fluchen, seien verflucht, und die dich segnen, seien gesegnet!*
>
> 1. Mose 27, 28–29

> *Gott, der Allmächtige, segne dich und mache dich fruchtbar und vermehre dich, dass du zu einer Schar von Völkern werdest; und er gebe dir den Segen Abrahams, dir und deiner Nachkommenschaft mit dir, damit du das Land deiner Fremdlingsschaft, das Gott dem Abraham gegeben hat, in Besitz nehmest!*
>
> 1. Mose 28, 3–4

Als Esau mit dem erjagten Wild nach Hause kam, bereitete er seinem Vater Isaak ein Mahl zu, fand jedoch sehr bald heraus, dass Jakob bereits den Segen empfangen hatte. Esau weinte und flehte Isaak um einen zusätzlichen Segen für sich an, aber Isaak konnte weder den Segen Abrahams noch den Erstgeburtssegen auf ihn legen. Isaak antwortete Esau:

> *Von deinem Schwert wirst du leben, und deinem Bruder wirst du dienen. Doch wird es geschehen, wenn du dich losmachst, wirst du sein Joch von deinem Hals wegreißen.*
>
> 1. Mose 27, 40

Esau hasste Jakob wegen des Segens, mit dem Isaak Jakob gesegnet hatte. Esau verkaufte sein Erstgeburtsrecht an Jakob und verlor auch den Segen seines Erstgeburtsrechts. Esau nahm sich daraufhin vor, Jakob zu töten (siehe 1. Mo. 27, 41).

Esau verkaufte sein Erstgeburtsrecht und verlor den Segen.

Aus Jakob wurde Israel. Noch heute wird Israel von Esau gehasst. Esau lebt vom Schwert und Esaus Nachkommen bilden ein Volk, das stärker ist als Israel. Esau hat stets Krieg geführt gegen Jakob. Der Kampf, der im Leib ihrer Mutter begann, setzt sich fort. Bei ihrer Geburt ergriff Jakob Esaus Ferse, und seitdem ist Esau der Meinung, er werde Jakob mit seiner Ferse zermalmen.

Esau heiratet in Ismaels Nachkommenschaft ein

Esau ging zu seinem Onkel Ismael und heiratete dessen Tochter Mahalat. Seitdem sind Esau und Ismael durch einen Bund miteinander vereint.

> *Esau ging zu Ismael und nahm sich Mahalat zur Frau, die Tochter Ismaels, des Sohnes Abrahams, die Schwester Nebajots, zu seinen anderen Frauen hinzu.*
>
> 1. Mose 28, 9

Esau hatte weitere Frauen, doch die Verbindung, die zwischen Esau und Ismael hergestellt wurde und heute noch existiert, entstand durch seine Ehe mit Mahalat. Als Esau zu seinem Onkel Ismael ging, war sein Herz voller Hass auf Jakob. Seit seiner Hochzeit mit Ismaels Tochter sind die Nachkommen Esaus mit den Nachkommen Ismaels vereint und verbunden.

Auch heute ist Esau, der sich stets im Krieg mit Jakob (Israel) befand, mit Ismael verbunden. Ismael wurde als Mann des Krieges bezeichnet, und Esau war dazu bestimmt, von seinem Schwert zu leben. Beide waren Bogenschützen, doch mit unterschiedlichen Zielsetzungen. Ismael war Bogenschütze, um im Krieg in der Wüste überleben zu können. Esau war Jäger und hatte größeres Interesse daran, seine Beute zu erjagen und seine Überlegenheit gegenüber Jakob, dem Feldarbeiter zu genießen. Esau lebte von seinem Schwert und Ismael befand sich beständig im Krieg.

Der Mensch reißt auseinander.
Gott sondert für sich aus.

Ich möchte die direkten Nachkommen Esaus nicht in den Mittelpunkt des Interesses rücken, weil Gott all die anderen Völker der Erde genauso liebt wie die Nachkommen Esaus. Dennoch müssen wir Einblick gewinnen in das Wesen und den Geist Esaus, um verstehen zu können, warum Gott heute das Angesicht des Terrorismus im Islam sichtbar werden lässt.

Der Geist Esaus und die Krise des Islam

Der Islam befindet sich in unseren Tagen in einer Krise. Was Esau und Ismael zusammenbrachte, verursacht nun eine Spaltung innerhalb des Islam. Einst wurden sie durch den Schrei Ismaels und den Schmerz Esaus vereint, heute erweisen sich diese beiden Dinge als Kräfte, die sie trennen. Gott lässt den Geist Esaus im Angesicht des Terrorismus sichtbar werden. Terrorismus und Islam haben sich in unserer heutigen Welt zu Synonymen entwickelt. Der Geist Esaus ist der Geist des Terrorismus im Islam.

Es gibt heute zwei Gruppen von Menschen im Islam: diejenigen, deren Herzen der Schrei Ismaels erfüllt, und diejenigen, die Esaus Absichten im Herzen tragen. Ich meine damit nicht Sunniten und Schiiten, sondern zwei verschiedene Herzenshaltungen unter den Muslimen. Eine Gruppe bildet die Mehrheit der Muslime, nämlich diejenigen, deren Herzen erfüllt sind vom Schrei Ismaels. Dieser Schrei ist Ausdruck der Sehnsucht, vom Vater akzeptiert und geliebt zu werden, ein Erbe zu besitzen, den Segen des Vaters zu empfangen, Anerkennung zu finden und ein Erbteil zu erhalten. Dies ist der Schrei im Herzen der Mehrzahl der Muslime heute. Sie sehen den Terrorismus und begreifen, dass der Islam keine Antwort hat auf den Schrei in ihren Herzen. Sie befinden sich weiter in einer geistlichen Wüste, hungern und dürsten und halten Ausschau danach, dass Gott auf die Krise des Islam reagiert.

Ismaels Schrei und Esaus Schmerz, die sie einst zusammenbrachten, trennen sie nun.

Die andere Gruppe besteht aus Muslimen, die den Geist Esaus angenommen und ihr natürliches Erstgeburtsrecht an den Terrorismus verkauft haben und keinerlei Achtung vor dem Leben besitzen. Sie sind bereit, sich eine Bombe um den Bauch zu schnallen und in der Hoffnung zu sterben, im Paradies umgeben von 72 Jungfrauen aufzuwachen. Dieser Geist hat kein Interesse an Frieden, sondern an Terrorismus bis zum Tod. Dieser Geist existiert seit vielen Generationen. Zu dieser Gruppe gehören die Terroristen und diejenigen, die mit ihnen sympathisieren. Glücklicherweise ist diese Gruppe in der Minderheit.

Um den Terrorismus besser verstehen zu können, müssen wir mehr über Esau erfahren. Dieser Geist ist wegen des Segens, den Isaak auf Jakob statt Esau gelegt hat, von Hass auf Israel geprägt. Esau wurde Vater Edoms und somit Vater der Edomiter. Der Islam fand durch Ismaels Sohn Kedar, den Vorfahren des Propheten des Islam, Eingang in die große Nation Ismaels und die Nation Esaus.

In 1. Mose 36, 1 heißt es: „Und dies ist die Generationenfolge Esaus, das ist Edom.“ Wir sollten zwei Dinge über Edom festhalten: 1. Edom ist ein *Volk*, es besteht aus Esau und seinen Nachkommen. 2. Edom ist auch eine *Region*, das Land, in dem Esau lebte. Das Land Edom liegt im heutigen südlichen Jordanien – gegenüber der Südspitze Israels. Von diesem Land und diesem Volk ist hier gerade die Rede.

Es gibt in der Bibel Belege dafür, dass diese Einstellung, dieser Geist des Krieges weiterhin auf ihren Nachkommen lag, obwohl Jakob und Esau Frieden miteinander geschlossen hatten. Zum Beispiel heißt es in Psalm 137, 7: „Herr, denk doch daran, was die Edomiter an dem Tag taten, als die babylonischen Heere Jerusalem eroberten. Sie schrien ‚Zerstört es! Macht es dem Erdboden gleich!‘“ *(NL)*. Es wird in der Bibel berichtet, dass, als die Babylonier heranzogen und Jerusalem einnahmen, die Edomiter, also die Nachkommen Esaus, den Babyloniern halfen und nach Jerusalem hineingingen und dort die ganze Beute an sich nahmen, und damit Jakob und seine Nachkommen, also die Israeliten, ausnutzten und misshandelten.

Es hat in dieser Hinsicht stets ein Problem gegeben – daher sind die prophetischen Worte über Edom in der Schrift als sehr schwerwiegend einzustufen. In den in der Bibel aufgezeichneten prophetischen Worten über Esau und seine Nachkommen wird sehr negativ über sie gesprochen.

Ismaels Nachkommen haben den Islam angenommen, weil sie darin nach der Antwort auf den Schrei in ihren Herzen suchten, und die Nachkommen Esaus nahmen den Islam als Mittel an, durch das sie zum Ausdruck bringen, was in Esaus Herzen war. Heute kommt der Geist Esaus durch den islamischen Terrorismus zum Ausdruck. Die Herzenshaltung und der Geist Esaus existieren heute auch unter den Nachkommen Ismaels. Dieser Geist hasst Jakob (Israel) und will ihn töten.

Der Schrei in den Herzen der Muslime geht zurück auf die Zeit vor 4.000 Jahren und auf das, was im Herzen Ismaels geschah. All dies war lange Zeit vor der Entstehung des Islam. Dieser Schrei hallt noch immer in den Herzen der Muslime auf der ganzen Welt wider. Während der Terrorismus, der das Angesicht des Islam mit prägt, als solcher entlarvt wird, hat der Schrei in den Herzen der Muslime noch keine Antwort gefunden.

Was die Propheten sagen

> *Und es werden die Geretteten vom Berg Zion kommen, um das Gebirge Esau zu richten, und die Königsherrschaft wird des Herrn sein.*
>
> Obadja 1, 21 *(Luther)*

Das ganze Buch Obadja ist eine Vision, die der Prophet über die Gegenwart, Vergangenheit und Zukunft Esaus und seiner Nachkommen empfing. Esau und seine Nachkommen freuten sich in einer Weise über die Vernichtung und Gefangenschaft Israels, die starke Ähnlichkeiten aufweist zu dem Jubel, mit dem die Terroristen unserer Zeit die Vernichtung ihrer Feinde feiern. Das Wort „Geretteten" in Vers 21 verdient besondere Beachtung, damit sind Menschen gemeint, die an Jesus glauben, den Messias.

> *Wegen des an deinem Bruder Jakob verübten Frevels lastet Schande auf dir, und du wirst auf ewig vernichtet. Damals, als du dabeistandest, als Ausländer sein Hab und Gut wegschleppten und Fremde in seine Tore einzogen und das Los über Jerusalem warfen, da bist auch du wie einer von ihnen gewesen. Und doch hättest du deine Lust nicht sehen sollen am Tage deines Bruders, am Tage seines Missgeschicks, und hättest keine Schadenfreude über die Kinder Juda am Tage ihres Untergangs empfinden und deinen Mund nicht weit aufreißen dürfen am Tage ihrer Not! Du hättest nicht in das Tor meines Volkes einziehen sollen am Tage seines Unglücks und auch nicht deine Lust sehen am Tage seines Unglücks, noch deine Hand nach seinem Hab und Gut ausstrecken dürfen am Tage seines Unglücks!*
>
> Obadja 1, 10–13 *(Menge)*

Dies ist ein erneuter Beleg dafür, dass die Nachkommen Esaus weiter Krieg geführt haben gegen Jakob. Der Hass bleibt. Der Hass, der in Esaus Herz geboren wurde, lebt heute in einer kleinen Gruppe fundamentalistischer, militanter Muslime weiter. Diese Gruppe wird von diesem hasserfüllten Geist getrieben. Unser Kampf ist nicht gegen Fleisch und Blut, sondern gegen Mächte in der geistlichen Welt. Dieser Geist treibt die militante Gruppe an und versucht, die wahre Bestimmung der Muslime zu verschleiern.

Warum ist dies ein wichtiger Schlüssel zum Verständnis des Terrorismus? In der Bibel heißt es in Amos 1, 11: „So hat der Herr gesprochen: ‚Wegen der drei, ja vier Freveltaten der Edomiter mache ich es nicht rückgängig! Weil sie ihr Brudervolk mit dem Schwerte verfolgt und ihr Mitgefühl erstickt haben, weil sie ihrem Zorn immerfort freien Lauf gelassen und an ihrem Ingrimm beständig festgehalten haben'" *(Menge).*

Der Friede hatte keinen Bestand – Hass pflanzte sich fort unter den Nachkommen Esaus und fand unter den Muslimen Verbreitung.

Die Bibel – Heilmittel für Terrorismus

Denn unser Kampf ist nicht gegen Fleisch und Blut, sondern gegen die Gewalten, gegen die Mächte, gegen die Weltbeherrscher dieser Finsternis, gegen die geistigen Mächte der Bosheit in der Himmelswelt.

Epheser 6, 12

Ich habe bereits vor langer Zeit gelernt, dass das, was der Geist geplant hat, auf der Erde durch Gebet hervorgebracht wird. Das Wort Gottes steht im Himmel unverrückbar fest in Ewigkeit, muss aber auf der Erde etabliert werden. Wir müssen als Volk Gottes in Übereinstimmung mit Gottes Plänen beten, damit sie auf der Erde Wirklichkeit werden. Wir müssen mithilfe von Gebet Autorität über den Geist Esaus ausüben. Wenn wir beten, deckt Gott die hinterlistigen Pläne des Feindes auf und bereitet den Weg, dass geschieht, was er geplant hat. Wie Wächter eine Stadt bewachen, wachen im Reich Gottes die Wächter und beten im Geist gegen alle Mächte und Gewalten. Sie können erkennen, was der Feind zu tun versucht, und im Gebet für die eintreten, die in Gefahr sind.

Es gibt heute zahlreiche Menschen mit dem Herzen Esaus, die ihr Erstgeburtsrecht verkauft haben. Als Jakob geboren wurde, hielt er die Ferse Esaus umfasst. Seither möchte Esau mit seiner Ferse Jakob zermalmen, aber der Gott Jakobs (Israels) wird den Geist Esaus zermalmen.

Im Hebräerbrief ist zu lesen, dass wir auf den Berg Zion kommen müssen, zur Stadt des lebendigen Gottes, dem himmlischen Jerusalem, und zu einem unerschütterlichen Reich. Die Retter auf dem „Berg Zion" sind Gläubige, die verstanden haben, welche Autorität in dem Reich herrscht, das sie repräsentieren. Ihnen ist klar, dass die Reiche dieser Welt zu Reichen des höchsten Gottes werden. *Der Berg Esaus* ist ein Bild für die Herrschaft Esaus, den Geist Esaus, also den Geist des Terrorismus im Islam unserer Tage.

Ismael wird errettet, Esau gerichtet.

Gläubige müssen ausgehend von ihrer Autoritätsposition in Christus beten und so den Weg dafür bereiten, dass Gott in seiner Macht den Geist Esaus in unseren Tagen zermalmt.

> *Der Gott des Friedens aber wird in kurzem den Satan unter euren Füßen zertreten.*
>
> Römer 16, 20

Der Geist Esaus hofft, die Identität Ismaels verborgen halten und verhindern zu können, dass geschieht, wozu Ismael bestimmt ist. Gleichzeitig versucht dieser Geist des Terrorismus, die Gemeinde mithilfe von Angst so zu lähmen, dass sie sich nicht um die Muslime bemüht. Dieser Geist hält zahlreiche Menschen gefangen und missbraucht den verborgenen Schatz Ismaels.

Viele Menschen konzentrieren sich auf Esau, während Gott darauf wartet, den Schrei Ismaels zu hören, damit er den Muslimen das Angesicht Jesu Christi zeigen kann.

Denn so hat der Herr zu mir gesprochen: Noch ein Jahr, wie des Tagelöhners Jahre sind, dann soll alle Herrlichkeit Kedars untergehen. Und von den Bogenschützen Kedars sollen nur wenige übrig bleiben; denn der Herr, der Gott Israels, hat's gesagt.

Jesaja 21, 16–17 *(Luther)*

Kedar war der zweite Sohn Ismaels und der Vorfahr Mohammeds, des Propheten des Islam. Man kann den Eindruck gewinnen, dass mit den erwähnten Bogenschützen die Terroristen unserer Tage beschrieben werden. Der Charakter des Geistes Esaus ist der eines Jägers und Bogenschützen, der sich seine Opfer sucht und ohne Rücksicht auf den Wert ihres Lebens angreift. Esau hat seinen Zorn auf Jakob immer bewahrt und das Symbol für seinen Zorn war schon immer das gegen Israel gerichtete Schwert.

Der Geist Esaus ist der Geist des Terrorismus im Islam unserer Tage.

So spricht der Herr: Wegen drei Verbrechen von Edom und wegen vier werde ich es nicht rückgängig machen, weil es seinem Bruder mit dem Schwert nachjagt und sein Erbarmen erstickt hat und weil sein Zorn beständig zerfleischt und sein Grimm dauernd wacht.

Amos 1, 11

Das Schwert, das im Islam und unter den Muslimen eine umstrittene Rolle spielt, geht auf den Geist Esaus zurück. Dieser Geist hat die Bestimmung der Muslime verborgen gehalten und uns taub und blind gemacht für den Schrei und das wahre Antlitz Ismaels. Gott streckt sich mit einer Hand nach Ismael aus und richtet mit der anderen den Geist Esaus. Der Geist Esaus sucht nach neuen Anhängern, und eine ganze Generation von Muslimen steht im Tal der Entscheidung und ist frustriert, weil ihr Schrei kein Gehör gefunden hat.

Berichte über Terrorismus gehören heute mittlerweile zum Alltag. Überfall muslimischer Terroristen auf christliche Familien in Palästina. Gewalt in Australien. Hunderte zerstörte Autos in Frankreich wegen frustrierten, aufgebrachten Jugendlichen. Und jahrzehntelange willkürliche Gewalt gegen Juden. Seit dem 11. September 2001 steht der Terrorismus immer wieder im Mittelpunkt des Interesses. Die Herzen der Gläubigen und Gemeinden sind von zahlreichen Fragen erfüllt: Was sollten wir gegen den Terrorismus unternehmen? Worum geht es bei alledem eigentlich? Was sind die Ursachen, wo liegen die Gründe? Wie sollen wir darauf reagieren und damit umgehen?

Zunächst müssen wir die Dinge aus Gottes Perspektive betrachten. Wir müssen hören, was Gott sagt, und nicht, was in den Medien kolportiert wird, was Fernsehberichterstatter sagen oder Zeitungen drucken. Wenn man Gottes Perspektive nicht kennt, worauf gründen sich dann letzten Endes die eigenen Entscheidungen? Wir müssen wissen, was der Geist Gottes sagt und was in seinem Wort steht, wenn wir in Zeiten wie der heutigen leben.

Der Islam wird von einer Krise erschüttert – und diese Krise ist der Terrorismus. Es hat einen Grund, dass das Angesicht des Terrorismus enthüllt wird und als Islam erscheint. Gott lässt zu, dass das Angesicht des Terrorismus enthüllt wird, damit die Welt dieses Gesicht sieht und auch die Muslime es sehen und sich fragen, ob dies der Islam ist, zu dem sie sich bekennen – ist er wirklich das, was sie wollen?

Jesus ist die Antwort.

Die Strategien Satans

Es ist notwendig, Einblicke zu gewinnen in Satans Strategien. Zunächst ist es sein Bestreben, eine Generation junger Menschen für sich zu gewinnen, die desillusioniert im Tal der Entscheidung steht, während sich der Islam mitten in einem Umgestaltungsprozess befindet.

Heute stellt eine ganze Generation Fragen über den Terrorismus, aber sie findet nicht *die* Antwort. Es ist an der Zeit, dass wir ihnen *die* Antwort geben. Wir müssen den Menschen das Evangelium nahebringen, bevor der Geist des Terrorismus sie auf seine Seite zieht.

Warum sollten sie von Terroristen und ihren zerstörerischen Plänen angezogen werden? Warum sollte so etwas für eine junge Generation attraktiv sein? In 1. Mose 27, 42 heißt es: „Siehe, dein Bruder Esau will an dir Rache nehmen und dich erschlagen." Es lag für Esau ein *gewisser Trost* in dem Plan, seinen Bruder zu töten. Dies ist natürlich nur ein Pseudotrost, den der Geist des Terrorismus bietet – ein Gegengift für die Desillusionierung, die unter jungen Muslimen herrscht.

Diese jungen Menschen sind der Meinung, ihnen stünde der Himmel offen, und sie empfinden eine tröstliche Zufriedenheit, wenn sie so handeln, weil sie meinen, sie würden Gott einen Dienst erweisen. Sie meinen, sie würden etwas Heiliges tun. Sie glauben, sie sterben für die Sache des Islam. Sie wollen ewiges Leben erlangen – und es unter keinen Umständen verpassen.

Junge Menschen werden von solchen Perspektiven angezogen – und hierin liegt ein Problem für Christen und Juden. Wir erinnern uns daran, dass der durchschnittliche Muslim etwa 30 Jahre alt ist, und dies ist die Altersgruppe, in der der Feind Menschen zu gewinnen sucht.

Satan versucht außerdem, die Gemeinde taub zu machen für den Schrei Ismaels und die Bestimmung Ismaels zu verschleiern. Gott möchte, dass sich die Gemeinde des Schreis im Herzen Ismaels bewusst wird, damit die Gemeinde beten und Ismael in der Fürbitte vor Gott bringen kann, damit dieser Schrei zum Leben erweckt werden und an Gottes Ohr dringen kann.

Wir stehen also heute vor der schwierigen Frage, wie man die Strategie des Feindes am besten durchkreuzen und ihn besiegen kann. Wenn Gott einen Plan für ein Volk, eine Nation oder eine Menschengruppe hat, hat der Feind stets eine Strategie, um diesen Plan zu durchkreuzen, gegen ihn zu arbeiten oder seine Umsetzung hinauszuzögern. Er kann die Umsetzung des Planes letztendlich nicht verhindern, aber er kann sie behindern. Ich denke, dass dies derzeit auf der Erde mithilfe des Terrorismus geschieht – dies ist die Strategie des Feindes, um mehr Menschen von der erlösenden Gnade Christi abzulenken und wegzuziehen.

Die Gemeinde muss dafür beten, dass diese Strategien enttarnt werden, damit die Bestimmung der Muslime nicht länger verborgen bleibt, sondern offen zutage tritt und ihr Schrei zum Leben erweckt wird.

Die Bestimmung der Muslime ist verschleiert gewesen, sodass wir taub waren für den Schrei Ismaels.

Als Gott begann, zu mir über Terrorismus zu sprechen, sagte er, das Ende des Terrorismus würde dadurch eingeleitet, „dass der Tag kommt, an dem die Terroristen beginnen, ihre eigenen Leute umzubringen“. Er sagte, es würde wie bei Hitler sein, dessen Ende kam, weil er keine Rücksicht nahm auf sein eigenes Volk und sie im Verlauf seines Weltkrieges verheizt und abgeschlachtet wurden. Das Gleiche gilt für Saddam Hussein. Sein eigenes Volk kümmerte ihn nicht, die Menschen hungerten und starben.

Gott sagt, es kommt eine Zeit, in der Terroristen Muslime töten. Sie werden Moscheen sprengen und obwohl die Menschen sagen, dies sei unmöglich, wird es geschehen. Warum? Weil sie von einem Geist getrieben werden, einem Geist, der kein Ende kennt. Wenn der Teufel entlarvt wird, verliert er die Kontrolle über sich und kann nicht mehr aufhören. Der Geist des Terrorismus wird stärker werden, bevor er untergeht. Er wird entscheidend geschwächt werden, aber zunächst wird er an Einfluss gewinnen.

Gebet

Hierauf sagte der Engel, der mit mir redete, zu mir: „Mache folgende Verkündigung bekannt: ‚So hat der Herr der Heerscharen gesprochen: Ich bin mit großem Eifer für Jerusalem und für Zion erfüllt und hege heftigen Zorn

> *gegen die sorglos dahinlebenden Heidenvölker, die, während ich über Israel ein wenig erzürnt war, ihrerseits zum Unheil mitgeholfen haben.'"*
>
> Sacharja 1, 14–15 *(Menge)*

Der Prophet Sacharja hatte acht Visionen, die anscheinend alle gleichzeitig kamen. Er sagt uns beispielsweise, dass Israel das Erscheinen Jesu versäumt hätte. Sie kehrten Gott den Rücken, hingen sich an ihre Götzen und andere Dinge und kamen schließlich in große Bedrängnis. Dann sagt er, dass einige Menschen auftraten und diese Bedrängnis noch größer machten, weil sie Hass in ihrem Herzen hegten. Ich glaube, diese Stelle bezieht sich auf Esau und Edom und den Geist des Terrorismus. Und sie beschreibt, was heute geschieht.

Die Welt fragt ständig: „Was wird als Nächstes geschehen? All diese Terroristen tun all diese Dinge in Jerusalem und Israel ... wird Gott kommen und sie richten und bestrafen und sie vernichten? Was wird geschehen?"

Bevor der Tag des letzten Gerichts kommt, werden sich bestimmte Dinge schrittweise entwickeln. Dazu gehört, dass Gott sich in seiner Gnade ausstreckt zu denen, die den Schrei Ismaels in sich tragen und vom Geist Esaus gefangen gehalten werden, sie schützt und bewahrt und aus ihrer Gefangenschaft befreit. Der Geist Esaus möchte diesen Geist des Terrorismus sowie Gewalt in den Mittelpunkt stellen und die Aufmerksamkeit auf sich lenken.

Wir müssen gegen diesen Geist beten und gleichzeitig die Menschen, die den Schrei Ismaels in ihrem Herzen tragen, zur Errettung führen. Wir müssen ihnen den Kelch der Gnade anbieten, bevor die Lage eskaliert und wir uns der mitternächtlichen Stunde der Endzeit nähern. Gleichzeitig müssen wir uns an die beiden Kelche erinnern – den Kelch des Zorns, der bald überfließen wird, und den Kelch der Gnade, der in den vergangenen 2.000 Jahren übergeflossen ist, während Gott die Umsetzung seines Planes vorantrieb.

Die Endzeit

Ich empfehle dir wärmstens, das ganze Buch Obadja zu lesen und genau zu studieren – es wird darin ein Bild der derzeitigen Lage und künftiger Geschehnisse gezeichnet. Wir bereits erwähnt, heißt es in Vers 21: „Und es werden die Geretteten vom Berg Zion kommen, um das Gebirge Esau zu richten, und die Königsherrschaft wird dem Herrn sein" *(Luther)*. Ein Berg ist in gewisser Weise ein Bild für Regierungsgewalt und königliche Autorität. Obadja spricht über den Herrschaftsbereich und die Regierungsgewalt des Berges Esaus.

Dieser Vers könnte auch Auswirkungen der Wiederkunft des Herrn beschreiben, wenn er mit all seinen Heiligen wiederkommt. Es könnte die endgültige Vernichtung gemeint sein. Im Buch Obadja finden wir vieles, was sich noch entfalten wird. Ich glaube, dass vor dem endgültigen Tag des Herrn die Welt nicht vollkommen zerstört sein wird, und dass dieser Tag der Zeitpunkt des Gerichts sein wird. Bis dahin kann es von der Gemeinde, die gottgegebene Autorität besitzt, aufgehalten werden.

Die Gemeinde muss ihre Autorität wahrnehmen, indem sie erkennt, dass sie in Christus in eine Autoritätsposition eingesetzt ist, und, während sie Satan zurückhält, durch Gebet und Fürbitte an Boden gewinnen und die Menschen ins Reich Gottes bringen. Mit anderen Worten treten wir, die Gemeinde, in den Riss für diese Menschen.

Wir müssen erkennen, was Gott in seinem Herzen für die Muslime empfindet, aber es ist ebenso erforderlich, dass wir die Enttarnung des Feindes erleben. Sobald der Feind durch Gottes Licht enttarnt wird, ist die Schlacht bereits zur Hälfte gewonnen, weil der Feind nun keinen Vorteil mehr hat – wir können ihn nämlich sehen. Katastrophen wie der 11. September werden uns nicht mehr überraschen, weil wir uns aktiv dafür einsetzen werden, sie zu verhindern. Wir können nicht vor dem Fernseher sitzen und sagen: „Oh nein, was werden wir nur tun? Oh Herr, was werden wir nur tun?" Nein, wir ergreifen die Initiative und übernehmen die uns zugedachte Rolle. Wir sind die Gemeinde, wir werden Autorität ausüben. Wir werden aktiv.

Wir werden gegen den Geist des Terrorismus vorgehen, von dem wir mittlerweile wissen, dass er der Geist Esaus ist, und wir werden ihn in den Griff bekommen, damit Muslime ins Reich Gottes kommen können. Der Geist Esaus hält sie gefangen und hindert sie daran, errettet zu werden. Dies ist der Geist, der *in der geistlichen Welt* angegriffen werden muss. Wir können dies tun, indem wir Autorität ausüben, das Wort des Herrn verkünden und proklamieren, was er uns aufträgt.

Wenn du für Muslime betest, wird der Heilige Geist dich leiten, effektiv für den Schrei im Herzen Ismaels zu beten. Die Gemeinde muss Autorität ausüben, wir müssen unseren Teil tun, damit alle Menschen zu Jesus kommen. Wenn wir es tun, werden sogar Terroristen zu Jesus kommen.

Als ich in Nigeria vor einigen Pastoren predigte, gab ein Mann Zeugnis und erzählte, dass er einmal ein Terrorist gewesen war. Als er sich bekehrt hatte, wurde seine Frau ermordet, und man versuchte, auch ihn umzubringen. Später führte er den Terroristen zum Herrn, der seine Frau getötet und auch ihn so schwer verletzt hatte, dass er ihn für tot gehalten hatte. Sein ehemaliger Todfeind ist nun ein wiedergeborener Evangelist. Hier hat wirklich eine tief greifende Veränderung stattgefunden, nicht wahr?!

Einzig und allein die Liebe Jesu kann solche Wunder hervorbringen. Man kann es kaum fassen, aber ich weiß, dass es wahr ist. Unterschätze weder Gott noch was er zu tun versucht.

Der Feind bringt Terrorismus auf die Tagesordnung, weil es an der Zeit ist, dass die Muslime ins Reich Gottes kommen. Terrorismus bewirkt, dass die Welt und die Gemeinde sagen: „Wendet euch von den Muslimen ab. Es hat keinen Sinn. Lasst uns sie loswerden!" Gott möchte aber, dass die Gemeinde aufwacht und begreift, dass er die Muslime weder vergessen noch verlassen hat, sondern vielmehr einen Plan für sie hat. Und er möchte, dass die Gemeinde sich an der Umsetzung seines Planes beteiligt.

Der Feind möchte Ismael nicht nur seine Bestimmung rauben, sondern ihm auch seine finanziellen Mittel nehmen. Nach Angaben des Institute for the Analysis of Global Security (Institut für die Analyse der globalen Sicherheit) liegen im Nahen Osten 64 Prozent der Ölvorräte der Welt.[1] Finanzielle Mittel aus Teilen dieser Region fließen in die Finanzierung des Terrorismus.

Gott hat Ismael gesegnet. Aber hier haben wir es mit einer weiteren Taktik zu tun, mithilfe derer der Feind versucht, Ismael um seine Bestimmung zu bringen und Gottes Pläne für die Muslime zu vereiteln. Unsere Gebete sollten sich auch auf diesen Schlüsselbereich konzentrieren, weil der Feind keinen Erfolg haben kann, wenn ihm die Mittel zur Finanzierung der Terroristen fehlen.

Gottes Plan

Gottes Plan wird den Terrorismus als das entlarven, was er eigentlich ist. Der Terrorismus wird zerfallen und zugrunde gehen –, aber zunächst wird er zunehmen. So manches Land gestattet den Muslimen den Zutritt und versucht, sie auf diese Weise zu besänftigen und terroristische Anschläge abzuwenden. Aber die fundamentalistischen, radikalen Muslime nutzen die Freiheiten aus, die sie in den Ländern der freien Welt genießen, was nur noch größeren Anlass zur Sorge gibt.

Wie können wir unsere Städte vor Terrorismus schützen? Ihr, die Gemeinde, ihr seid das Licht, ihr seid der Leuchtturm der Stadt (siehe Mt. 5, 14–16). Terrorismus ist eine ernst zu nehmende Gefahr – für jedes Land.

Als ich anfing, über diese Dinge in unserer kanadischen Fernsehsendung zu berichten, erhielt ich eine E-Mail von einem bekannten Pastor, der eine Vision gehabt hatte. In dieser Vision sah er einen am Boden liegenden Christen, der von Muslimen verprügelt wurde. Der Herr sprach zu dem Pastor und sagte, diese Art der Verfolgung würde dieses Land ereilen, wenn wir nicht in den Ordnungen des Herrn lebten. Offenbar werden die Muslime in dieser Weise gebraucht werden.

Die USA, Kanada und England haben wie die anderen Nationen eine Bestimmung in Christus. Die Muslime haben beschlossen, in den Ländern der freien Welt die Herrschaft zu übernehmen, und sie arbeiten fieberhaft auf dieses Ziel hin. Die Muslime sind der Meinung, sie besäßen das Recht, den Dschihad, den Heiligen Krieg gegen die Ungläubigen auszurufen, wenn ein muslimisch gewordenes Land versucht, sich wieder vom Islam abzuwenden.

Wir wissen, dass Gott einen Plan hat, aber wir sollten uns auch bewusst machen, wie ernst diese Dinge sind, vor die sich die Welt gestellt sieht. Wir brauchen in dieser Sache eine ausgewogene Haltung: Ohne Angst zu zeigen, sollten wir wissen, was geschieht. Stelle deinen geistlichen Radar richtig ein. Wir müssen Gerechtigkeit wieder einen Platz in unseren Ländern geben und die Menschen in den Gemeinden müssen strategisch darauf hinarbeiten, dass in unseren Nationen ein Kurswechsel eingeleitet wird. Die Möglichkeit, Veränderungen zu bewirken, wird uns nur eine kurze Zeit gegeben sein.

Prophetische Hoffnung – Gegengewicht zum Terrorismus.

Ich glaube, dass es einen Überrest gibt, der sich erheben und das Wort des Herrn hören wird. Es gibt einen Überrest, der wissen wird, was von Gott ist, und der in seinem Namen große Dinge tun wird. Es gibt einen Überrest, der in Leitungspositionen aufsteigen und mit großer Autorität ausgestattete Positionen erreichen wird, und diese Menschen werden die Bestimmung erfüllen, die Gott ihrem Leben gegeben hat. Du wirst dich wundern, wirst staunen und dich fragen, woher sie gekommen sind. Sie waren niemand, Menschen, die im Verborgenen wirkten und keine wichtigen Positionen bekleideten. Doch Gott wird sie aufstehen lassen und sie in Positionen gelangen lassen, die ihnen Einfluss geben. Sie werden strategisch vorgehen und Dinge auf den Weg bringen, die dazu beitragen, einen Kurswechsel im Land zu beginnen und es in seine gottgegebene Bestimmung zu führen.

Strategien des Terrorismus

Ich möchte sieben Strategien des Terrorismus unserer Tage beschreiben.

1. Satan möchte die Bestimmung der Muslime in der Endzeit verschleiern. Er will, dass die Gemeinde blind wird für die Pläne und Ziele Gottes mit der muslimischen Welt. Terrorismus ist wie ein Nebel, durch den die Gemeinde von ihrer Aufgabe abgelenkt werden soll. Terrorismus ist eine Realität und wir benötigen ein wirklich ausgewogenes Verhältnis zwischen dem Bewusstsein für die reale Bedrohung und der Hoffnung, die uns das Reden des Heiligen Geistes in unserer Zeit gibt.

2. Satan hat es darauf abgesehen, in einer Zeit, in der Gott den Schrei Ismaels zum Leben erwecken und darauf reagieren möchte, die Ohren der Welt für den Schrei Ismaels zu verschließen.

3. Satan will durch Furcht lähmen und die Liebe Gottes in den Hintergrund drängen. Er möchte die Gemeinde mithilfe von Furcht lähmen, damit sie sich nicht zu den 1,6 Milliarden weltweit lebenden Muslimen ausstreckt. Furcht hat eine Stimme, sie artikuliert sich durch die Verbreitung von Lügen und verzerrten Wahrheiten. Glaube wirkt durch Liebe, Unglaube durch Furcht. Wenn Liebe redet, spitzt der Glaube die Ohren. Wenn Furcht spricht, lauscht der Unglaube. Liebe spricht Wahrheit, Furcht Lügen. Wir unterstützen den Terrorismus, wenn wir in den Nachrichten, von den Kanzeln und auf anderen Kommunikationswegen lediglich das Böse und das drohende Unheil zur Sprache bringen.

4. Satan strebt danach, Ismael die natürlichen Ressourcen und finanziellen Mittel zu rauben, deren rechtmäßiger Besitzer Ismael aufgrund des Segens, mit dem Gott ihn gesegnet hat, ist. Diese Schätze sind für die Endzeit bereitgelegt, um damit die Ausbreitung des Evangeliums zu finanzieren. Wenn Ismael in materieller, geistlicher und geistiger Hinsicht arm gehalten

wird, wird dadurch die Unentschlossenheit festgeschrieben, die Satan sich wünscht.

5. Satans Ziel ist es, eine Generation von desillusionierten Jugendlichen zu rekrutieren. Der Geist Esaus bietet ihnen in der Form von Gewalt und Tod einen verführerischen Pseudotrost an.

6. Satan plant, Ismael das geistliche Erbe zu rauben, das aufgrund der Gnade Jesu Christi für Ismael bereitgelegt ist. Esau war ein Lästerer, verlor sein Erstgeburtsrecht und seinen Anspruch auf das Erbe und versäumte aufgrund von Bitterkeit die Gnade Gottes. Dieser Geist Esaus möchte, dass Ismael dasselbe geschieht, und versucht gleichzeitig, Jakob zu töten (siehe Hebr. 12, 15–17).

7. Satan setzt alles daran, Nordamerika und den Rest der westlichen Welt mit Hoffnungslosigkeit zu erfüllen. In der Bibel heißt es, dass Hoffnung, die sich lange hinzieht, das Herz krank macht, aber ein erfülltes Verlangen wie ein Baum des Lebens ist (siehe Spr. 13, 12). Wo Hoffnung geraubt ist, hat unser Glaube kein Ziel mehr und unsere Liebe keine bleibenden Auswirkungen.

Es ist unerlässlich, die üblen Absichten des Terrorismus einerseits und die von der Bibel inspirierte prophetische Hoffnung auf die Errettung der Muslime andererseits in ausgewogenem Verhältnis zu sehen. Die Terroristen wollen Angst und Schrecken in die Herzen der Amerikaner säen und die Gemeinde mithilfe von Furcht lähmen. Sie werden von einer unsichtbaren geistlichen Macht getrieben und ihr Glaube wird von den verführerischen Lügen des Geistes Esaus angeheizt. Je häufiger wir die einseitigen Berichte über Terroristen hören, desto mehr neigen wir dazu, zu vergessen, was Gott in seinem Herzen für die Muslime empfindet, und lehnen es ab, mit ihm zusammenzuarbeiten. Wir müssen über die Vorgänge im Natürlichen hinausblicken und begreifen, dass wir Krieg führen gegen Mächte und Gewalten, gegen die Weltbeherrscher dieser Finsternis und gegen die geistigen Mächte der Bosheit in der Himmelswelt.

Vollkommene Liebe treibt alle Furcht aus. Während der Feind versucht, das Herz der Gemeinde zu verhärten und mit Hass auf die Muslime zu erfüllen, setzt Jesus seine Liebe in unseren Herzen frei, um sie weich zu machen, sodass wir hören können, was der Herr in unseren Tagen über *alle* seine Kinder zu sagen hat.

Zum Nachdenken

Die Mehrheit der Muslime wird nicht vom gewalttätigen Geist Esaus beherrscht. Satan möchte, dass wir meinen, alle Muslime würden uns etwas antun wollen. Hast du Angst vor Muslimen? Wenn wir dem Heiligen Geist gestatten wollen, sich durch uns zu den Muslimen auszustrecken, benötigen wir sowohl Gehorsam als auch Vertrauen – auf ihn, der plant, alle Menschen in sein Reich hineinzubringen.

Anmerkung

[1] http://www.iags.org/futureofoil.html

7

Ismael und Isaak finden wieder zueinander

Eine Offenbarung des Vaters

Unser liebevoller, himmlischer Vater hörte Ismaels Stimme, als er unter einem Strauch in der Wüste zurückgelassen worden war. Gott öffnete die Augen seiner Mutter Hagar, sodass sie einen Brunnen sah, dessen Wasser Ismael trinken konnte. Das ließ ihn überleben. Heute leben wir in einer Zeit, in der Ismael erneut zu Gott ruft. Gott wird seinen Schrei hören, ihm die Augen öffnen und ihm den Brunnen des ewigen Lebens, Jesus Christus, zeigen.

Die Gemeinde muss beten, dass Gott einen Schrei im Herzen der Muslime erweckt, der so intensiv ist, dass er das Herz des Höchsten bewegt. Wir als Gemeinde Gottes müssen so für Ismael beten wie eine Mutter es für ihr sterbendes Kind tun würde, denn Gott gebraucht die Gemeinde, um durch ihr Gebet die Pläne des Geistes in diese Welt zu bringen.

Wenn Gott heute den Schrei Ismaels hört, wird er die Gemeinde gebrauchen, um ihm Wasser aus dem Brunnen des ewigen Lebens zu geben. Wasser war erforderlich, um sein Leben damals in der Wüste vor dem Tod zu bewahren. Heute ist lebendiges Wasser erforderlich, um ihn vor dem Tod zu bewahren und ihm ewiges Leben zu geben. Gott wird die Bekehrung Ismaels gebrauchen, um die Gemeinde aufzurütteln, so wie er die Bekehrung des Saulus gebrauchte, um die Urgemeinde mitten in der Verfolgung aufzurütteln.

Das Lamm Gottes wurde vor Grundlegung der Welt geschlachtet, erschien auf der Erde aber erst, als die Zeit erfüllt war.

Gott wird Ismael gebrauchen, um die Gemeinde zu leidenschaftlicher Liebe zu Jesus Christus anzustacheln – das, wovon die Gemeinde sich abgewandt hat, wird Ismael sich zu eigen machen. Gott wird Ismael gebrauchen, um Israel zu neuer Leidenschaft für den Messias anzustacheln. Bisher ging es um das, was geschehen wird, um die Frage, warum dies wichtig ist für unsere Zeit, und um die Frage, auf wen es sich auswirken wird. Nun möchte ich darauf zu sprechen kommen, wie sich all dies entwickeln wird.

Zeit und Stunde

Der Plan Gottes wird in die Tat umgesetzt, wenn die Zeit reif ist. Das Lamm Gottes wurde beispielsweise vor Grundlegung der Welt geschlachtet, erschien auf der Erde aber erst, als die Zeit erfüllt und der richtige Zeitpunkt gekommen war. Der Plan Gottes steht im Himmel in Ewigkeit unverrückbar fest, auf der Erde kommt irgendwann der Zeitpunkt, ihn in die Tat umzusetzen. Gott handelt zu bestimmten, festgelegten Zeiten. Zu wissen, was Gott gesagt hat, ist eine Sache, aber es ist noch einmal etwas anderes, zu erkennen, welchen Zeitpunkt Gott für die Umsetzung nennt.

Zu einem Kairos-Zeitpunkt öffnet sich die Tür zu dem, was von Gott bestimmt ist, und das, was über lange Zeit verborgen war, wird offenbart. Wenn das Ewige sich Bahn bricht im Zeitlichen, ist der Zeitpunkt der Erfüllung des Wortes des Herrn gekommen. Sobald die Stunde gekommen und das Wort offenbart ist, brauchen wir nur noch zu reagieren. In der muslimischen Welt ist der Kairos-Zeitpunkt bereits angebrochen.

Ismael und Isaak

Nachdem Ismael aus dem Haus seines Vaters vertrieben worden war, sah er seinen Vater nur noch ein einziges Mal, nämlich als er ihn begrub. Das war auch das letzte Mal, dass Ismael und Isaak einander trafen. Seit dieser Zeit sind sie voneinander getrennt – bis heute. Es war der *Tod* ihres Vaters, der sie trennte. Nun werden sie aufgrund einer *Offenbarung* des Vaters wieder zueinanderfinden – es wird eine Versöhnung und Zusammenführung der Familie in Christus Jesus geben.

Weißt du, Gott liebt *alle* Menschen. Bei ihm ist kein Ansehen der Person. Wir müssen uns im Hinblick auf Juden und Muslime die richtige Perspektive bewahren. Ich habe erlebt, wie Menschen sagen, sie liebten die Juden, Ismael mögen sie aber nicht. Diese Menschen begreifen nicht, dass Ismael der Vorläufer für Isaak ist!

Wir können Israel nicht lieben, wenn wir Ismael nicht unterstützen können. Wir müssen uns zu eigen machen, was auf Gottes Herzen ist, weil wir im Gebet das Volk Israel darin unterstützen müssen, seine Bestimmung zu erreichen. Wenn dir die Erlösung Israels wichtig ist, wird es dir auch wichtig sein, dass ihnen die Augen geöffnet werden, indem sie die Errettung der Heiden sehen, was in ihnen das leidenschaftliche Verlangen anstacheln wird, den Messias zu sehen. Sie werden sich dann mit der Freude des Herrn freuen, die ihnen verloren gegangen war, weil sie, die die Ersten waren, nun die Letzten geworden sind.

Ismaels Mutter war Ägypterin. Ismael heiratete eine Ägypterin. Ägypten ist heute ein muslimisches Land. Wenn Ismael sich bekehrt, wird dies in Ägypten zu einer Massenbewegung führen. Ägypten wird bei der Errettung der Muslime mächtig gebraucht werden. Gott hat dieses Land nicht vergessen und er wird in der gesamten Region in und um Ägypten handeln. Gott wird im Iran und in der Türkei handeln und viele Länder im Nahen Osten werden das Handeln Gottes erleben. Wir werden sehen, wie unter den Muslimen eine Ernte für das Reich Gottes eingebracht wird.

Das Handeln Gottes wird auch Europa erfassen. Gegenwärtig hat Europa in geistlicher Hinsicht einen sehr sensiblen Punkt erreicht. Es ist eine Zeit wichtiger strategischer Weichenstellungen und wir müssen das Evangelium nach Europa tragen. Ich bin sehr froh, dass

Gott uns zeigen wird, was wirklich los ist, damit wir als Gemeinde wissen, was zu tun ist – unser Gott ist wunderbar!

Die Offenbarung des Vaters wird Ismael und Isaak wieder zueinanderfinden lassen. Warum legte sich Finsternis über die Erde, als Jesus am Kreuz hing? Weil er, der von keiner Sünde wusste, zur Sünde wurde, damit wir durch ihn Gottes Gerechtigkeit würden (siehe Röm. 3, 22). Was tötete Jesus? Es war die Tatsache, dass Jesus nicht getrennt vom Vater leben konnte. In Johannes 6, 57 heißt es: „Wie mich der lebendige Vater gesandt hat und wie ich durch den Vater lebe …“ *(EÜ)*. Unser Leben war in seinem Blut, sein Leben war im Vater. Jesus kennt die Liebe des Vaters (siehe Joh. 17, 26).

In Römer 8, 37 heißt es: „In diesem allen sind wir mehr als Überwinder durch den, der uns geliebt hat.“ Je mehr Liebe du erlebt hast, desto größer ist deine Kraft, zu überwinden. Aus diesem Grund brauchen wir diese Liebe und benötigen die richtige, nämlich eine von Liebe geprägte Herzenshaltung. Bitte denke daran, dass jeder von uns nur ein Herz besitzt, und wenn du mit einer Volksgruppe auf dieser Erde ein Problem hast, begrenzt du letztendlich Gott in deinem Leben. Wir brauchen diese Liebe, weil wir durch sie mehr sind als Überwinder.

Durch Liebe sind wir mehr als Überwinder.

Aus diesem Grund gibt es eine Leere in den Muslimen, aus diesem Grund steckt in ihnen jener stumme Schrei. Diese Dinge hören erst auf, wenn die Muslime zur Liebe des Vaters kommen. Sie werden eine Offenbarung des Vaters verbreiten wie nie zuvor, weil sie genau wissen, wie es ist, von einem Vater verstoßen zu sein. Sie wissen, wie es ist, 4.000 Jahre in der Wüste zu leben und dann zu erkennen, wer der Vater ist.

Die Muslime werden zu den Juden gehen und ihnen berichten, wer der Vater ist. Es wird eine herrliche Offenbarung des Vaters sein. Viele Muslime haben von Jesus gehört, aber den Vater kennen sie nicht wirklich – Jesus sagte, er wäre gekommen, um den Vater zu offenbaren. Den Vater zu offenbaren, war ein Grund, aus dem Jesus kam.

In Matthäus 10, 19–20 heißt es, wir sollen uns keine Sorgen machen um das, was wir sagen sollen, wenn wir vor Herrscher und Könige geführt werden, weil nicht wir, sondern der Geist unseres Vaters in uns reden wird. In Galater 4 heißt es, dass er uns den Geist seines Sohnes in unsere Herzen gegeben hat, der da ruft „Abba, Vater". Der Geist des Vaters in deinem Herzen offenbart den Sohn. Der Geist des Vaters offenbart den Sohn und der Geist des Sohnes offenbart den Vater.

Wenn du zu Jesus kommst, zieht der Vater dich durch den Geist Gottes zu ihm. Es kommt auf den Vater an. Jesus weiß das und er kam, um seinen Vater zu offenbaren. Wenn wir in den Himmel kommen, wird uns der Vater eine Frage stellen. Welche Haltung hast du gegenüber meinem Sohn Jesus eingenommen? Jesus wird dich fragen, wie du dich gegenüber seinem Vater verhalten hast. Kennst du meinen Vater, kennst du meinen Vater, kennst du meinen Vater? Jesus wünscht sich von ganzem Herzen, dass wir seinen Vater erkennen und Gott ganz nahe kommen.

Ich glaube, dass Ismael eine Offenbarung des Vaters bekommen wird und dass er sie Israel bringen wird. Isaak wird zusammenbrechen, weinen und sagen: Ich wuchs beim Vater auf, mit mir wurde der Bund geschlossen, mir wurde alles gegeben, ich war der eigentliche Nachkomme, während du vertrieben und abgelehnt und aufgrund des Gesetzes verstoßen wurdest – aber du bist zurückgekommen mit einer Offenbarung des Vaters. Dann wird Israel rufen: „Sag mir, wer der Vater ist! Sag mir, wie ich ihn kennen lernen kann!"

Es ist unmöglich, den Schrei des menschlichen Herzens zu unterdrücken. Wenn er erst einmal erwacht ist, kann man ihn nicht zum Schweigen bringen, selbst wenn man sich noch so sehr anstrengt. Der Geist Gottes weiß, wie er das Herz eines Menschen erreichen kann. Aus diesem Grund sagt Jesus: „Ich werde euch zu Menschenfischern machen!" (Mk. 1, 17). Mit *Menschen* sind hier die *Herzen* der Menschen gemeint, nicht ihr *Intellekt*. Er weiß, wie er Herzen ins Reich Gottes bringt: Er geht auf den Schrei in den Herzen ein und zieht die Menschen durch den Heiligen Geist ins Reich Gottes.

Ismael

Gott segnete Ismael, aber seinen Bund schloss er mit Isaak. Isaak war das Kind der Verheißung, mit dem Gott seinen Bund als ewigen Bund schloss, der auch für all seine Nachkommen galt.

Als Muslim glaubte ich, dass Abraham Ismael mit sich zum Opferaltar nahm und nicht Isaak. Dies ist der Eckpfeiler des muslimischen Glaubens. Der Felsendom steht auf dem Berg, auf den Abraham seinen Sohn brachte. Im Folgenden wird die Wahrheit über Ismael und Isaak geschildert, wie sie in der Bibel aufgezeichnet ist. Jeder Muslim sollte wissen, was in der Bibel über Ismael und Isaak steht.

> *Und es geschah nach diesen Dingen, da prüfte Gott den Abraham. Und er sprach zu ihm: Abraham! Und er sagte: Hier bin ich! Und er sprach:* ***Nimm deinen Sohn, deinen einzigen, den du lieb hast, den Isaak****, und ziehe hin in das Land Morija, und opfere ihn dort als Brandopfer auf einem der Berge, den ich dir nennen werde! Da machte sich Abraham früh am Morgen auf, sattelte seinen Esel und nahm seine beiden Knechte mit sich und seinen Sohn Isaak. Er spaltete Holz zum Brandopfer und machte sich auf und ging an den Ort, den Gott ihm genannt hatte.*
>
> 1. Mose 22, 1–3

Abraham hatte Ismael und Hagar bereits verstoßen und ohne Erbteil in der Wüste zurückgelassen. Ismael wurde verstoßen, nachdem Isaak entwöhnt war – zu einem Zeitpunkt also, als Isaak höchstens drei Jahre alt war. Erst viele Jahre nachdem Ismael verstoßen worden war, beschloss Gott, Abraham zu prüfen. Ismael lebte überhaupt nicht bei Abraham! Bitte beachte, dass Gott Isaak bewusst als Abrahams „einzigen Sohn“ bezeichnete. Als Abraham in Sichtweite des Berges war, gingen er und Isaak allein weiter, um den Herrn anzubeten.

Am dritten Tag erhob Abraham seine Augen und sah den Ort von fern. Da sagte Abraham zu seinen Knechten: Bleibt ihr mit dem Esel hier! ***Ich aber und der Junge*** *wollen dorthin gehen und anbeten und zu euch* ***zurückkehren.***

1. Mose 22, 4–5

Ich weise ausdrücklich darauf hin, dass Abraham den Knechten sagte, er würde mit dem Jungen dorthin gehen und auch zurückkehren. Er hatte vor, mit Isaak zurückzukehren. Abraham glaubte, Gott würde Isaak von den Toten auferwecken, um die Verheißung zu erfüllen, die er ihm gegeben hatte („Nach Isaak sollen deine Nachkommen benannt werden" 1. Mo. 21, 12; *EÜ).*

Durch Glauben hat Abraham, als er geprüft wurde, den Isaak dargebracht, und er, der die Verheißungen empfangen hatte, brachte ***den einzigen Sohn dar,*** *über den gesagt worden war: „In Isaak soll deine Nachkommenschaft genannt werden", indem er dachte, dass Gott auch aus den Toten erwecken könne, von woher er ihn auch im Gleichnis empfing.*

Hebräer 11, 17–19

Im Hebräerbrief bezeichnet der Heilige Geist Isaak einmal mehr als Abrahams einzigen Sohn. Abraham erhielt durch den Glauben seinen Sohn gewissermaßen von den Toten zurück. In seinen Augen war Isaak bereits als Opfer für Gott dargebracht worden, für ihn war Isaak quasi schon tot. Ihm war es absolut ernst. Er hatte eine dreitägige Reise unternommen, Feuer, Holz und ein Messer mit sich geführt und war bereit, im Gehorsam das Opfer zu bringen.

Und Abraham nahm das Holz zum Brandopfer und legte es auf seinen Sohn Isaak, und in seine Hand nahm er das Feuer und das Messer. Und sie gingen beide miteinander. Da sprach Isaak zu seinem Vater Abraham und sagte: Mein Vater! Und er sprach: Hier bin ich, mein Sohn. Und er sagte: Siehe, das Feuer und das Holz! Wo aber ist das Schaf zum Brandopfer? Da sagte Abraham: Gott wird sich das Schaf zum Brandopfer ersehen, mein Sohn. Und sie gingen beide miteinander.

1. Mose 22, 6–8

Als Abraham seinem Sohn Isaak antwortete, sah er als Prophet Gottes in die Zukunft und verkündete, dass Gott selbst ein Lamm ausersehen würde. Er sprach prophetisch vom Lamm Gottes, das kommen würde, um die Sünden der Welt wegzunehmen.

> *Und sie kamen an den Ort, den Gott ihm genannt hatte. Und Abraham baute dort den Altar und schichtete das Holz auf. Dann band er seinen Sohn Isaak und legte ihn auf den Altar oben auf das Holz. Und Abraham streckte seine Hand aus und nahm das Messer, um seinen Sohn zu schlachten. Da rief ihm der Engel des Herrn vom Himmel her zu und sprach: Abraham, Abraham! Und er sagte: Hier bin ich! Und er sprach: Strecke deine Hand nicht aus nach dem Jungen, und tu ihm nichts! Denn nun habe ich erkannt, dass du Gott fürchtest, da du deinen Sohn, deinen einzigen, mir nicht vorenthalten hast. Und Abraham erhob seine Augen und sah, und siehe, da war ein Widder hinten im Gestrüpp an seinen Hörnern festgehalten. Da ging Abraham hin, nahm den Widder und opferte ihn anstelle seines Sohnes als Brandopfer.*
>
> 1. Mose 22, 9–13

Kurz bevor Abraham seinen Sohn töten wollte, rief ihn der Engel des Herrn und hielt ihn zurück. Gott gab Abraham einen Widder, den er anstelle seines Sohnes Isaak opferte.

> *Und der Engel des Herrn rief Abraham ein zweites Mal vom Himmel her zu und sprach: Ich schwöre bei mir selbst, spricht der Herr,* ***deshalb, weil du das getan und deinen Sohn, deinen einzigen, mir nicht vorenthalten hast****, darum werde ich dich reichlich segnen und deine Nachkommen überaus zahlreich machen wie die Sterne des Himmels und wie der Sand, der am Ufer des Meeres ist; und deine Nachkommenschaft wird das Tor ihrer Feinde in Besitz nehmen. Und in deinem Samen werden sich segnen alle Nationen der Erde dafür, dass du meiner Stimme gehorcht hast.*
>
> 1. Mose 22, 15–18

Abraham verweigerte Gott seinen einzigen Sohn Isaak nicht, als er sich auf dem Berg befand, auf dem er opfern sollte. Aus diesem

Grund schwor Gott bei sich selbst einen Eid, dass in Isaak alle Nationen der Erde gesegnet würden. Abraham hatte bereits die Verheißung erhalten, aber jetzt besaß er eine unwiderrufliche Garantie in Form eines Eides. Ismael war gesegnet worden, aber der Bund wurde mit Isaak geschlossen, dem Kind der Verheißung, und mit seinem Nachkommen.

Der Nachkomme

Gott spricht immer wieder von einem Nachkommen – nicht von allen Nachkommen Abrahams, sondern einem einzigen Nachkommen. Von diesem Nachkommen, auf den Gott in der Bibel immer wieder zurückkommt, war erstmals zur Zeit Adams die Rede. Nach dem Sündenfall sagte Gott, dass ein Nachkomme der Frau kommen und mit seiner Ferse Satan den Kopf zertreten würde. Jesus ist der Nachkomme der Frau, er ist auch der Nachkomme Abrahams, Isaaks und Jakobs. Er ist der Nachkomme Davids, er ist der verheißene Nachkomme, durch den die ganze Erde gesegnet wird.

... ein Sohn ist uns gegeben ...

Ein Kind ist geboren, aber ein Sohn gegeben

Denn uns ist ein Kind geboren, ein Sohn ist uns gegeben, und die Herrschaft ruht auf seiner Schulter; und er heißt Wunder-Rat, Gott-Held, Ewig-Vater, Friede-Fürst.

Jesaja 9, 5 *(Luther)*

Muslime begreifen nicht, wie es möglich ist, dass Jesus der Sohn Gottes ist. Sie nehmen an, dass die Christen glauben, dass Jesus zum Sohn Gottes wurde, nachdem er von der Jungfrau Maria geboren worden war. In der Bibelstelle aus Jesaja 9 ist von Jesus die Rede. Es heißt dort, dass uns ein Kind geboren, aber ein Sohn gegeben ist. Jesus wurde als Kind geboren, aber bereits bevor er auf die Erde kam und von einer Frau geboren wurde, war er der Sohn Gottes. Gott gab seinen einzigen Sohn. Der Sohn wurde gegeben, nicht geboren. Jesus war vor allen Dingen und existierte beim Vater und war im Vater, noch bevor irgendetwas geschaffen wurde.

> *Dieser ist das Ebenbild des unsichtbaren Gottes, der Erstgeborene, der über aller Schöpfung ist. Denn in ihm ist alles erschaffen worden, was im Himmel und was auf Erden ist, das Sichtbare und das Unsichtbare, seien es Throne oder Herrschaften oder Fürstentümer oder Gewalten: alles ist durch ihn und für ihn geschaffen; und er ist vor allem, und alles hat seinen Bestand in ihm.*
>
> Kolosser 1, 15–17 *(Schlachter)*

Alle Dinge wurden durch ihn und für ihn geschaffen und einzig und allein in ihm existieren sie. *Jesus ist das Wort Gottes.* Er ist das lebendige Wort Gottes.

> *Im Anfang war das Wort, und das Wort war bei Gott, und das Wort war Gott.*
>
> Johannes 1, 1

Im Anfang war das Wort. Der erste Teil des Verses geht zurück in die Ewigkeit, als Gott alles erschuf, das, was wir sehen, und das, was wir nicht sehen. Wir wissen, dass alles durch das Wort geschaffen wurde.

Das Wort war bei Gott. Der zweite Teil des Verses geht weiter zurück – in eine Zeit, in der noch nichts geschaffen war. Auch damals war das Wort bei Gott.

Das Wort war Gott. Der dritte Teil des Verses geht sogar noch weiter zurück – in eine Zeit, als das Wort in Gott war, bevor das Wort aus Gott hervorkam.

> ***Er** war am Anfang bei Gott. Durch **ihn** wurde alles geschaffen, was ist. Es gibt nichts, was er, das Wort, nicht geschaffen hat.*
>
> Johannes 1, 1–3 *(NL)*

In Vers 2 und 3 wird das *Wort* als „er“ bezeichnet. Wir können hieran erkennen, dass das Wort eine Person ist. Diese Person ist Jesus Christus, der Sohn Gottes. Er ist das Wort, das aus Gott kam, das Wort, das bei Gott war, und das Wort, durch das alles geschaffen wurde, sowohl das Sichtbare als auch das Unsichtbare. Er ist das Bild des unsichtbaren Gottes, das Ebenbild des Vaters und der Glanz der Herrlichkeit Gottes. Hier ist von Jesus die Rede, wie er war, bevor er auf die Erde kam. Diese Person, das Wort, kam in die Welt, die von ihm gemacht wurde, zu einem Volk, dem er Licht (Leben) gab, aber die Menschen erkannten ihn nicht.

> *Das wahre Licht, das jeden Menschen erleuchtet, kam in die Welt. Er war in der Welt, und die Welt ist durch ihn geworden, aber die Welt erkannte ihn nicht.*
>
> Johannes 1, 9–10 *(EÜ)*

Dieses Wort wurde Fleisch und nahm die Gestalt menschlichen Fleisches an, um unter uns zu leben. Dieses Wort wurde von einer Jungfrau geboren und kam als Mensch und lebte unter uns.

> *Und das Wort ist Fleisch geworden und hat unter uns gewohnt, und wir haben seine Herrlichkeit gesehen, die Herrlichkeit des einzigen Sohnes vom Vater, voll Gnade und Wahrheit.*
>
> Johannes 1, 14 *(EÜ)*

Dieses Wort offenbarte uns die Herrlichkeit des unsichtbaren Gottes. Dieses Wort ist eine Person und sein Name lautet Jesus Christus.

> *Denn aus seiner Fülle haben wir alle empfangen, und zwar Gnade um Gnade. Denn das Gesetz wurde durch Mose gegeben; die Gnade und die Wahrheit ist durch Jesus Christus geworden. Niemand hat Gott jemals gesehen; der eingeborene Sohn, der in des Vaters Schoß ist, der hat ihn kundgemacht.*
>
> Johannes 1, 16–18

Jesus

In Jesus offenbart sich der Vater, der uns liebt und seinen Sohn Jesus Christus als Lamm Gottes sandte, damit er, der selbst ohne Sünde war, für unsere Sünden stirbt. Dieser Jesus wurde gekreuzigt. Er starb, wurde begraben und war tot bis zum dritten Tag. Am frühen Morgen des dritten Tages weckte ihn der Vater, der ihn gesandt hatte, von den Toten auf, damit er in Ewigkeit leben würde. Dieser auferstandene Jesus sitzt zur Rechten Gottes im Himmel und tritt dort in der Fürbitte für uns ein.

Jesus ist real und wenn du seinen Namen anrufst, wirst auch du Erlösung finden in ihm. Er ist das lebendige Wort und unser Erlöser und Herr.

In Jesus offenbart sich der Vater.

„Wer stieg zum Himmel hinauf und kam wieder herab?" (Spr. 30, 4 *[EÜ]* und siehe Joh. 3, 13). Jeder Muslim stellt diese Frage, auch jeder Ungläubige. Jesus ist die Antwort. Es gibt keine Frage, die das menschliche Herz bewegt, die die Schrift nicht beantworten könnte – alle Schrift ist gegeben zur Unterweisung durch den Geist Gottes. Wenn Gott eine Frage stellt, erwartet er nicht von dir, dass du antwortest. Er fragt, damit du in der Lage bist, die Antwort aufzunehmen, sobald sie gegeben wird. Der Heilige Geist inspirierte den Autor und hielt die Fragen, die das menschliche Herz bewegen, prophetisch in der folgenden Bibelstelle fest:

> *Wer stieg zum Himmel hinauf und kam wieder herab? Wer sammelte den Wind in seine Fäuste? Wer band das Wasser in ein Gewand? Wer setzte fest alle Enden der Erde? Wie ist sein Name und wie der Name seines Sohnes, wenn du es weißt?*
>
> Sprüche 30, 4 *(EÜ)*

Dieser Vers stellt Fragen, die jeder Ungläubige und insbesondere jeder Muslim in seinem Herzen bewegt. Er fordert heraus, sie zu beantworten, „wenn du es weißt"! Kann mir jemand sagen, wie sein Name lautet oder der Name seines Sohnes? Wie wurde erschaffen, was existiert? Wer stieg zum Himmel hinauf und kam wieder herab, wie lautet der Name seines Sohnes?

Diese Frage wird in der Offenbarung beantwortet. Das Alte Testament, das ein Abbild des Zukünftigen enthält, stellt auch Fragen, die im Neuen Testament vom Heiligen Geist beantwortet werden. Lass uns Offenbarung aufschlagen und die Antwort betrachten:

Und ich sah den Himmel geöffnet, und siehe, ein weißes Pferd, und der darauf saß, heißt Treu und Wahrhaftig, und er richtet und führt Krieg in Gerechtigkeit. Seine Augen aber sind eine Feuerflamme, und auf seinem Haupt sind viele Diademe, und er trägt einen Namen geschrieben, den niemand kennt als nur er selbst; und er ist bekleidet mit einem in Blut getauchten Gewand, und sein Name heißt: Das Wort Gottes.

Offenbarung 19, 11–13

In Sprüche 30, 4 wird eine prophetische Frage gestellt, die den Schrei jedes menschlichen Herzens aufgreift. Johannes beschreibt in seiner Vision Jesus, den Sohn Gottes, der das in Johannes 1, 1 erwähnte Wort Gottes ist, und hier mit einem in Blut getauchten Gewand bekleidet ist. Seine Name lautet *Das Wort Gottes!* Wie lautet der Name seines Sohnes? Er sagt, er lautet „das Wort" und sein Name ist Jesus. Daher sagt der Engel in Lukas 1, 31 zu Maria, sie solle ihm den Namen Jesus geben.

Der Name *Jesus* wird abgeleitet vom hebräischen Wort *Jeschua*, das „Errettung" bedeutet. Am letzten, dem größten Tag des Festes sagte Jesus in Johannes 7: „Wenn du durstig bist, komme zu mir, und ich werde dir zu trinken geben und bewirken, dass Ströme lebendigen Wassers aus dir fließen" (frei wiedergegeben; siehe auch Mt. 11, 28).

Die Juden sangen: „Ihr werdet mit Freuden Wasser schöpfen aus den Quellen Jeschuas."

Was Jesus dann sagte, lässt sich folgendermaßen wiedergeben: „Wenn du durstig bist, dann möchte ich dir helfen. Komm her zu mir. Du wirst nicht nur Wasser aus meiner Quelle erhalten, sondern ich werde dich zu einer Quelle machen, aus der Ströme hervorkommen werden. Nicht eine Quelle, aus der man Wasser schöpfen muss, ich werde Ströme aus deinem Leib herausfließen lassen. Ich bin Jeschua. Ich bin Errettung."

Da ich gerade über Namen spreche – Johannes der Täufer, der Sohn des Zacharias, der übernatürlich gezeugt wurde im Leib seiner Mutter Elisabeth, erhielt seinen Namen vom Engel Gabriel, als dieser zu Zacharias kam und ihm sagte, er solle ihn Johannes nennen.

Traditionsgemäß hätte das Kind nach seinem Vater benannt werden sollen. Dann machte der Engel Zacharias stumm, sodass er nicht mehr sprechen konnte. Zacharias sollte nicht stören können, weil die Geburt des Nachkommens der Frau bevorstand, denn seine Zeit war gekommen. Und Zacharias' Kind musste geboren werden, weil es der Vorläufer des Wortes war, das kommen sollte.

Jesus sagt, dass Johannes im Geist und in der Kraft *Elias* kam. Elia bedeutet „Jahwe ist mein Gott". *Johannes* bedeutet „Jahwe ist gnädig". Er musste den Namen Johannes erhalten, weil ein neues Zeitalter begann. 400 Jahre lang war es auf der Erde still gewesen. Die Menschen hatten nichts von Gott vernommen, der Himmel war verschlossen gewesen.

Gnade und Errettung

Bevor man *Errettung* empfangen kann, muss man *Gnade* empfangen, deswegen hieß er Johannes, damit er sagen konnte: „Jahwe ist gnädig" – das war der Inhalt seiner Predigten. „Tut Buße! Denn das Reich der Himmel ist nahe gekommen" (Mt. 3, 2), sagte Johannes den Menschen oder mit anderen Worten: „Tut Buße für eure Sünden, denn *er* kommt." Johannes sagte, dass Gnade kommen würde, damit sie Jeschua empfangen könnten, der Errettung ist. Somit ist Errettung aus Gnade und nicht aufgrund von Werken.

Wenn ein Muslim sagt, Errettung geschehe aufgrund von Werken, dann hat er genau diesen Punkt nicht verstanden. Es ist etwas Besonderes, dass Jesus im Fleisch gekommen ist, er ist das fleischgewordene Wort und wohnte unter uns. Jesus ist das Wort. Deswegen kannst du dich auf sein Wort stellen. Er ist das lebendige Wort.

Jesus ist das lebendige Wort.

Gott sorgte für ein Opfer

Im Hebräerbrief heißt es, dass Abrahams Glaube unerschütterlich war. Gott freute sich darüber, dass Abrahams Glaube von dieser

Unerschütterlichkeit geprägt war. Abraham war nicht nur bereit, seinen Sohn zu opfern, sondern er glaubte auch, dass er seinen Sohn von den Toten zurückerhalten würde.

Zu diesem Zeitpunkt ist Ismael weit weg von Abraham, lebt in der Wüste und hat bereits selbst männliche Nachkommen. Er ist mit einer Ägypterin verheiratet und Gott schützt Ismael in der Wüste (dies ist 4.000 Jahre her). Isaak ist bei Abraham, er hat ein bestimmtes Alter erreicht und soll gerade geopfert werden. Es ist sehr wichtig, sich über die zeitliche Abfolge der Ereignisse im Klaren zu sein: Ismael ist verstoßen worden (er ist älter als Isaak), und Isaak ist jetzt ein junger Mann, der einzige Sohn Abrahams. Gott machte Abraham unmissverständlich deutlich, er müsse Ismael gehen lassen – obwohl du ihn liebst, musst du ihn ziehen lassen. Gott sagte Abraham zu, er würde sich um Ismael kümmern, und Abraham solle sich keine Sorgen machen, weil Gott dafür sorgen würde, dass Isaak sein Nachkomme sein würde.

Nun hat er nur noch Isaak, seinen einzigen Sohn. Gott kommt zu ihm und sagt, dass es an der Zeit ist, ihn auf dem Altar zu opfern. Das ist das Ende von allem, was ihm verheißen worden war, das Ende der Verheißung, dass „in deinem Nachkommen alle Geschlechter der Erde gesegnet werden sollen“.

Abraham führte Isaak zum Altar. Der Zeitpunkt der Prüfung war gekommen. In der Bibel heißt es, dass er das Messer ergriff, um seinen Sohn zu schlachten. In diesem Augenblick sprach der Engel des Herrn vom Himmel her.

„Und Abraham streckte seine Hand aus und nahm das Messer, um seinen Sohn zu schlachten. Da rief ihm der Engel des Herrn vom Himmel her zu und sprach: Abraham, Abraham!“ (1. Mo. 22, 10–11). Hier ist sie wieder, die doppelte Anrede. Hätte einmal nicht auch gereicht? Warum sagte Gott seinen Namen zweimal? Als er sagte „Abraham, Abraham“, machte er eine klare Feststellung. Er nannte ihn Abraham, also „Vater vieler Völker“, aber nun war es keine Verheißung mehr – Gott war dabei, etwas konkret werden zu lassen. „Abraham, Abraham“, Vater vieler Völker. Die Verheißung ist nun konkret geworden auf der Erde, es ist nicht mehr daran zu rütteln.

„Und er sprach: Strecke deine Hand nicht aus nach dem Jungen, und tu ihm nichts! Denn nun habe ich erkannt, dass du Gott fürchtest, da du deinen Sohn, deinen einzigen, mir nicht vorenthalten hast“ (1. Mo. 22, 12). Du hast mir deinen einzigen Sohn nicht vorenthalten, deinen einzigen Sohn! Warum bezeichnet er ihn als seinen einzigen Sohn? Weil er von dem einzigartigen Sohn sprach, der auf übernatürliche Weise gemäß der Verheißung geboren worden war.

Isaak wurde geboren, weil Gott geredet hatte. Was Gott vom Himmel her gesagt hatte, erfüllte sich, das prophetische Wort, das besagte, dass Abraham einen Sohn mit seiner Frau Sara haben würde, obwohl sie unfruchtbar war und beide keine Kinder bekommen konnten, wurde Wirklichkeit. Als Gott Abraham begegnete, veränderte sich etwas. Gott forderte ihn auf, nach vorne zu blicken, im nächsten Jahr um diese Zeit würde Abraham einen Sohn haben. Durch Abraham wurde nicht nur die unfruchtbare Sara schwanger. Nach Saras Tod heiratete Abraham Ketura und die beiden bekamen noch mindestens sechs weitere Söhne und zahlreiche Töchter. Abraham war mächtig von Gott gesalbt worden, die Hand Gottes hatte ihn auf ewig verändert.

> *Und Abraham erhob seine Augen und sah, und siehe, da war ein Widder hinten im Gestrüpp an seinen Hörnern festgehalten. Da ging Abraham hin, nahm den Widder und opferte ihn anstelle seines Sohnes als Brandopfer.*
>
> 1. Mose 22, 13

Warum ist diese Bibelstelle so wichtig? Zunächst ist festzustellen, dass das Alte Testament ein Entwurf für Zukünftiges ist. Gott gibt in den Ereignissen einen Ausblick auf Zukünftiges, damit wir eines Tages, wenn er den Entwurf realisiert und im neuen Bund konkret werden lässt, zurückschauen können auf den Entwurf und erkennen können, dass seine Inhalte präzise umgesetzt wurden.

Das Wort

So können wir gewiss sein, dass das Wort Gottes wahr ist. Gott hat den Entwurf bereits gegeben, die darin verborgene Weisheit ist aber zunächst keinem Menschen bekannt. Nur Gott kann anfangen, sie uns zu offenbaren.

Im 1. Korintherbrief wird beispielsweise betont, dass das Wort Gottes sich nur durch Gottes Geist erschließt (siehe 1. Kor. 2, 14; *Hfa)*. Das Wort Gottes ist mit einem Code versehen, es ist verschlüsselt.

Wenn also ein Muslim zu mir kommt und sich folgendermaßen äußert: „Oh, ich kenne das Wort Gottes, und ich weiß alles über die Bibel!", sage ich höflich: „Entschuldige, aber das Wort Gottes ist verschlüsselt und ohne den Geist Gottes, der dich geistliche Dinge lehrt, kannst du das Wort nicht verstehen. Geistliche Dinge kann man nur verstehen, wenn man sich von Gottes Geist leiten lässt. So kann man auch erkennen, ob das im Wort Gottes Vorhersagte eingetroffen ist. Er macht diese Dinge deinem Herzen klar und offenbart sie deinem Geist. Dein Intellekt darf dabei nicht intervenieren, weil es sich um verborgene Weisheit handelt, die der Geist Gottes den Herzen aller Menschen offenbart."

Zum Nachdenken

Als Muslim glaubte ich, dass Abraham Ismael zum Opferalter führte und nicht Isaak, aber damit lag ich falsch. Es ist durchaus möglich, dass du als Christ bestimmte Dinge glaubst, die nicht Teil des im Wort Gottes aufgezeichneten Planes Gottes sind. Denke über deine Grundüberzeugungen im Glauben nach – vergleiche sie mit den Aussagen des Wortes Gottes und erlaube dem Heiligen Geist, dir seine Weisheit zu offenbaren.

8

Gottes Wort ist zuverlässig

Das Wort Gottes enthält verborgene Weisheit. In Römer 1, 17 heißt es: „Gottes Gerechtigkeit wird … offenbart aus Glauben zu Glauben." Gottes Gerechtigkeit wird geoffenbart, es handelt sich um eine Offenbarung seines Wortes. Glaube wird durch Offenbarung hervorgebracht, daher heißt es in dieser wunderbaren Bibelstelle, dass der Glaube *kommt.* Römer 10, 17 enthält eine gewichtige Aussage: „Also *kommt der Glaube* aus dem Gehörten, das Gehörte aber durch das Wort Christi" *(Herder).* Diese Stelle spricht nicht davon, „das Wort" zu hören, sondern sagt, dass das Hören „durch das Wort" kommt.

Das Wort redet und der Geist Gottes gibt dem Wort eine Stimme, die beginnt, das Wort zu sprechen. Dann wird verborgene Weisheit enthüllt. Offenbarung kommt und wird in deinen Geist gelegt. Das Wort ist in dir. Das Wort Gottes steht im Himmel unverrückbar fest in Ewigkeit, muss aber auf der Erde konkret etabliert werden. In 1. Mose 22 spricht Abraham als Prophet, als er seinem Sohn antwortet und verkündet: „Gott wird selbst für ein Lamm für das Opfer sorgen" (frei wiedergegeben).

In 1. Mose 22, 11 verwendet Gott, als er vom Himmel her auf die Ereignisse reagiert, die doppelte Anrede und sagt: „Abraham, Abraham." Er lässt das Wort auf der Erde konkret werden, das im Himmel bereits feststeht. Direkt nach dieser doppelten Anrede schwört Gott bei sich selbst und spricht einen Eid – er gibt also eine unwiderrufliche Garantie – und etabliert die Verheißung auf der Erde. Die Realisierung war nun nur noch eine Frage der Zeit, und tatsächlich ist Abraham zum Vater vieler Völker geworden.

Nun wollen wir in 1. Mose 22 den Entwurf künftiger Dinge betrachten, der uns im Alten Testament durch Abrahams prophetische

Aussage gegeben ist, dass Gott für ein Lamm sorgen wird. Die prophetische Aussage im Alten Testament bezog sich nicht nur auf die damalige Zeit, sondern auch auf unsere. In der damaligen Zeit wurde die Aussage erfüllt: Ein Widder verfing sich im Gestrüpp und damit war für ein Opferlamm gesorgt. Der Widder ist ein Symbol für ein Opfertier, eine symbolische Vorausschau auf das Lamm Gottes.

Jesus ist das Lamm Gottes.

Abraham sprach prophetisch über ein Lamm, das vom Himmel kommen würde. Woher können wir wissen, dass dies wirklich wahr ist? Abraham hätte diese Aussage über das Lamm, für das Gott sorgen würde, nicht machen können, wenn sie nicht bereits im Himmel festgestanden hätte. In der Bibel erfahren wir, dass das Lamm Gottes vor Grundlegung der Welt geschlachtet wurde (siehe Offb. 13, 8).

> *Abraham nannte jenen Ort Jahwe-Jire (der Herr sieht), wie man noch heute sagt: Auf dem Berg lässt sich der Herr sehen. Der Engel des Herrn rief Abraham zum zweiten Mal vom Himmel her zu und sprach: Ich habe bei mir geschworen – Spruch des Herrn: Weil du das getan hast und deinen einzigen Sohn mir nicht vorenthalten hast, will ich dir Segen schenken in Fülle und deine* ***Nachkommen*** *zahlreich machen wie die Sterne am Himmel und den Sand am Meeresstrand. Deine Nachkommen sollen das Tor ihrer Feinde einnehmen.* ***Segnen*** *sollen sich mit deinen Nachkommen* ***alle Völker*** *der Erde, weil du auf meine Stimme gehört hast.*
>
> 1. Mose 22, 14–18 *(EÜ)*

Der letzte Satz schließt die Muslime ein, er gilt für uns alle. Gott hat einen Eid gesprochen, er hat bei sich selbst geschworen. Wenn Gott eine Verheißung gibt, dann ist sie wahr, weil er nicht lügen kann. Aber er geht noch einen Schritt weiter und sagt: „Ich habe bei mir geschworen." Er schwört bei sich selbst, es gibt nichts Höheres, bei dem er schwören könnte. Weil Abraham seinen Sohn Gott nicht vorenthalten hat, werden alle Völker der Erde gesegnet werden.

Dies ist die zweitwichtigste Frage, die jeden Muslim bewegt – weil die Muslime glauben, dass Abraham Ismael auf dem Altar opferte. Der Bericht, dem sie Glauben schenken, ist fast identisch mit dem biblischen, aber sie glauben, dass Ismael geopfert werden sollte, nicht Isaak. Sie gehen von dem „Recht des Erstgeborenen" aus, und das gehört Ismael, weil er der Erstgeborene ist. Aus dem Studium des Wortes Gottes wissen wir, dass es Isaak war.

Im Koran wird der Name „Isaak" nicht genannt, sondern es ist von „Abrahams Sohn" die Rede. Die Muslime gehen davon aus, dass es Ismael war. Der Koran ist lediglich 1.400 Jahre alt. Die Bibel ist wesentlich älter und beschreibt weiter zurückliegende Ereignisse. Gott schwor den Eid vor etwa 4.000 Jahren. Es war nicht nur eine Verheißung, er schwor einen Eid.

Er sagte „in deinem Samen (Nachkommen)" *(Elberfelder)*. Hierbei handelt es sich um Isaak – und das ist der Schlüssel. Warum ist das so wichtig? Weil er der Nachkomme ist, durch den Gott hervortreten würde, durch den das Wort Gottes auf die Erde kommen und unter uns leben würde. Das Wort würde dann sterben müssen, um viel Frucht zu bringen. Der Urheber unserer Rettung sehnt sich danach, viele Söhne zur Herrlichkeit zu führen, weil er am Kreuz für alle Menschen in allen Ländern gestorben ist.

Das Kreuz

Erlösung durch das Kreuz – auch in dieser Sache gehen die Muslime davon aus, dass sie nicht wirklich geschehen ist.

Jesus, der das Wort ist, wurde Fleisch und wurde ans Kreuz geschlagen. Jesus, das Wort, schwitzte Blut im Garten Gethsemane, weil seine seelischen Qualen so groß waren. In Markus 15, 25 heißt es: „Es war aber die dritte Stunde, und sie kreuzigten ihn." Es war neun Uhr morgens, als Jesus gekreuzigt wurde.

Das Wort hängt am Kreuz. Adam verlor seine Herrlichkeit und dazu seine Krone, das Wort trug eine Dornenkrone, damit du und ich wieder die Krone der Herrlichkeit tragen könnten. Die Löcher in den Händen sind Zeichen des Freundschaftsbundes. Aufgrund der Löcher in seinen Füßen haben wir Schuhe erhalten, um im Frieden auf der Erde zu wandeln – lieblich sind auf den Bergen die Füße derer, die die frohe Botschaft verkündigen. Warum auf den Bergen? Weil es in den Bergen ein Echo gibt. Geht man auf die Spitze eines Gebirges, nicht nur eines Berges, und ruft „Jesus!", ist das Echo rundum zu hören. Wenn man von einem Berg aus spricht, wird die Stimme gehört. Wir predigen daher vom Berg Zion, von einem erhöhten Ort aus, und wir predigen das Evangelium – weil das Echo widerhallt und es die Erde erzittern lässt.

Ruft es von den Berggipfeln.

Jesus, dem Wort, wurde mit einem Speer die Seite aufgerissen. Für die Muslime ist das Kreuz eine Torheit. Aber es ist keine Torheit, sondern die Weisheit Gottes, die verborgen war, bis die rechte Zeit, die rechte Stunde kam. Dann wurde Gottes Plan offenbart und so der prophetische Entwurf realisiert, der in den Worten Abrahams zum Ausdruck kam, als er zu der Zeit, da er seinen Sohn Isaak opfern wollte, sagte, dass Gott sich ein Lamm ausersehen würde. Dieses Lamm ist Jesus.

Für die Zeit, in der wir leben, gilt nicht, dass „ein Kind geboren wurde", sondern dass „ein Sohn gegeben wurde". Das Wort wurde zum Lamm.

Aus diesem Grund sagte Johannes, als er eine Vision hatte: „Und er ist bekleidet mit einem in Blut getauchten Gewand, und sein Name heißt: Das Wort Gottes" (Offb. 19, 13). Jede Diskussion darüber, wer diese Person ist, verbietet sich von selbst. Auch hier haben wir es mit dem Lamm zu tun, das am Kreuz starb. Er vergoss sein Blut, das in Ewigkeit ein Zeichen dafür bleibt, dass er das Lamm Gottes ist, das Wort Gottes, der Sohn Gottes, der uns gegeben wurde.

Erkläre deinen muslimischen Brüdern und Schwestern, dass das Kreuz keine Torheit ist, sondern Gottes Weisheit. Jesus hing sechs Stunden lang am Kreuz, weil die Zahl sechs in der Bibel die Zahl des Menschen ist. Der Mensch wurde am sechsten Tag geschaffen, und Jesus nahm unsere adamitische Natur mit ans Kreuz. Er wurde fleischlicher Natur und tötete sie am Kreuz.

Jesus ist der Sohn Gottes.

Sünde und sündige Natur

Es gilt zu unterscheiden zwischen *Sünde* und *sündiger Natur*. Die sündige Natur wohnt jedem Menschen inne, bevor er zur Erkenntnis der Erlösung durch das Kreuz kommt. Wenn ein Mensch Jesus als Erlöser annimmt und von Neuem geboren wird, wird die sündige Natur aus dem Geist dieses Menschen entfernt. Die neue Natur, eine göttliche Natur, wird in den Geist dieses Menschen gelegt.

Gib diesen Gedanken Raum in deinem Herzen. Hier ist wieder vom Wort Gottes die Rede, von Jesus, dem Wort Gottes, das Fleisch wurde, der ewig existierte in aller Schöpfung und durch den alles geschaffen wurde. Er war bei Gott, war in Gott und kam aus Gott. Er kam auf die Erde, wohnte unter uns und verkündete die Gedanken des Vaters.

Das ist der Grund dafür, dass ich Christ bin und an Jesus glaube. Ich glaube nicht einfach an das Kind, das von einer Jungfrau geboren wurde – ich glaube an den Sohn, der als Nachkomme der Frau und Wort Gottes gegeben wurde. Er wurde Fleisch und wohnte unter uns, weil Gott in 1. Mose 3, 15 prophetisch sagte, dass er den Nachkommen der Frau senden würde, der den Kopf Satans zertreten und dadurch die Menschheit befreit würde. *Für einen Muslim ist dies wirklich das Evangelium!*

Muslime sind tief empfindende Menschen, die viel nachdenken und ein Ziel haben. Gott hat einen Plan für Ismael und die Muslime.

Gottes Entwurf

Warum ging Gott durch einen Engel des Herrn zu Hagar, als sie schwanger war und sich in der Wüste befand, und befahl ihr „gehe zurück zu Abraham, gehe zurück zu deiner Herrin Sarai"? Warum wurde sie zurück zu Abrahams Familie geschickt? Und als Ismael zwischen 15 und 17 Jahre alt und Isaak ein Kleinkind war, das gerade entwöhnt wurde, befiehlt Gott Abraham, Ismael ziehen zu lassen. Zunächst lautet das Wort des Herrn: „Ismael, du musst nach Hause zurückkehren." Und dann lautet das Wort des Herrn: „Ismael, du musst wegziehen." Warum?

> *Denn da das Gesetz einen Schatten der zukünftigen Güter, nicht der Dinge Ebenbild selbst hat, so kann es niemals mit denselben Schlachtopfern, die sie alljährlich darbringen, die Hinzunahenden für immer vollkommen machen.*
>
> Hebräer 10, 1

> *Denn Hagar ist Bezeichnung für den Berg Sinai in Arabien –, und ihr entspricht das gegenwärtige Jerusalem, das mit seinen Kindern in der Knechtschaft lebt.*
>
> Galater 4, 25 *(EÜ)*

Der Entwurf, den Gott im Alten Testament gegeben hat, wird im Neuen Testament im Hinblick auf das Gesetz bestätigt. Isaak war der Sohn der Verheißung, und als die Verheißung kam, musste das Gesetz gehen. Sobald der verheißene Nachkomme, der die Wurzel Davids und der Nachkomme Abrahams ist (Jesus im Neuen Testament), kommen würde, müsste das Gesetz gehen. Das Gesetz *leitet* dich an, zu erkennen, dass du Gnade und Erlösung brauchst – Jesus ist deine Gnade und Erlösung.

Wir müssen begreifen, was die Bibel uns zu sagen hat. Manch einer glaubt, wir bräuchten das Alte Testament nicht. Das ist eine falsche Annahme – wir brauchen diesen Entwurf, diese Vorausschau auf Zukünftiges. Wir leben nicht aufgrund dieses Entwurfs, aber er dient uns als Vorlage zum Bau des Reiches Gottes. Derzeit bauen wir den Tempel Gottes auf Erden, ein himmlisches Heiligtum. Der im 1. Buch der Könige beschriebene Tempel ist in drei Teile gegliedert, und auch wir bestehen aus drei Teilen: Geist, Seele und Leib.

Das Alte Testament ist der Entwurf – das Neue Testament die Realisierung. Wir wissen, dass das Wort Gottes wahr ist, weil wir in der

Realisierung des Entwurfs den Beweis dafür haben, dass es wahr ist. Man versucht, das Wort Gottes zu widerlegen, aber das wird nicht gelingen, weil wir einen Entwurf besitzen, und die Wahrheit wird aus dem Mund von zwei oder mehr Zeugen bestätigt (siehe 2. Kor. 13, 1).

Für den Koran gibt es keine Zeugen. Die Muslime glauben, der Koran wäre Mohammed von einem Engel offenbart worden. Mohammed hielt ihn für Gabriel. Wir wissen lediglich, dass ihm ein Engel des Lichts in einer Höhle erschien und die Offenbarung des Korans in die Öffentlichkeit kam.

Mohammed ist der einzige Zeuge, der sagt, der Koran sei das aus dem Himmel gekommene Buch. Im Gegensatz dazu gibt es 40 verschiedene Zeugen für die Bibel, und die von ihnen geschriebenen 66 Bücher haben sich über Tausende von Jahren als wahr erwiesen. All diese Dokumente wurden vom Heiligen Geist zusammengestellt.

Mohammed ist der einzige Zeuge.

Selbst wenn man es versuchte, könnte man die Bibel nicht durcheinanderbringen, weil man sie nicht verstehen kann, ohne dass der Heilige Geist sie uns offenbart. Sie hat die höchste himmlische Verschlüsselungsstufe. Man kann sie nicht verdrehen, weil Gott sie uns durch seinen Geist offenbart. Im neuen Bund schreibt er das unverschlüsselte Wort in unsere Herzen und legt es in unsere Gedanken. Dann wissen wir, dass wir sein Volk sind und er unser Gott ist, und wir werden verkünden, wer er ist. Nachfolgende Zeichen und Wunder bestätigen das Wort ebenfalls.

Ich spreche hier über einen neuen Bund, der auf bessere Verheißungen gegründet ist – Gott wird immer dafür sorgen, dass er bezeugt wird. Er wird umsetzen, was er für alle Menschen geplant hat, und dabei entsprechend den Entwürfen vorgehen, die er festgeschrieben hat.

Die Wahrheit

Ich hoffe, dass dich das Lesen dieses Buches zu tiefem geistlichen Nachdenken anregt, das dich veranlasst, dich zu hinterfragen und den Heiligen Geist zu finden, der in dir ist. Ich hoffe, dass du Jesus Christus findest, den Sohn Gottes, und der Heilige Geist sich dir offenbart. Ich bete darum, dass du die Person Jesu findest, der alle Menschen erlöste, als er am Kreuz starb, um zu beweisen, dass das Wort wahr ist. Ich bete darum, dass der Vater dir offenbart wird, wie er auf dem Thron sitzt und dich bei sich willkommen heißt.

In Übereinstimmung mit Gottes Zielen und Plänen für dein Leben trägt das Wort Gottes Frucht in deinem Leben. Wenn es Frucht bringt, ist dies ein weiteres Zeugnis. Das Wort ist eine Person, mit der wir eine echte Beziehung führen. Jesus sagt, dass die Schriften ihn bezeugen und offenbaren. Sie sind somit eine Offenbarung seiner Person. Daher verkündet Jesus: „Ich bin der Weg und die Wahrheit und das Leben“ (Joh. 14, 6).

Für Muslime ist das Wort keine Person, der Koran ist keine Person, er befindet sich lediglich an einem Ort, den sie für den vierten Himmel halten (sie glauben übrigens, dass es sieben Himmel gibt). Ihrer Meinung nach hat es nie die Offenbarung einer Person gegeben.

Sprich Worte, die Leben spenden.

Ich möchte dir an dieser Stelle ein Gebet anbieten.

> *Vater, ich bitte dich für all die kostbaren Menschen, die dir gehören, besonders für die, die gerade dieses Buch in der Hand haben. Ich bete, dass dein Wort in diesem Augenblick für sie anfassbar wird und dass das lebendige Wort in die Tiefen ihres Wesens vordringt. Ich bete, dass sie aus der Tiefe ihres Wesens zu dir rufen, zur Tiefe deines Wesens. Ich bete, Herr, dass alles Störende entfernt wird und die Ströme des Lebens ungehindert fließen. Ich bete, dass der Heilige Geist eine Operation durchführt und ihr Herz weich macht, damit der Same Gottes in sie hineinkommen und dort tiefe Wurzeln schlagen kann. So*

können sie unerschütterlich fest stehen, wenn sie um des Wortes Willen verfolgt und bedrängt werden.

Im Namen Jesu proklamiere ich, dass eine Veränderung erfolgt, eine Trennung von Seele und Geist und eine echte Öffnung für den Geist der Weisheit und der Offenbarung. Ich proklamiere, dass sie die Ströme des Lebens, die in ihnen fließen, wirklich annehmen und sich umfassend für dich öffnen. Und ich bete, Jesus, dass du für sie in jeder Hinsicht und an jedem Tag anfassbar wirst.

Im Namen Jesu sehe ich, dass Schuppen von den Augen der Menschen entfernt werden – Schuppen der Religiosität, der Tradition und der falschen Lehre. Unabhängig davon, in welchem Umfeld du aufgewachsen bist, können deine geistlichen Augen geöffnet werden und es kann Licht in dein Inneres strömen.

Falls du gerade Zeit dafür hast, schließe bitte jetzt deine Augen und lasse Jesus zu deinem Herzen reden. Gestatte ihm, in dein Leben hineinzusprechen und an den Dingen zu arbeiten, die dir Mühe bereiten. Schaue auf das lodernde Feuer in seinen Augen und erlaube ihm, zu dir zu kommen und in deinem Herzen zu wirken.

Zum Nachdenken

Gottes Entwurf, den er uns im Alten Testament gibt, vermittelt uns Hoffnung für die Zukunft und Respekt für die Vergangenheit. Ist das Wort Gottes tief in deinem Geist verwurzelt? So tief, dass du seinen Atem spüren und seine Stimme hören kannst? Wir können etwas ausrichten für das Reich Gottes, indem wir seine Liebe, sein Opfer und seine Gnade durch uns fließen lassen, hin zu den Menschen in unserer Umgebung. Bist du dazu bereit?

9
Lebendige Briefe

Gegenwärtig erleben wir eine Veränderung der Atmosphäre einiger Länder. Ich glaube, dass dort, wo das Wort Gottes nicht als lebensspendend erlebt wurde, dieser Mangel gerade verschwindet und die reine Offenbarung seines Geistes fließen wird. Ich habe im Geist eine offene Tür gesehen, die Gemeinde Jesu Christi ist eingeladen, höhere Stufen zu erklimmen, das Wort zu sehen und zum Wort auf der Erde zu werden. Es ist eine Einladung, zu lebendigen Briefen zu werden, die von allen Menschen gelesen werden.

Ich hoffe, dass die Gemeinde von heute sein Wort nicht nur – quasi im äußeren Vorhof stehend – hört, sondern – bildhaft gesprochen – in den inneren Vorhof geht und in seinem Wort lebt.

Mit dem Geist der Demut wird die Gemeinde auch das eingepfropfte Wort empfangen, das Menschen erretten kann und mit dessen Hilfe Festungen angegriffen werden können. Die Wahrheit und das Licht des Wortes Gottes können traditionelle Denkmuster und Überzeugungen zerstören, die dich davon abhalten, der Bestimmung zu folgen, die Gott für dich hat. Etwas wie ein Lot senkt sich in deinen Geist, das sich auf sein Wort ausrichten will, auf das Wort Gottes. Dieses Lot ermöglicht es dir, das Gebäude so zu bauen, dass es gerade und aufrecht steht und eine wirklich geeignete Wohnstätte für Gott ist.

Wenn etwas gebaut wird, das lediglich von Menschen erdacht wurde, wird Gott darin nicht wohnen. Wenn Menschen bauen, die eine Offenbarung von Gott haben und dem Lot folgen, das auf Jesus, das Wort, ausgerichtet ist, dann wird das Gebäude stabil sein und Gott wird darin wohnen.

Ich glaube, dass wir in einem neuen Zeitalter leben. Das, was die Gemeinden im vergangenen Zeitalter getan haben, wird im neuen nicht mehr funktionieren. Und was im alten Zeitalter nicht funktioniert hat, wird jetzt funktionieren. Die Zeit ist gekommen, vor den Herrn zu treten und zu sagen: „Herr, um zu erkennen, was du tust, möchte ich auf deine Entwürfe schauen, nicht auf meine Pläne und Gedanken. Gib mir Einblick in deine Entwürfe, damit ich erkennen kann, was du tust und planst, und dein Licht mich erfüllt. Dann kann ich für das leben, was du vorhast, dann kann es konkret werden."

Eine Tür ist geöffnet worden. Die Muslime sind energisch auf dem Vormarsch und bauen Moscheen an zahlreichen Orten, wo man nicht damit gerechnet hätte. Geistliche Dinge verändern sich, weil die Wahrheit und Offenbarung seines Wortes zutage treten und durch das Wort etwas in der Atmosphäre einiger Länder zerbrochen wird. Einige Dinge „gären" schon länger im Geist, konnten aber nicht an die Oberfläche gelangen, bevor nicht der richtige Zeitpunkt gekommen war. Dieser Zeitpunkt nähert sich nun, daher werden derzeit einige Dinge neu geordnet, daher sind Wandel und Veränderungen im Land zu beobachten.

Habe keine Angst, mache dir keine Sorgen wegen der Dinge, die vor uns liegen. Sei dir bewusst, dass du das Wort gehört hast und dass es deinem Herzen offenbart worden ist. Wichtig ist, das Wort zu kennen, nämlich Jesus, den Sohn Gottes, und dein Leben so zu gestalten, dass es wie mit einem Lot auf das Wort ausgerichtet ist, das dir vom Vater gegeben und in dich hineingesät worden ist. Deine Denkweise wird sich verändern, Festungen werden zerstört werden, bestimmte Denkmuster werden außer Kraft gesetzt werden und manche Maxime ihre Gültigkeit verlieren. Die deinem Denken gesteckten Grenzen werden im Namen Jesu gesprengt. Welcher ist der nächste Schritt? Denke Tag und Nacht über das Wort nach.

Ismaels Schrei wird gehört werden

Gott liebt die Muslime. Ich bin ein lebendiges Beispiel – ich war früher Muslim. Ich bin Gott so dankbar. Mein Leben lang war es für mich selbst in meinen kühnsten Träumen unvorstellbar, Jesus als Sohn Gottes kennen zu lernen. Als Muslim hatte ich niemals einen solchen Gedanken. Ich weiß noch, wie ich als junger Mann in Pakistan durch die Straßen ging und mich fragte: „Herr, hat mein Leben einen Sinn, gibt es einen Grund dafür, dass ich leben sollte?"

Gott liebt Muslime.

Gott sagt in Jeremia 33, 3: „Rufe mich an, dann will ich dir antworten und will dir Großes und Unfassbares mitteilen, das du nicht kennst." Die eigentliche Kraft zum Leben liegt in dem, was *„du nicht kennst"*.

Als Muslim wusste ich nicht, wer Jesus ist, erlebte es aber eines Tages aufgrund einer mächtigen Offenbarung. Die eigentliche Kraft liegt in der Zukunft, also in dem dir Unbekannten. Gott möchte die Gemeinde mit Offenbarung und Weisheit ausrüsten.

Aus diesem Grund betet Paulus in Epheser 3, 9, dass alle Menschen sehen mögen, „wie jenes Geheimnis Wirklichkeit geworden ist, das von Ewigkeit her in Gott, dem Schöpfer des Alls, verborgen war" *(EÜ)*. Ich bete, dass Gott, der Geist der Weisheit und Offenbarung, auf die Gemeinde kommt und dass ihr die Augen des Herzens geöffnet werden, sodass sie mit Licht erfüllt wird. Ich bete, dass unausgesprochene Fragen beantwortet werden.

Ich glaube, dass Gott sich einer sehr großen Gruppe an Menschen offenbart und dass die Muslime zu diesem Personenkreis gehören. Ich war nicht auf der Suche nach Gott gewesen. Ich hatte nicht bewusst nach ihm gesucht –, aber er hat sich mir offenbart. Und ich glaube, dass er für viele Millionen Menschen dasselbe tun wird. Gott hat zu mir gesprochen, dass in unseren Tagen eine ganze Generation von Muslimen ins Reich Gottes kommen wird. Das ist eine gute Nachricht!

Als lebendiger Brief wirst du früher oder später zu folgender Frage Stellung beziehen müssen:

Wer ist Jesus und warum wird er als Sohn Gottes bezeichnet?

Wir wissen, dass es Muslimen große Probleme bereitet, wenn Jesus als Sohn Gottes bezeichnet wird. Ich war früher Muslim, daher kann ich aus muslimischer Sicht erläutern, wie Muslime *denken.* Weltweit halten es Muslime für Gotteslästerung, wenn Christen sagen, dass Jesus der Sohn Gottes ist. Sie meinen, die Christen wollten ausdrücken, dass Jesus, der von Maria geboren wurde, zum Sohn Gottes geworden wäre, weil er von einer Jungfrau geboren wurde.

Auch im Koran steht, dass Jesus von einer Jungfrau geboren wurde. Die Muslime denken jedoch, Christen würden behaupten und glauben, dass Jesus ein Mensch war, der von einer Jungfrau geboren und später zum Sohn Gottes erhöht wurde und *erst bei dieser Erhöhung* zum Sohn Gottes geworden ist. Die Muslime sind zwar auch der Meinung, dass Jesus ein Prophet ist, aber sie glauben nicht, dass er der Sohn Gottes ist. Sie meinen, dass allein die Tatsache, dass er von einer Jungfrau geboren wurde, ihn nicht zum Sohn Gottes macht.

Die Bibel hilft uns, zu sehen, wie real Jesus ist, und angemessene Erklärungen auf diese Frage zu finden, die so tief im Herzen jedes Muslims verwurzelt ist. Jesaja 9, 5–6 ist eine meiner Lieblingsstellen in der Bibel:

> *Denn uns ist ein Kind geboren, ein Sohn ist uns gegeben, und die Herrschaft ruht auf seiner Schulter; und er heißt Wunder-Rat, Gott-Held, Ewig-Vater, Friede-Fürst; auf dass seine Herrschaft groß werde und des Friedens kein Ende auf dem Thron Davids und in seinem Königreich, dass er's stärke und stütze durch Recht und Gerechtigkeit von nun an bis in Ewigkeit. Solches wird tun der Eifer des Herrn Zebaoth.*
>
> Jesaja 9, 5–6 *(Luther)*

Wie bereits in den vorherigen Kapiteln erläutert, ist *„uns ein Kind geboren"*, aber *„ein Sohn gegeben"*. Als Jesus von einer Jungfrau geboren wurde, wurde ein Kind *geboren*, doch Johannes sagt uns, dass unser Vater seinen einzigen Sohn *gab*.

Das bedeutet, dass Jesus, der Sohn Gottes, bereits vor der Jungfrauengeburt existierte. Dies ist der Punkt, den Muslime nicht verstehen. Sie meinen, er wäre erst *nach* der Jungfrauengeburt zum Sohn Gottes geworden. Sie müssen begreifen und Klarheit darüber gewinnen, dass Jesus bereits vor seinem Erscheinen auf Erden existierte und eine ewige Vergangenheit sowie eine ewige Zukunft hat.

Es ist wichtig, dass wir den Muslimen diesen Aspekt des Wesens Jesu nahebringen, noch bevor wir ihnen das Evangelium predigen. Sie müssen wissen, dass „uns ein Kind geboren", aber „ein Sohn gegeben" ist. Jesus kam, reihte sich in die Nachkommenschaft Abrahams ein und wurde im Leib der Maria empfangen. Das Wort selbst wurde im Schoß Marias empfangen.

> *Dem Vater danksagend, der euch fähig gemacht hat zum Anteil am Erbe der Heiligen im Licht; er hat uns gerettet aus der Macht der Finsternis und versetzt in das Reich des Sohnes seiner Liebe. In ihm haben wir die Erlösung, die Vergebung der Sünden. Er ist das Bild des unsichtbaren Gottes, der Erstgeborene aller Schöpfung. Denn in ihm ist alles in den Himmeln und auf der Erde geschaffen worden, das Sichtbare und das Unsichtbare, es seien Throne oder Herrschaften oder Gewalten oder Mächte: Alles ist durch ihn und zu ihm hin geschaffen; und er ist vor allem, und alles besteht durch ihn.*
>
> Kolosser 1, 12–17

Alle Dinge im Himmel wurden in ihm geschaffen, ebenso „alles ... auf der Erde", und dann wird genauer ausgeführt, dass es sich dabei um Folgendes handelt: „das Sichtbare und das Unsichtbare, es seien Throne oder Herrschaften oder Gewalten oder Mächte: alles ist durch ihn und zu ihm hin geschaffen."

Hier ist von dem Jesus die Rede, der von einer Jungfrau geboren wurde. Das hier Geschilderte geschah, bevor er als Kind geboren wurde. Er, der Sohn Gottes, tat es. Er ist vor *allen* Dingen, es gibt nichts, das vor ihm war, weil er die Quelle ist, die Wurzel und der Ursprung. Er ist das Wort, das *alles* erschuf, das Sichtbare und das Unsichtbare, und alles hat in ihm und durch ihn Bestand.

Jesus

Er ist nicht nur die Quelle, sondern in ihm wird auch alles erhalten. Daher heißt es im Hebräerbrief, dass alles durch das Wort seiner (d. h. Jesu) Macht getragen wird. Wenn Muslime diese Dinge über Jesus erfahren, erregt dies sofort ihre Aufmerksamkeit.

In Johannes 3, 13 heißt es: „Und niemand ist hinaufgestiegen in den Himmel als nur der, der aus dem Himmel herabgestiegen ist, der Sohn des Menschen." In Johannes 3, 31 sagt Jesus: „Der von der Erde ist, ist von der Erde … Der vom Himmel kommt [Jesus], ist über allen." Er allein kam aus dem Himmel. Johannes sagt deutlich, dass niemand den Vater gesehen hat, als nur der Sohn. Niemand hat seine Gestalt gesehen, niemand weiß, wie er aussieht, und niemand kennt ihn außer dem Sohn, der aus dem Vater kommt, der aus dem Vater hervorgeht.

Der Vater freut sich über lebendige Briefe.

Der Dienst Jesu auf der Erde war darauf ausgerichtet, uns den Vater zu offenbaren, damit wir errettet werden könnten und andere Menschen retten könnten. In Jesus lebte der Wunsch seines Vaters, dass wir seine Kinder werden sollten, Söhne und Töchter in Gottes Familie. Als lebendige Briefe sollten wir wie Jesus den Wunsch empfinden, dem Vater zu gefallen.

Jesus ist das sichtbare Abbild des unsichtbaren Gottes. Er ist die Offenbarung des Vaters. Muslime müssen erfahren, dass Jesus der Einzige ist, der vom Himmel herabgekommen ist – niemand ist im dritten Himmel gewesen, niemand ist dort im Vater gewesen außer ihm. Jesus ist der Einzige, der herabgekommen ist und einen Weg für uns alle gebahnt hat, dass wir uns erheben und ihn kennen lernen können. Wir müssen den Muslimen zeigen, dass es eine *ewige Geschichte* gibt und dass alles mit Jesus begonnen hat, dem Sohn Gottes.

Warum ist es wichtig, darauf hinzuweisen, dass Jesus das Wort ist? Auch im Koran heißt es, dass Jesus das Wort Gottes ist. Dort steht auch, dass Jesus der Hauch Gottes ist. Muslime glauben also, dass Jesus das Wort Gottes ist. Aber sie müssen auch begreifen, dass die gesamte Schöpfung durch das Wort entstanden ist, dass es heute wegen des Wortes Leben gibt und dass das Sichtbare und das Unsichtbare durch das Wort geschaffen wurden.

> *Und er kam zu ihr hinein und sprach: Sei gegrüßt, Begnadete! Der Herr ist mit dir. Sie aber wurde bestürzt über das Wort und überlegte, was für ein Gruß dies sei. Und der Engel sprach zu ihr: Fürchte dich nicht, Maria! Denn du hast Gnade bei Gott gefunden. Und siehe, du wirst schwanger werden und einen Sohn gebären, und du sollst seinen Namen Jesus nennen. Dieser wird groß sein und Sohn des Höchsten genannt werden; und der Herr, Gott, wird ihm den Thron seines Vaters David geben; und er wird über das Haus Jakobs herrschen in Ewigkeit, und seines Königtums wird kein Ende sein. Maria aber sprach zu dem Engel: Wie wird dies zugehen, da ich von keinem Mann weiß? Und der Engel antwortete und sprach zu ihr: Der Heilige Geist wird über dich kommen, und Kraft des Höchsten wird dich überschatten; darum wird auch das Heilige, das geboren werden wird, Sohn Gottes genannt werden. … Maria aber sprach: Siehe, ich bin die Magd des Herrn; es geschehe mir nach deinem* ***Wort!***
>
> Lukas 1, 28–35+38

In Johannes 1, 14 heißt es: „Und das Wort wurde Fleisch und wohnte unter uns, und wir haben seine Herrlichkeit angeschaut, eine Herrlichkeit als eines Eingeborenen vom Vater, voller Gnade und Wahrheit."

Es ist ein und dasselbe Wort, durch das alles erschaffen wurde, das Anfang und Ursprung der Schöpfung ist, das auch davor bereits beim und im Vater war und das aus dem Vater hervorgegangen ist.

Dieses Wort, aus dem alles Geschaffene hervorgegangen ist, wurde Fleisch und wohnte unter uns. Sein Kommen ist der Beginn der Verbindung, die das ewige Wort in der Form Jesu zu jedem Menschen auf der Erde herstellen möchte.

In Lukas 8 heißt es, dass dein Wort dein Same ist. Es gibt ein geistliches Gesetz, das besagt, dass ein Same einen Körper haben muss, um auf der Erde Frucht bringen zu können. Jeder Same, den ein Bauer ausbringt, hat einen Körper. In dem Samen ist etwas, das eines Tages Leben hervorbringen wird. Der Same, der wie ein Entwurf ist und einen Bauplan enthält, wird in die *Erde* gesät und schließlich kommt Leben aus diesem Samen hervor.

Das ist ein Bild für das Wirken des Heiligen Geistes in deinem Leben. Dein Herz ist wie der Ackerboden. Der Heilige Geist nimmt den Samen seines Wortes und sät ihn in dein Herz. Was Maria erlebte, ist ein prophetisches Bild dafür, wie das Wort im neuen Bund ausgestreut und in unsere Herzen gesät wird, weil sie die Erste war, die das Wort in ihrem Inneren trug. Das Wort Gottes erfüllte sie, sodass etwas in sie kam, womit sie schwanger ging.

Dann wurde „ein Kind geboren“ und der ganzen Menschheit „ein Sohn gegeben“, weil er ewig existierte. Das Wort wurde Fleisch und wohnte unter uns. Es gibt ein Gesetz, das auch hier gilt – damit ein Same Frucht bringen kann, muss er sterben. Kein in der Erde ruhender Same bringt jemals Frucht, bevor er stirbt. Wenn ein Bauer den Samen ausbringt, muss in der Erde zunächst die Schale aufspringen und der Same sterben. Dann beginnt das dem Samen innewohnende Leben, sich zu regen, der Same keimt aus, durchdringt die Erdoberfläche und bringt schließlich viel Frucht.

Muslime haben Gefallen an Offenbarung und Wahrheit und auch mir gefällt die folgende Geschichte aus Johannes 12, 20–21: „Es waren aber einige Griechen unter denen, die hinaufkamen, um auf dem Fest anzubeten. Diese nun kamen zu Philippus von Betsaida in Galiläa und baten ihn und sagten: Herr, wir möchten Jesus sehen.“

Jesus sagt: „Die Stunde ist gekommen, dass der Sohn des Menschen verherrlicht werde“ (Joh. 12, 23). Als Jesus das Wasser in Wein verwandelte, sagte er, seine Stunde sei noch nicht gekommen. Nun sagt er, dass seine Stunde gekommen sei … um ans Kreuz zu gehen.

Warum ist seine Stunde nun gekommen? Weil die Griechen zu ihm kommen, die ein Bild für die Ungläubigen sind. Sie klopfen an die Tür – sie wollen Jesus sehen. Aber sie können ihn nur dann sehen, wenn er verherrlicht, wenn er gekreuzigt ist.

Jesus sagt: „Wahrlich, wahrlich, ich sage euch: Wenn das Weizenkorn nicht in die Erde fällt und stirbt, bleibt es allein; wenn es aber stirbt, bringt es viel Frucht“ (Joh. 12, 24).

Dann macht er eine Aussage, an der erkennbar ist, dass er bereit ist, zu leben und zu sterben. „Wer sein Leben liebt, verliert es; und wer sein Leben in dieser Welt hasst, wird es zum ewigen Leben bewahren“ (Joh. 12, 24). Der Schlüssel zum Verständnis der Aussage Jesu ist die zweifache Nennung des Wortes „wahrlich“ zu Beginn von Vers 24, weil hierin zum Ausdruck kommt, dass das Wortes Gottes im Himmel feststeht und auf der Erde etabliert werden muss.

Bestätigung im Alten Testament

Wir wollen nun untersuchen, ob es im Alten Testament Vorbilder gibt für diese zweifache Verwendung von Namen oder Aussagen, denn unsere Bestätigung kommt aus dem alten Bund. In Hebräer 10, 1 heißt es, dass der neue Bund die Realisierung des Entwurfs ist, der uns im Alten Testament gegeben wurde.

Es folgen nun einige Beispiele aus dem Alten Testament, die als Vorbilder dafür gelten können, dass Jesus das Wort „wahrlich“ zweimal nennt.

Samuel hörte eine Stimme, merkte aber nicht, dass es Gott war, der zu ihm sprach. Samuel sprach einige Male mit seinem Mentor Eli, der ihm schließlich sagte, dass der Herr mit ihm redete. Als Gott dann erneut spricht, sagt er „Samuel, Samuel“ und Samuel hört (1. Sam. 3, 1–18).

Als Gott Abraham ruft, sagt er: „Abraham, Abraham!“ (1. Mo. 22, 11).

Als Elisa beobachtet, wie Elia ihn verlässt, ruft er: „Mein Vater, mein Vater!“ (2. Kö. 2, 12).

Immer wenn in der Schrift eine doppelte Anrede auftaucht, wird etwas auf der Erde etabliert, das im Himmel in Ewigkeit feststeht. In 1. Mose 41, 1–40 legt Josef den Traum des Pharaos aus. Der Pharao hat in einer Nacht zwei Träume, und Josef legt ihm den einen Traum aus und sagt, dass der zweite Traum dieselbe Bedeutung hat.

Die Anrede war *zweifach* und Gott gab *zwei* Träume, damit die Inhalte, um die es ging, auf der Erde etabliert und realisiert werden konnten. Die Verdopplung zeigt an, dass etwas unerschütterlich fest steht und auf jeden Fall geschehen wird. Auf der Grundlage dieses Vorbildes sagte Jesus im Heiligen Geist: „Wahrlich, wahrlich, ich sage euch.“ Er verdoppelt das erste Wort, weil durch seine Aussage auf der Erde etwas etabliert wird. Und was ist es, das etabliert wird? „Wenn das Weizenkorn nicht in die Erde fällt und stirbt, bleibt es allein.“ Er spricht über sich selbst.

Im Lukasevangelium heißt es in Kapitel 8, dass Jesus der Same ist. Er ist das Wort Gottes, und das Wort Gottes ist der Same. Er kam auf die Erde.

In Markus 4 steht, dass der Sämann das Wort sät. Jesus sagte nie etwas über sich oder seinen Vater, das nicht wahr gewesen wäre, weil er das, was er sagte, von seinem Vater hörte. Und der Vater sagt nie etwas, das nicht im Einklang steht mit Gottes Wesen. Der Vater ist der erste Sämann aller Zeiten, er ist der Erste, der das Wort säte. Aus diesem Grund berief uns Jesus, das Wort zu säen – lebendige Briefe zu sein.

Hier haben wir es mit dem Wort zu tun, das der Vater gesät hat, und damit das Wort nach der Aussaat wirklich Frucht bringt, muss es – wie jeder Same – sterben. Jeder Same hat eine von Gott gegebene Form und Gestalt. Jesus, das Wort, wurde Fleisch, nahm die Gestalt des menschlichen Leibes an und lebte unter uns. Darum heißt es in der Schrift, dass Gott Jesus einen Leib bereitet hat zum Opfer (siehe Hebr. 10, 5). Jesus, das Wort, wird von Maria als Baby geboren und besitzt einen Leib, dem es vorbestimmt ist, geopfert zu werden. Jesus wuchs heran, wurde erwachsen, starb am Kreuz und wurde begraben. Sein Leib wurde zerstört. Die Schale des Samens wurde zerstört. Er starb, weil er wusste, dass der Same allein bleibt, wenn er nicht stirbt und in die Erde fällt (siehe Joh. 12, 24). Die Schale eines Samens muss sterben, damit neues Leben aus ihm keimt.

Wenn du als lebendiger Brief einem Muslim dies alles erzählst, dürfte er sich etwa an diesem Punkt fragen, wie ihm geschieht. Er begreift zum ersten Mal die Wahrheit und sein Herz wird zum Wort hingezogen, weil er bereit ist, durch das Wort zu leben und zu sterben.

Jesus besaß das Recht, zu sterben.

Nachdem Jesus, der Same, gestorben war, blieb er lediglich drei Tage im Grab, doch im Zusammenhang mit seinem Tod am Kreuz geschah etwas noch Gewaltigeres. Er ist der Ursprung der ganzen Schöpfung, daher besaß er als Einziger das Recht, für die ganze Schöpfung zu sterben. Er starb nicht nur für die Erlösung der Menschheit, sondern nach den Aussagen der Bibel wird eines Tages die Erde selbst erlöst werden und ein neuer Himmel und eine neue Erde werden entstehen. Es wird keine Vergänglichkeit mehr geben.

In 1. Korinther 15 ist vom irdischen Leib die Rede, der in Vergänglichkeit gesät und in Unvergänglichkeit auferweckt wird. Genau dies geschieht mit einem Samen, wenn er ausgesät wird und in die Erde fällt. Gleiches gilt für Jesus. Er nahm am Kreuz unsere Sünde auf sich. Er wurde zur Sünde, er wurde vergänglich, er, der von keiner Sünde wusste – damit du und ich in ihm die Gerechtigkeit Gottes würden. Er vergoss sein Blut und starb am Kreuz. Nach drei Tagen weckte Gott ihn von den Toten auf. Und dieses Wort steht jetzt bereit, in den Herzen aller Menschen zu wohnen.

> ***Nachdem Gott vorzeiten zu vielen Malen und auf vielerlei Weise zu den Vätern geredet hat durch die Propheten,*** *hat er am Ende dieser Tage zu uns geredet durch den Sohn, den er zum Erben von allem eingesetzt hat, durch den er auch die Welten gemacht hat.*
>
> Hebräer 1, 1–2 *(Zürcher)*

Das Wort schuf alle Welten, brachte die gesamte Schöpfung hervor und ist ihr Erbe. Zu Beginn ist er der Ursprung der Schöpfung und nun ist er der Erbe, der alles ernten und als Erbe erhalten wird. Es heißt, dass er am Ende dieser Tage durch den Sohn zu uns geredet hat. Warum steht das geschrieben? Jesus, das Wort, ist von den Toten auferstanden und lebt jetzt in unseren Herzen – und Gott spricht durch Jesus. Im Alten Testament sprach er durch die Propheten, die prophezeiten und uns einen Entwurf künftiger Dinge gaben. Heute spricht er durch Jesus zu uns.

Höre das Wort, sieh den Sohn

Es nähert sich eine Zeit, in der das Wort nicht nur gehört, sondern der Sohn auch gesehen werden wird. Das verweltlichte, westliche Denken hat die Gemeinde in einen Zustand trügerischer Ruhe versetzt, indem es das in einer Krippe geborene Kind zwar akzeptiert, aber gleichzeitig versucht, die Realität des Sohnes Gottes zu verleugnen, der uns gegeben wurde. Man hat versucht, ihn auf ein Baby in einer Krippe zu reduzieren. Man räumt ein, dass es das Baby in der Krippe gab, bestreitet aber gleichzeitig, dass es der Sohn Gottes ist! Man akzeptiert nicht, dass das Baby, das geboren wurde, der Sohn Gottes ist, der gegeben wurde, um die Menschheit zu erlösen und die Sünden der Welt zu tragen – der einzige Sohn Gottes, der gegeben wurde, damit jeder, der an ihn glaubt, ewiges Leben habe (siehe Joh. 3, 16). Wir haben von dem Kind gehört, das geboren wurde, aber es ist nun an der Zeit, auf den Sohn zu schauen, der uns gegeben ist. Lass uns zur Fortsetzung unserer Studien 1. Mose betrachten.

> *Und Gott, der Herr, rief den Menschen und sprach zu ihm: Wo bist du? Da sagte er: Ich hörte deine Stimme im*

Garten, und ich fürchtete mich, weil ich nackt bin, und ich versteckte mich. Und er sprach: Wer hat dir erzählt, dass du nackt bist? Hast du etwa von dem Baum gegessen, von dem ich dir geboten habe, du solltest nicht davon essen? Da sagte der Mensch: Die Frau, die du mir zur Seite gegeben hast, sie gab mir von dem Baum, und ich aß. Und Gott, der Herr, sprach zur Frau: Was hast du da getan! Und die Frau sagte: Die Schlange hat mich getäuscht, da aß ich. Und Gott, der Herr, sprach zur Schlange: Weil du das getan hast, sollst du verflucht sein unter allem Vieh und unter allen Tieren des Feldes! Auf deinem Bauch sollst du kriechen, und Staub sollst du fressen alle Tage deines Lebens! Und ich werde Feindschaft setzen zwischen dir und der Frau, zwischen deinem Samen und ihrem Samen; er wird dir den Kopf zermalmen, und du, du wirst ihm die Ferse zermalmen.

1. Mose 3, 9–15

Dieses erste prophetische Wort, das damals ausgesprochen wurde, sollte das ans Zeitliche gebundene Reich dieser Welt auf ewig verändern. In diesem Wort im ersten Buch Mose gibt Gott auch eine Verheißung. Er sagt, er wird Feindschaft zwischen die Frau und die Schlange setzen. Warum spricht Gott so mit der Schlange? Satan hatte zu diesem Zeitpunkt auf der Erde nicht das Recht, Vollmacht auszuüben, weil er in die Verbannung geschickt worden war.

Gott hatte die Herrschaft über die Werke seiner Hände dem Menschen gegeben und Adam eine Position, in der er Vollmacht besaß. Der Feind wollte Adam diese Vollmacht entreißen, damit er der Gott dieser Welt sein, also den zweiten Himmel und alles Darunterliegende beherrschen könnte. Um mit Adam kommunizieren zu können, bewegte er die Schlange dazu, ihm zu gestatten, ihren Leib zu benutzen. Gott redet hier also nicht nur von der Schlange, sondern von dem, der sich des Leibes der Schlange bemächtigt hatte – Satan –, und kündigt an, dass Feindschaft zwischen Satan und der Frau herrschen würde. Aus diesem Grund hasst der Feind Frauen!

Gott spricht auch zur Frau. Er sagt ihr, dass sie bei der Geburt Schmerzen haben wird, wenn der Nachkomme aus ihr hervorgeht.

Doch der Nachkomme wird aus ihr hervorgehen, aus einer Jungfrau, aus dem Leib einer Frau, und er wird Satan zermalmen. Gott sagt, dass der Tag kommen wird, an dem der Nachkomme hervortritt, geboren von der Frau, die du getäuscht hast, und dass der Nachkomme rein bleiben und dich zermalmen wird. Dieser Nachkomme wird die Vollmacht zurückgewinnen, die Satan Adam entrissen hat! Dieser Nachkomme wird Satan den Kopf zertreten, seine Vollmacht zunichtemachen, ihn berauben und ausplündern und öffentlich beschämen.

Jesus ist der Nachkomme.

Jesus, der Nachkomme, wird die Menschheit erlösen und bis zur höchsten Position im Himmel und auf Erden erhoben werden, nämlich zur Rechten des Vaters. Er wird bewirken, dass wir in Christus eine Position weit über der Position Satans erhalten! Gott teilt Satan in 1. Mose mit, dass Jesus, das Wort, das Fleisch wird, bei seinem Kommen Vollmacht besitzt, Satan, der die Trennung zwischen Gott und Menschheit verursacht hat, den Kopf zu zertreten.

Aus diesem Grund behielt Satan alle Menschen, die geboren wurden, genau im Auge. Satan erfüllte Kain mit dem Verlangen, seinen Bruder Abel zu töten, weil er meinte, dadurch das Erscheinen des Nachkommens verhindern zu können! Acht Generationen später wurde Noah geboren.

Ich glaube, dass in 1. Mose 6 von gefallenen Engeln die Rede ist. Sie sahen schöne Frauen, nahmen sich diese Frauen und bekamen Kinder mit ihnen. Dadurch wurde die Menschheit weiter verunreinigt. „Da sprach der Herr: Mein Geist soll nicht ewig im Menschen bleiben, da er ja auch Fleisch ist“ (1. Mo. 6, 3). Gott war darüber tief betrübt und sandte eine weltweite Flut, um alle Verunreinigung zu entfernen, verschonte jedoch Noah und die acht Mitglieder seiner Familie. Er bewahrte die Menschheit, aus der eines Tages der Nachkomme kommen sollte. Sein Wort, sein Nachkomme, sollte nicht aus einem verunreinigten Geschlecht hervorgehen, sondern aus einem von Gerechtigkeit geprägten Geschlecht. Dies würde möglich sein dank treuer, zuverlässiger Menschen wie Noah, einem Verkünder der Gerechtigkeit.

Weitere acht Generationen später wurde Abraham geboren. Gott sagte ihm, er würde aus ihm ein großes Volk machen, ihn segnen und seinen Namen groß machen – Abraham würde ein Segen sein. Das hörte sich sehr gut an für Abraham, aber im nächsten Vers in 1. Mose 12, 3 heißt es: „Ich will segnen, die dich segnen, und wer dir flucht, den werde ich verfluchen; und in dir sollen gesegnet werden alle Geschlechter der Erde!" Gott sagt Abraham zu, dass aus seinem Nachkommen ein großes Volk entstehen wird. Isaak und Jakob gibt er dieselbe Zusage. Der Nachkomme, den Gott erwähnt, ist der Nachkomme der Frau, der Satan den Kopf zertreten wird.

In der Bibel sind geschichtliche Ereignisse aufgezeichnet. Warum ist dies so wichtig für einen Muslim? Muslime lernen aus dem Koran, dass es vier Bücher gibt, die vom Himmel gekommen sind. Das erste ist die Bibel. Das zweite sind die Psalmen Davids, darauf werde ich später zurückkommen. Das dritte ist das Neue Testament, das Buch, das aufgrund des Wirkens Jesu Christi entstanden ist. Das vierte Buch ist der Koran.

Im Koran wird dazu aufgefordert „gleichermaßen an all diese Bücher zu glauben". Es steht also in der Verantwortung jedes Muslims, sich über die anderen drei Bücher zu informieren, die vor dem Koran entstanden sind. Jeder Muslim hat das Recht, zu erfahren, was in den anderen drei Büchern steht.

Bewahrung des Nachkommens

Gott legt sich Abraham gegenüber fest, mit wem er seinen Bund aufrichten wird, und sagt, dass sein Bund mit Isaak geschlossen werden wird. Er segnete Ismael und bewahrte ihn über einen längeren Zeitraum, weil er ihn in der Endzeit gebrauchen wird. Aber der Nachkomme, durch den die ganze Erde gesegnet werden würde, kam durch die von Abraham, Isaak und Jakob begründete Linie.

Gott sonderte Abraham aus den Nationen für sich aus. Er trennte Isaak von Ismael und Jakob von Esau, bewahrte so die Linie, aus der der Nachkomme hervorkommen sollte, und sorgte dafür, dass der Nachkomme wirklich auf die Erde kommen konnte. Wenn wir jetzt noch einmal Johannes 1, 14 betrachten, so erkennen wir, dass der Sohn, der uns gegeben wurde, das Wort ist, das Fleisch wurde und unter uns wohnte. Aus diesem Grund wird Jesus als Wort Gottes bezeichnet.

Eines Tages, noch während die Erde steht, wird ein Zusammenhang zwischen allen Ereignissen hergestellt werden und alle Fragen werden beantwortet werden. Ehre sei Gott.

Zum Nachdenken

Jesus ist die Antwort auf alle Fragen. Sind die Gemeinden bereit, denen die Antwort Jesu zu geben, die die schwierigen, herausfordernden Fragen stellen? Sind die Gemeinden bereit, ihre Herzen zu öffnen für die Pläne, die Gott für die Muslime und die Ungläubigen hat? Wenn wir dafür beten, dass alle Menschen das Reich Gottes annehmen, werden die Fragen, die die Welt stellt, beantwortet werden.

10

Der Reichtum der Muslime und der Segen Ismaels

Ich glaube, dass der Heilige Geist zu Leitern innerhalb des Leibes Christi über das Thema Reichtum und Finanzen für das Reich Gottes spricht. Viele von ihnen haben den klaren Eindruck, dass ein Transfer umfangreicher finanzieller Mittel in die Gemeinde Jesu bevorsteht, die zur Ausbreitung des Reiches Gottes dienen werden. Ich glaube, dass Gott Männern und Frauen unkonventionelle Ideen geben wird, was Dienst und Finanzen für das Reich Gottes im 21. Jahrhundert anbelangt.

Gott wird in dieser Endzeit Apostel und Propheten aufstehen lassen, die ihre eigenen Ölquellen haben werden, die es ihnen ermöglichen, das Wort Gottes zu verbreiten. Sie werden finanzielle Mittel haben, um den Bund Gottes auf der Erde zu etablieren. Gott wird dem Leib Christi kreative Ideen geben, aufgrund derer Gläubige in Positionen gelangen werden, in denen sie auch in Zeiten weltweiten Mangels große finanzielle Macht besitzen. Es wird eine Salbung auf sie kommen, durch die sie in Wirtschaft, Politik und Öffentlichkeit so großen Einfluss ausüben und so große Macht besitzen werden, dass sich die Skeptiker in der Wirtschaft wundern werden. Gott ist dabei, vielen zu Reichtum zu verhelfen, sodass sie die größte Ernte aller Zeiten finanzieren können.

Gott wird die Herrschaft über solch großen Reichtum allerdings nicht solchen Menschen überlassen, die nicht wissen, wie ihr Auftrag im Reich Gottes lautet. Du musst wissen, wofür du geschaffen bist, und die Gabe in dir erkennen, mit deren Hilfe du deine Berufung erfüllen sollst. Bevor man finanzielle Versorgung erlebt, müssen zunächst Auftrag und Bestimmung offenbart werden.

Wenn man weiß, wozu man berufen ist und welches Ziel Gott dem eigenen Leben gesteckt hat, entsteht dadurch eine kompromisslose, leidenschaftliche Begeisterung. Seine gottgegebene Bestimmung zu erkennen, setzt echte Leidenschaft frei, welche ihrerseits die Gabe Gottes in uns anfacht. *Wenn die Gabe in uns angefacht ist, geht damit stets Wohlstand einher, mit dem wir die von Gott gegebenen Ziele in unserem Leben erreichen können und von dem wir außerdem noch abgeben können, um die Finanzierung weiterer Projekte zu unterstützen, die Gott anderen Menschen anvertraut hat.* Gott hat uns nicht in die Welt gesandt, um Geld anzuhäufen, sondern um ihn zu verherrlichen und anderen Menschen in Liebe zu dienen. Geld ist lediglich ein Mittel, das zum Guten oder zum Bösen eingesetzt werden kann; Geld nimmt das Wesen dessen an, dem es anvertraut ist.

Wir müssen unser Leben und unsere Ziele aus der Perspektive des Reiches Gottes verstehen. Menschen, deren Gedanken von den Prinzipien des Reiches Gottes geprägt sind, begreifen, dass Gott uns dazu bestimmt hat, für sein Reich einzutreten, nicht für unser eigenes Reich oder unsere eigenen Ziele. Im Reich Gottes geht es darum, Dinge zu verwalten, und nicht darum, sie zu besitzen. Wir sind lediglich Verwalter der Mittel, die uns anvertraut wurden, um damit seinen Bund anfassbar werden zu lassen. Im Reich Gottes besitzen wir nichts und sind doch Teilhaber aller Dinge, die Gott in Christus für uns hat.

> *Denk vielmehr an den Herrn, deinen Gott: Er war es, der dir die Kraft gab, Reichtum zu erwerben, weil er seinen Bund, den er deinen Vätern geschworen hatte, so verwirklichen wollte, wie er es heute tut.*
>
> 5. Mose 8, 18 *(EÜ)*

Gott gibt uns Kraft, Reichtum zu erwerben, aber wir dürfen niemals vergessen, dass dieser Reichtum dazu dienen soll, Gottes Bund auf der Erde zu verwirklichen. Dies ist derselbe Bund, den Gott mit Abraham geschlossen hat, um alle Geschlechter der Erde mithilfe des Nachkommens zu segnen, den wir als den Herrn Jesus Christus kennen.

Wir verwirklichen den Bund, indem wir unsere Bestimmung erfüllen und tun, wofür wir geschaffen und auf diese Erde gestellt wurden. Wir können seinen Bund auf der Erde nur verwirklichen, indem wir ganz spezifisch das tun, wofür wir bestimmt sind. Gott hat seine Pläne und Ziele in uns hineingelegt, und alles, was Gott vorhat, ist auf Erlösung bezogen und trägt direkt oder indirekt zur Ausbreitung des Evangeliums bei.

Manche Menschen sind zum fünffältigen Dienst berufen, während andere den Auftrag haben, Fernsehsender zu gründen oder Satelliten ins All zu senden, sodass mithilfe dieser Werkzeuge das Evangelium verkündigt wird. Mancher entwirft technische Geräte für den Alltag, andere planen sie und wieder andere bauen sie. Natürlich werden Fernsehgeräte nicht ausschließlich für Gottes Ziele eingesetzt, aber diese Aussage gilt in unserer gefallenen Welt ebenso für Computer, Radios, das Internet, Flugzeuge, Autos und vieles mehr.

Lasse Gottes Verheißungen Gestalt gewinnen, indem du deine Bestimmung erfüllst.

Wir dürfen unser Denken nicht begrenzen, wenn wir unsere Bestimmung auf dieser Erde für das Himmelreich erfüllen wollen. Wir leben zwar in dieser Welt, aber wir sind nicht von dieser Welt (siehe Joh. 15, 19). Lasst uns das Bewusstsein dafür stärken, dass die Kraft, Reichtum zu erwerben, Hand in Hand geht mit der Bestimmung, die Gott uns auf dieser Erde gegeben hat – wir sollen seinen Namen verherrlichen. Warum sollten wir alles dem Teufel überlassen und ihm gestatten, das zu nutzen, was für das Reich Gottes gedacht ist?

Gottes Gründe, Ismael zu segnen

Wir wissen, dass Gott stets eine bestimmte Absicht hat, wenn er etwas tut. Wenn er segnet, geht damit stets reichliche Versorgung einher. Ich möchte über die Rolle berichten, die Ismael bei der Umverteilung des Reichtums in der Endzeit zukommt.

> *Und für Ismael habe ich dich auch erhört. Siehe, ich habe ihn gesegnet und will ihn fruchtbar machen und über alle Maßen mehren. Zwölf Fürsten wird er zeugen und ich will ihn zum großen Volk machen.*
>
> 1. Mose 17, 20 *(Luther)*

Ismael wurde der Segen Abrahams vorenthalten und er erhielt keinerlei Erbe, als er mit seiner Mutter Hagar in die Wüste verstoßen wurde. Aber Gott segnete Ismael mit einem Segen, der an keine Bedingungen geknüpft war. Dieser Segen liegt noch immer auf Ismael, und infolgedessen besitzt die muslimische Welt große Reichtümer. Wir haben bereits darauf hingewiesen, dass mehr als die Hälfte des weltweit geförderten Öls aus dem Nahen Osten stammt.

Über viele Jahre hat sich aufgrund von Ismaels Ölquellen großer Reichtum in der muslimischen Welt angehäuft, Ismael besitzt daher weltweit großen Einfluss im Wirtschafts- und Finanzsektor. So wie jüdische Organisationen andere jüdische Unternehmen bevorzugt behandeln, sind auch Muslime sorgfältig darauf bedacht, zunächst andere muslimische Unternehmen zu unterstützen. Der Koran verbietet den Muslimen, Zinsen zu nehmen, und muslimische Organisationen, die Geld an Muslime verleihen, verlangen von diesen keine Zinsen für Hypotheken und Kredite. Auf diese Weise können Muslime ihre Häuser schneller abbezahlen. Da sie schneller in den Besitz der von ihnen bewohnten Häuser gelangen, können sie sehr bald in weitere Immobilien investieren.

Wo auch immer Muslime sich niederlassen, ist es ihnen wichtig, Häuser sowie Grund und Boden zu erwerben. Muslime legen großen Wert darauf, sowohl in wirtschaftlicher als auch in religiöser Hinsicht die Herrschaft auszuüben. In der muslimischen Welt hat sich über Tausende von Jahren gewaltiger Reichtum angesammelt, der auch heute weiter wächst. Die Ismaeliter waren von Anfang an Geschäftsleute, die auf den Marktplätzen Handel trieben mit Gütern, die sie mithilfe ihrer Karawanen eingeführt hatten. Geschäfte zu machen, war ihr Lebensstil. Dieser Reichtum hat sich aus einem ganz bestimmten Grund angesammelt.

Wenn Gott segnet, dient dies auch zur Finanzierung seiner Ziele.

Gott segnete Ismael vor Tausenden von Jahren, weil er wusste, dass der Reichtum, der sich im Verborgenen und an geheimen Orten angesammelt hat, ins Reich Gottes fließen würde, um die Ausbreitung des Evangeliums mitzufinanzieren, sobald Ismael ins Reich Gottes kommen würde. Sogar die Erträge der Ölquellen werden zugunsten des Evangeliums eingesetzt werden. Wenn Gott segnet, dient dies auch zur Finanzierung seiner Ziele.

Ich glaube, dass Gott Ismael vorbehaltlos gesegnet hat, um Teile der Finanzierung der endzeitlichen Ernte zu sichern. Wir werden erleben, dass gewaltiger Reichtum in der Größenordnung von Milliarden und Billionen aus der muslimischen Welt fließt. Gott bewahrte Öl und weitere Rohstoffe in der Erde als Mittel zur Verwirklichung seines Bundes. Er hat die Erde in ihrer ganzen Fülle geschaffen und alles in ihr gehört ihm. Gott gibt die Kraft, Reichtum zu erwerben, aus einem einzigen Grund, nämlich um seinen Bund zu verwirklichen. Gott segnete Ismael, um seinen Bund in der Endzeit zu verwirklichen.

Die Herrlichkeit und das Gold

Der Gemeinde hat das Öl im Nahen Osten und die finanzielle Stärke des Islam Sorge bereitet. Gleichzeitig gehen wir wie selbstverständlich davon aus, das Öl des Geistes zu besitzen. Ismael sehnt sich danach, mithilfe von himmlischem Öl erquickt zu werden. In der Endzeit wird ein Austausch von Öl erfolgen, ein Austausch des Öls des Nahen Ostens gegen das Öl des Reiches Gottes. Gott möchte die beiden Ströme des Öls zusammenführen. Der Gedanke, dass Reichtum und Wohlstand ins Reich Gottes kommen, ist uns nicht fremd. Es wird im Wort Gottes darüber berichtet:

> *Mache dich auf, werde Licht! Denn dein Licht kommt, und die Herrlichkeit des Herrn geht auf über dir! Denn siehe, Finsternis bedeckt die Erde und tiefes Dunkel die*

> *Völker; aber über dir geht auf der Herr, und seine Herrlichkeit erscheint über dir. Und Heidenvölker werden zu deinem Licht kommen, und Könige zu dem Glanz, der über dir aufgeht.*
>
> Jesaja 60, 1–3 *(Schlachter)*

Bei genauerem Studium erkennen wir, dass die Herrlichkeit Gottes auf die Gemeinde kommt und die Manifestation seiner Herrlichkeit bewirkt, dass Völker und Könige ins Reich Gottes kommen.

> *Wenn du dies siehst, wirst du vor Freude strahlen, und dein Herz wird klopfen und weit werden; denn der Reichtum des Meeres wird dir zugewandt, die Schätze der Heidenvölker werden zu dir kommen. Eine Menge Kamele wird dich bedecken, Dromedare von Midian und Epha; sie alle werden von Saba kommen, Gold und Weihrauch bringen und mit Freuden das Lob des Herrn verkündigen. Alle Schafe von Kedar werden sich zu dir versammeln, die Widder Nebajoths werden dir zu Diensten stehen; sie werden als wohlgefälliges Opfer auf meinen Altar kommen; und ich will das Haus meiner Herrlichkeit noch herrlicher machen.*
>
> Jesaja 60, 5–7 *(Schlachter)*

Nach Angaben der Bibel werden der Reichtum und die Schätze der Heidenvölker ins Reich Gottes kommen. Die Muslime machen heute 42 Prozent der Heiden aus. In den Versen 6 und 7 finden wir eine Beschreibung der Mittel der Heiden, die in unsere Hände gelangen werden. Kedar war der zweite Sohn Ismaels und Vorfahre Mohammeds, des Propheten des Islam. In der Schrift heißt es, dass alle Schafe von Kedar ins Reich Gottes kommen werden, damit sind die Menschen sowie der Reichtum und die Schätze Ismaels gemeint. Muslime haben ihren Reichtum stets für ihre religiösen Überzeugungen eingesetzt – zur Ausbreitung des Islam durch den Bau von Moscheen und ähnliche Projekte. Wenn ihre Augen geöffnet werden, wird die in Gottes Herz brennende Vision von ihnen Besitz ergreifen, und sie werden die Ausbreitung des Evangeliums leidenschaftlich unterstützen. Ich glaube, dass Ismael seine Schätze Jesus zu Füßen legen und seine Bestimmung annehmen wird, wenn er durch Gottes Gegenwart zu neuem Leben erwacht.

Weg vom Terrorismus

Wie bereits besprochen, gibt es Muslime, die den Geist Esaus angenommen haben, der sich im Terrorismus manifestiert, und die den Terrorismus mithilfe ihres aufgehäuften Reichtums finanzieren. Milliarden Dollar fließen in den Terrorismus, in Waffen und Ausbildung – und an die Familien der Selbstmordattentäter, deren Taten mithilfe dieser Geschenke gewürdigt werden. Der Geist Esaus hat Teile des Reichtums Ismaels missbraucht. Wenn Gott den Geist Esaus richtet und den Schrei Ismaels erhört, wird viel Geld in die Ausbreitung des Evangeliums fließen. Und wenn die Bestimmung Ismaels ins rechte Licht gerückt und deutlich wird, warum er gesegnet ist, wird der Transfer des Reichtums in vollem Umfang erfolgen. Zuerst müssen Auftrag und Bestimmung offenbart werden, erst danach wird finanzielle Versorgung freigesetzt.

Der Reichtum der Muslime ist von Generation zu Generation vererbt worden. Die heute existierende letzte Generation wird erleben, dass ihr ererbter Reichtum aufgrund von Gottes Eingreifen ins Reich Gottes fließt.

Transaktionen in der Wirtschaft

Gott wird einige Geschäftsleute in herausragende Positionen bringen. Er wird ihnen Weisheit und raffinierte Ideen geben, um umfangreiche Geschäfte mit muslimischen Ländern zu machen. Gott wird Menschen aufstehen lassen, die bahnbrechende Geschäftsideen für die muslimische Welt haben. Dieses Handeln Gottes wird die Aufmerksamkeit muslimischer Milliardäre auf sich ziehen und ihnen die Augen dafür öffnen, warum Gott sie gesegnet hat. Gott wird diese Milliardäre mit Geschäftsleuten in Verbindung bringen, die dem Reich Gottes angehören, und hierdurch wird es zu gewaltigen finanziellen Transaktionen kommen. Nach außen wird es scheinen, als würden normale Geschäfte abgewickelt, in Wirklichkeit handelt es sich jedoch um einen strategischen Finanzierungsplan für das Reich Gottes.

Verborgene Reichtümer

Ich gebe dir verborgene Schätze und Reichtümer, die im Dunkel versteckt sind. So sollst du erkennen, dass ich der Herr bin, der dich bei deinem Namen ruft, ich, Israels Gott.
Jesaja 45, 3 *(EÜ)*

Es gibt auf der Welt mehr als genug verborgene Reichtümer, um die Ausbreitung des Evangeliums in der ganzen Welt millionenfach zu finanzieren. Es geht nur um die Frage, in wessen Besitz diese Reichtümer sind. Der Reichtum kann entweder den Besitzer wechseln, oder die Menschen, die ihn besitzen, verändern sich. Resultat beider Optionen ist, dass die finanziellen Mittel zur Realisierung der Pläne Gottes eingesetzt werden. Unser Gott ist weise und hat stets die Absicht, mit dem Segen, den er auf uns legt, auch die Finanzierung seiner Pläne zu sichern. *Der Segen* ist ein geistliches Geschenk. Irdische Segnungen sind die natürlichen Folgen, die sich einstellen, wenn dieser Segen mit seiner stärkenden Wirkung auf einem Menschen liegt.

Gott segnete Abraham, damit er in Christus Jesus ein Segen für die ganze Welt würde. Gott hat auch Ismael gesegnet, und zwar in dem Wissen, dass Ismael eines Tages die Ausbreitung des Evangeliums mitfinanzieren würde. Der Reichtum Ismaels hat sich über viele Generationen angesammelt und wird nun ins Reich Gottes fließen. Reichtum kommt denen zugute, die gesegnet sind.

**Reichtum kommt denen zugute,
die gesegnet sind.**

Einheit

Gottes Pläne sind immer größer als das, was ein einzelner Mensch tun kann. Nichts, was Gott geplant hat, soll durch einen Menschen allein verwirklicht werden. Selbst Jesus erfüllte den Willen Gottes nicht allein. Das, wozu wir bestimmt sind, wird nicht erreicht werden, wenn wir im Reich Gottes nicht Beziehungen knüpfen, die vom Wesen Gottes geprägt sind. Der Leib Christi besteht aus einzelnen Gläubigen und jedes Glied dieses Leibes besitzt eine wichtige Funktion. Wenn wir zusammenfinden, können unsere unterschiedlichen Einblicke in Gottes Pläne einander ergänzen und es kann ein wesentlich klareres Bild entstehen.

Einheit ist die Basis dafür, dass der verheißene Segen fließen kann (siehe Ps. 133). Wo Einheit herrscht, sind die Bestimmung der einzelnen Personen und die Bestimmung der Gruppe miteinander verschmolzen. Wenn eine Gruppe ihre Bestimmung gefunden hat, stellt sich stärkere Offenbarung ein über die Absichten Gottes, und die Salbung, Reichtum zur Verwirklichung seines Bundes zu erlangen, wird stärker. Ein Leib hat zahlreiche Glieder und jedes Glied besitzt eine spezielle Funktion. Jedes Glied ist erforderlich, damit der Leib in jeder Hinsicht optimal funktioniert.

Dies gilt auch für den Leib Christi. Wir müssen zusammenarbeiten. Neuer Wein entsteht in den Weinbeeren, die in sogenannten Rispen zusammengefasst sind. Nach Jesaja 65, 8 liegt hier der Segen. Eine vereinzelte, von ihrer Rispe getrennte Weinbeere, hat keinen Nutzen für die Weinerzeugung, Vergleichbares gilt für einen Gläubigen, der vom Leib getrennt ist. Einheit ist der Nährboden für unbegrenztes Potenzial, das weit über das hinausgeht, was wir erbitten oder erdenken können, gemäß der Kraft, die in uns wirkt (siehe Eph. 3, 20). Einheit versetzt uns in die Lage, standhaft zu bleiben, wenn uns großer Reichtum übertragen wird, und sie befähigt uns, diese Mittel für die Verwirklichung des Bundes Gottes einzusetzen.

Lasst uns alles daransetzen, dass unsere Herzen sich miteinander verbinden und wir bereit sind für die größte finanzielle Umverteilung aller Zeiten. Ich glaube, dass Gott Ismael nicht vergeblich gesegnet hat, sondern es für diese Stunde und um des Evangeliums willen getan hat.

Zum Nachdenken

„Eine Wurzel aller bösen Dinge ist die Liebe zum Geld" (1. Tim. 6, 10; *Bruns).* Die westliche Welt ist von dem Verlangen geprägt, möglichst schnell reich zu werden. Wirtschaft und Politik werden von dieser Haltung und der Hoffnung auf den nächsten „Big Deal“ getrieben. Deshalb gibt es heute eine große Schere zwischen Arm und Reich, die von der durch Ölmilliarden finanzierten Dekadenz im Nahen Osten bis zur Lage der Ärmsten der Armen in Afrika reicht. Wo stehen wir in alledem und was ist deine und meine Aufgabe?

11

Macht eure Netze bereit für die Ernte

Alle Völker der Erde stammen von einem Menschen ab und werden durch das Blut des Einen, Jesus Christus, errettet. Der Mensch sorgt für Trennung und Spaltung, Gott ruft die Menschen und zieht sie zu sich. Nach der Sintflut breiteten sich die Menschen ausgehend von Noah wieder auf der Erde aus, und Gott sonderte aus 70 Völkern ein Volk für sich aus, indem er Abraham, Isaak und Jakob (der später Israel genannt wurde) berief.

Im Alten Testament unterschied Gott zwischen zwei Menschengruppen, Juden und Heiden. In Christus Jesus segnete Gott alle Völker der Erde und ließ die Gemeinde entstehen: Durch den Glauben an Jesus, den Messias, entstand eine neue Gruppe, die sowohl aus Juden als auch aus Heiden besteht. Gott liebt diese drei Menschengruppen, die Juden, die Heiden und die Gemeinde, und er ist dabei, seine Pläne für sie in die Tat umzusetzen (siehe 1. Kor. 10, 32–33).

Die Ernte

Die Felder sind reif, die Ernte kann eingebracht werden. Männer und Frauen sind hinausgegangen in die Welt und haben ihr Leben für das Evangelium gegeben. Über viele, die als Märtyrer für Jesus gestorben sind, werden wir auf der Erde nichts erfahren. Ihr Blut ist jedoch nicht vergessen und ihre Liebesmühe war nicht vergebens. Dies gilt auch für die altgedienten Missionare unserer Tage, die ihr Leben lang unter den Muslimen gearbeitet und doch nicht die Frucht gesehen haben, die sie sich gewünscht hätten. Man hat den Eindruck, sie hätten die ganze Nacht gearbeitet und keinen Fisch gefangen.

Ich glaube, dass der Herr dich beim Lesen der nächsten Bibelstelle ermutigen wird. Ich möchte euch ein prophetisches Bild im Hinblick auf die Ernte weitergeben, das für die Zeit gilt, in der wir leben:

> *Danach offenbarte sich Jesus abermals den Jüngern am See Tiberias. Er offenbarte sich aber so: Es waren beieinander Simon Petrus und Thomas, der Zwilling genannt wird, und Nathanael aus Kana in Galiläa und die Söhne des Zebedäus und zwei andere seiner Jünger. Spricht Simon Petrus zu ihnen: Ich will fischen gehen. Sie sprechen zu ihm: So wollen wir mit dir gehen. Sie gingen hinaus und stiegen in das Boot, und in dieser Nacht fingen sie nichts. Als es aber schon Morgen war, stand Jesus am Ufer, aber die Jünger wussten nicht, dass es Jesus war. Spricht Jesus zu ihnen: Kinder, habt ihr nichts zu essen? Sie antworteten ihm: Nein. Er aber sprach zu ihnen: Werft das Netz aus zur Rechten des Bootes, so werdet ihr finden. Da warfen sie es aus und konnten's nicht mehr ziehen wegen der Menge der Fische. … Die andern Jünger aber kamen mit dem Boot, denn sie waren nicht fern vom Land, nur etwa zweihundert Ellen, und zogen das Netz mit den Fischen. Als sie nun ans Land stiegen, sahen sie ein Kohlenfeuer und Fische darauf und Brot. Spricht Jesus zu ihnen: Bringt von den Fischen, die ihr jetzt gefangen habt! Simon Petrus stieg hinein und zog das Netz an Land, voll großer Fische, hundertdreiundfünfzig. Und obwohl es so viele waren, zerriss doch das Netz nicht. Spricht Jesus zu ihnen: Kommt und haltet das Mahl!*
>
> Johannes 21, 1–12 *(Luther)*

Jesus wollte von Anfang an, dass wir Menschenfischer sind. Er sagte seinen Jüngern, er würde sie zu Menschenfischern machen. Vergleichbar mit den Jüngern Jesu ist die Gemeinde seit Generationen im Meer der Menschheit auf Fischfang unterwegs. Wir besitzen auch „Schiffe“, womit Ausrüstung und Werkzeuge gemeint sind, mit denen wir das Evangelium predigen, während wir im Meer der Menschheit fischen. Viele haben die ganze Nacht gearbeitet und haben das Empfinden, sie hätten nichts gefangen.

Vielleicht hast du die ganze Nacht auf dem Missionsfeld unter Muslimen gearbeitet und nicht die Ergebnisse erzielt, die du dir gewünscht hättest. Stelle dir Folgendes vor: Jesus steht frühmorgens am Ufer und du bist möglicherweise nicht in der Lage gewesen, ihn zu erkennen. Er fordert dich nun auf, deine Netze auf der rechten Seite deines Bootes auszuwerfen.

Wirf deine Netze noch einmal aus.

Ich glaube, wir stehen an der Schwelle zu einer übernatürlichen Ernte. Wir befinden uns kurz vor einem Kairos-Zeitpunkt und erleben den Beginn eines neuen Zeitabschnitts. Jesus fordert die Gemeinde auf, ihre Netze auf der rechten Seite des Bootes auszuwerfen, weil er die Netze mit einer riesigen Ernte füllen wird.

Es wird eine übernatürliche Ernte geben, während der die Muslime und die Nationen der Welt ins Reich Gottes kommen werden. Bisher haben wir mit Angelruten geangelt, aber jetzt fordert uns Jesus auf, unsere Netze auf der rechten Seite des Bootes auszuwerfen. *Der Zeitpunkt ist gekommen, nicht länger Angelruten, sondern Netze zu verwenden.* Es ist an der Zeit, dass wir uns von *unserer* Vision ab- und *seiner* Vision des Reiches Gottes zuwenden. Wir brauchen eine umfassendere Vision, damit die Umsetzung der großen Pläne Gottes auf der Erde darin Platz findet. Eine gemeinsame Vision bewirkt, dass die Vision des Einzelnen wächst, und sie bildet den Rahmen, möglichst viel für das Reich Gottes zu erreichen. Lasst uns von unseren Angelruten aufblicken in das Angesicht Jesu und seinem Befehl Folge leisten, das Netz auszuwerfen.

Ich glaube, die Netze von heute sind das Fernsehen, die Medien, Satelliten, das Internet, das Radio und unkonventionelle Ideen. Ich glaube, Jesus gibt den Gemeinden und Werken, die gerade entstehen, unkonventionelle Anweisungen. Jesus hat zu Gemeinden und Werken gesagt, sie sollen sich zusammenschließen und unkonventionelle Netze für die Ernte bilden. 2.000 Jahre lang hat Jesus die Gläubigen gelehrt, wie man Fische fängt, und nun steht er am Ufer, lässt die Fische in unsere Netze schwimmen und macht uns zu Menschen, die einen riesigen Fang machen. Unser Denken muss sich wandeln: Es geht nicht mehr darum, *Einzelne* zu fangen, sondern große *Menschenmassen.* Das Gebot der Stunde fordert von einigen, ihre Angelruten in die Ecke zu stellen und die Netze bereit zu machen.

Gott wird in unserer Zeit Netze verwenden, um insbesondere unter den Muslimen eine Ernte einzubringen. Die Mauer des Islam ist gefallen und die Tore sind geöffnet, sodass das Evangelium Einzug halten kann. Der Zeitpunkt ist da, dass sie ins Reich Gottes kommen. In Kürze werden wir miterleben, wie eine gewaltige, übernatürliche Ernte eingebracht wird. Jesus steht am Ufer und befiehlt der Gemeinde, sie möge die Netze auf der rechten Seite des Bootes auswerfen. Wir müssen diesem Befehl Folge leisten.

Die Jünger gehorchten Jesus, warfen das Netz auf der rechten Seite des Bootes aus und konnten das Netz wegen der zahlreichen Fische nicht wieder einholen. Auch wir werden Zeugen einer übernatürlichen Ernte sein, und es werden so viele Menschen errettet werden, dass in unseren Gemeinden nicht genügend Platz sein wird. Diese Ernte wird so gewaltig sein, dass wir unsere Geschwister um Hilfe bitten müssen, die Netze einzuholen und den Fang ans Ufer zu bringen. Jesus wartet dort auf uns und wünscht sich, dass wir die Ernte zu ihm bringen.

Macht eure Netze bereit!

Du bist eingeladen

Die Einladung, zu ihm zu kommen, ist an uns alle ergangen. Bevor wir jedoch eilen, um mit ihm das Mahl zu halten, lasst uns seinem Befehl Folge leisten und die Netze auswerfen, die Ernte einbringen und zu Jesus bringen, was ins Netz gegangen ist. Dann können wir alle so ausführlich und lange das Mahl mit ihm halten, wie wir wollen. Ist es überhaupt möglich, eine solch große Menge Fische im See zurückzulassen, wenn Jesus am Ufer steht?!

Es wird eine frische Salbung für eine übernatürliche Ernte freigesetzt, die auf Männer und Frauen in der Gemeinde kommt. Wirf das Netz auf der rechten Seite des Bootes aus, denn viele Menschen warten nur darauf, dass du dich dafür entscheidest. Hab keine Angst! Das Netz wird nicht zerreißen und es wird eine überwältigende Ernte eingebracht werden. In der Bibel wird berichtet, dass sie genau einhundertdreiundfünfzig große Fische fingen. Ich glaube, dass uns mit dieser Zahl neben der Anzahl der Fische noch etwas Weiteres mitgeteilt wird. Die *Eins* repräsentiert in der Bibel etwas Herausragendes, *fünf* ist die Zahl der Gnade und *drei* symbolisiert göttliche Vollkommenheit. Für diese übernatürliche Ernte so vieler Menschen wird eine herausragende Gnade göttlicher Vollkommenheit freigesetzt werden. Jesus steht am Ufer. Sehen kannst du ihn wahrscheinlich nicht, aber seine Stimme kannst du doch hören, oder?

Die Wiederkunft des Herrn ist nahe

> *So wartet nun geduldig, ihr Brüder, bis zur Wiederkunft des Herrn! Siehe, der Landmann wartet auf die köstliche Frucht der Erde und geduldet sich ihretwegen, bis sie den Früh- und Spätregen empfangen hat. So wartet auch ihr geduldig; stärkt eure Herzen, denn die Wiederkunft des Herrn ist nahe!*
>
> Jakobus 5, 7–8 *(Schlachter)*

Israel wartet auf den Messias, die Muslime auf die Wiederkunft Jesu und die Gemeinde rechnet damit, dass der König bald wiederkommt. Die Welt schaut auf die Ereignisse der Endzeit und die Erwartung ist groß, dass dieses Zeitalter zu Ende geht. Die Wiederkunft des Herrn ist nahe, doch Gott wartet auf die köstliche Frucht der Erde. Seine Augen sind auf die Ernte gerichtet, während unsere Augen auf die Weltzeituhr starren.

Eine neue Zeit bricht an, in der himmlischer Regen auf die Erntefelder der Erde fallen wird. Der Herr will nicht, dass jemand verloren gehe, sondern dass jedermann zur Umkehr finde (siehe 2. Petr. 3, 9). Er ruft uns, seine Gemeinde, mit ihm zusammenzuarbeiten und seiner göttlichen Gnade, die heute zu den Nationen fließt, insbesondere in die islamischen Länder, den Weg zu bereiten. Werden wir mit ihm zusammenarbeiten?

Zum Nachdenken

Was kann man tun, wenn man keine Muslime kennt? Wenn in deiner Stadt keine Muslime wohnen und die meisten Arbeitskollegen, Nachbarn und Freunde Christen sind – bist du dann bereit, aus dem Bereich herauszutreten, in dem du dich wohlfühlst, damit du das Evangelium verkünden kannst? Hast du Möglichkeiten, die Menschen in deiner Gemeinde dazu zu ermutigen, auf Jesus zu schauen, wie er am Ufer steht, und andere Menschen dabei zu unterstützen, auf unkonventionelle Weise ihre Netze auszuwerfen? Suche Gott und rede mit ihm über die neuen und ungewöhnlichen Ideen, die im Raum stehen. Bete dafür, dass „auch nicht einer verloren gehe".

Zum Abschluss

Es ist das vordringlichste Anliegen dieses Buches, eine Standortbestimmung und Klärung vorzunehmen, um deutlich zu machen, in welcher Zeit wir gerade leben, und ein Bewusstsein dafür zu schaffen, welche große Bedeutung Ismael zukommt und welche Rolle er dabei spielt, Israel anzustacheln und damit zur Errettung zu führen.

Insgesamt will dieses Buch jedoch Zeugnis ablegen von Gottes Gnade und davon berichten, was Gott alles vorbereitet hat, damit niemand verloren gehe und alle Menschen zur Buße gelangen. Dieses Buch soll in vielerlei Hinsicht dazu herausfordern, außerhalb der Bahnen zu denken, an die wir uns gewöhnt haben und in denen wir uns wohlfühlen, und Gottes Plan für die Errettung aller Völker dieser Erde wirklich anzunehmen. Es bezeugt, dass die Erde wirklich mit Erkenntnis der Herrlichkeit Gottes erfüllt werden wird.

Werden wir wie die Söhne Issaschars sein, die die Zeiten zu beurteilen wussten (siehe 1. Chr. 12, 33)? Wenn ja, werden wir Weisheit empfangen und mit Offenbarung ausgerüstet, sodass wir mit den Mächten des Himmels zusammenarbeiten und Zeugen der größten Ernte aller Zeiten werden können.

Nimm die prophetische Wahrheit an, die in diesem Buch offenbart worden ist. Sie ist Vorläufer noch größerer Dinge, die vor uns liegen!

Gebet, um dein Leben Gott anzuvertrauen

Beim Lesen dieses Buches ist womöglich tief in deinem Herzen der Wunsch entstanden, Gott als Vater kennen zu lernen. Vielleicht möchtest du seine Liebe und Vergebung persönlich erleben und spüren, dass er dich angenommen hat.

Gott möchte dir die Augen öffnen und dir zeigen, wofür er dich geschaffen hat und welche spezifischen Pläne er für dich hat. Die Bestimmung, die dein Leben hat, wartet nur darauf, von der Wahrheit in Jesus Christus freigesetzt zu werden. Wenn du eine solche Beziehung zu Gott beginnen möchtest, dann sprich in deinen eigenen Worten, was in folgendem Gebet steht:

> *Lieber himmlischer Vater, du bist der höchste Gott und ich komme im Namen Jesu zu dir. Ich danke dir dafür, dass du Jesus als Wort Gottes, das Fleisch geworden ist, auf die Erde gesandt hast. Vater, ich empfange deine Liebe und das Geschenk der Errettung in Jesus Christus.*
>
> *Jesus, ich glaube, dass du an einem Kreuz gestorben bist und dein Blut für meine Sünden und die Sünden der ganzen Welt vergossen hast. Ich glaube, dass Gott dich am dritten Tag von den Toten auferweckt hat. Jesus, komm in mein Herz. Nimm das steinerne Herz aus mir heraus und gib mir ein neues Herz, damit ich den Vater so lieben kann, wie du ihn liebst.*

Wenn du dieses Gebet gesprochen hast, dann nimm doch bitte Kontakt zu uns auf:

Covenant of Life Ministries
P. O. Box 27055
Lethbridge, AB T1K 6Z8, Canada
E-Mail: info@covenantoflife.org
Website: www.covenantoflife.org

Mein Gebet für dich

Vater, ich danke dir im Namen Jesu, dass dein Geist meinen Geschwistern Zeugnis geben wird, dass sie Gottes Kinder sind. Vater, zeige ihnen, wie du bist, und offenbare ihnen deinen Bund. Lasse sie deine Gegenwart erleben, berühre sie mit deinem Geist in der Tiefe ihres Wesens und lasse sie beständig wachsen in der Erkenntnis deines Wortes.

Amen.

Bibliografie

Bruns:
Die Bibel mit Erklärungen, übersetzt von Hans Bruns. Copyright © 1962, 13. Auflage. Gießen: Brunnen Verlag 2001. Ausgenommen Hebr. 13, 17 (Seite 78), entnommen NT © 1959, Gießen: Brunnen Verlag 1970.

EÜ:
Einheitsübersetzung. Stuttgart: Kath. Bibelanstalt GmbH © 1980.

Herder:
Die Bibel. Freiburg im Breisgau: Verlag Herder © 2005

Hfa:
Hoffnung für alle. Basel: Brunnen Verlag. © 1986, 1996, 2002 International Bible Society.

Luther:
Lutherbibel. Bibeltext in der revidierten Fassung von 1984. Stuttgart: Deutsche Bibelgesellschaft 1999.

Luther 1914:
Scofield Bibel. Dübendorf: Missionswerk Mitternachtsruf, sechste Auflage 2007.

Menge:
Die Heilige Schrift – Übers. von Hermann Menge. 14. Auflage © 1949, 1994. Stuttgart: Deutsche Bibelgesellschaft, 2003.

NL:
Neues Leben. Holzgerlingen: Hänssler Verlag © 2002.

Schlachter:
Schlachter Übersetzung – Version 2000. 1. Auflage © der Genfer Bibelgesellschaft. Bielefeld: CLV 2004.

Zürcher:
Die Zürcher Bibel. Zürich: Verlag der Zürcher Bibel © 1955

Hervorhebungen grundsätzlich durch den Autor.

Zum Segen gesetzt
Wie du deine gottgegebene Aufgabe erfüllen kannst
Faisal Malick 192 Seiten 129497

Die Weisheit in diesem Buch fordert dich persönlich auf, die Bedeutung der Vollmacht und der Gunst, die Gott für dich bestimmt hat, im Lichte der Ewigkeit zu erkennen und zu ergreifen. Dieses Buch ist ein strategisches Handbuch, das dir zeigt, wie du an den Ort gelangst, an dem du nach dem einzigartigen Plan Gottes für dein Leben sein sollst.

Hat dir dieses Buch gefallen? Es ist unsere Vision als Verlag, Bücher herauszubringen, die dir ganz praktisch im Leben als Christ weiterhelfen. Falls du mehr über unsere Arbeit erfahren möchtest, schicken wir dir gerne einen Katalog zu. Oder besuche uns doch einfach im Internet, dort kannst du auch fast alle anderen in Deutschland erhältlichen christlichen Bücher bestellen und findest darüber hinaus weitere Informationen und aktuelle Angebote. Schau doch einfach einmal vorbei.